Negociación

PARA
DUMMIES

Michael C. Donaldson
y Mimi Donaldson

Traducción
Beatriz Vejarano

GRUPO
EDITORIAL
norma

Bogotá, Barcelona, Buenos Aires, Caracas, Guatemala,
Lima, México, Panamá, Quito, San José,
San Juan, Santiago de Chile, Santo Domingo

Edición original en inglés:
Negotiating for Dummies
de Michael C. Donaldson y Mimi Donaldson
Una publicación de Wiley Publishing, Inc.
Copyright © 1996.
...For Dummies y los logos de Wiley Publishing, Inc.
son marcas registradas utilizadas bajo licencia exclusiva
de Wiley Publishing, Inc.

Edición en español publicada mediante acuerdo con Wiley Publishing, Inc.
Copyright © 2006 para todo el mundo de habla hispana,
excluyendo España, por Grupo Editorial Norma, S. A.
Apartado Aéreo 53550, Bogotá, Colombia.
http://www.norma.com
Reservados todos los derechos.
Prohibida la reproducción total o parcial de este libro,
por cualquier medio, sin permiso escrito de la Editorial.
Impreso por Nomos S.A.
Impreso en Colombia — Printed in Colombia

Edición, Lucía Borrero
Adaptación de cubierta, Jorge Alberto Osorio V.
Diagramación, Andrea Rincón G.
Índice, Bernardo Borrero

Este libro se compuso en caracteres Cheltenham

ISBN: 958-04-9449-5

¡La fórmula del éxito!

Tomamos un tema de actualidad y de interés general, le añadimos el nombre de un autor reconocido, montones de contenido útil y un formato fácil para el lector y a la vez divertido, y ahí tenemos un libro clásico de la serie ...para Dummies.

Millones de lectores satisfechos en todo el mundo coinciden en afirmar que la serie ...para Dummies ha revolucionado la forma de aproximarse al conocimiento mediante libros que ofrecen contenido serio y profundo con un toque de informalidad y en lenguaje sencillo.

Los libros de la serie ...para Dummies están dirigidos a los lectores de todas las edades y niveles del conocimiento interesados en encontrar una manera profesional, directa y a la vez entretenida de aproximarse a la información que necesitan.

GRUPO
EDITORIAL
norma

Sobre los autores

Michael C. Donaldson es abogado especialista en derecho del espectáculo y en derechos de autor, con énfasis en la representación de productores de cine independiente. Es el autor de *Do It Yourself! Trademarks & Copyrights* y *Clearance & Copyright — Everything the Filmmaker Needs to Know,* y de la introducción del libro *Conversations with Michael Landon.*

Es además miembro de la Asociación de Abogados de Beverly Hills, de la Asociación de Abogados del Condado de los Angeles, de la Asociación de Abogados de California y de la Asociación Americana de Abogados.

Mimi Donaldson es consultora en temas de gerencia, especializada en comunicación. Durante 20 años ha capacitado a gerentes y empleados para negociar entre ellos. Ha trabajado con ejecutivos y otros miembros del personal de una amplia gama de industrias, entre ellos la aeroespacial, la de ingeniería, manufactura, seguros, financiera y entretenimiento.

Es además muy solicitada por compañías y asociaciones como conferencista invitada en diferentes eventos. Entre sus clientes para cursos de capacitación y conferencias se incluyen CBS Television, Paramount Studios, American Honda Motor Corporation, Xerox, IBM, Hewlett Packard, Marriott Corporation, entre otros. Fue presidente de la Asociación de Mujeres Propietarias de Negocios, capítulo de Los Angeles.

Dedicatoria de los autores

Dedicamos este libro con amor y respeto a nuestros padres, las primeras personas con las que negociamos. Nos enseñaron cómo funciona la vida; nos enseñaron que la vida nos protege y nos brinda apoyo, pero que también puede herirnos.

Dr. William Schwied y Norma Schwied, gracias por darnos ánimos.

Wyman Donaldson y Ernestine Donaldson, cómo nos gustaría que estuvieran aquí para ver esto.

Discursos, seminarios y consultorías

Mimi Donaldson es conferencista de gran prestigio. Ofrece discursos, talleres y cursos de capacitación en empresas, sobre los siguientes temas:

✔ El arte de hablar con autoridad

✔ Negociar con hombres y mujeres: ¿podemos hablar?

✔ Hombres y mujeres en el trabajo: cómo prevenir el acoso sexual

✔ Estresado y sin válvula de escape

✔ Su tiempo es suyo: el manejo eficaz del tiempo

✔ Cómo atribuirle poder a su equipo: de la idea a la realidad

✔ Cuatro pasos para administrar a cualquiera

✔ A su servicio: cómo lograr una posición de ventaja en la atención al cliente

✔ Técnicas del uso del teléfono

✔ Presentaciones eficaces: cómo manejar los nervios

✔ Escribir para lograr resultados: la escritura comercial eficaz

✔ La comunicación asertiva

✔ La resolución de conflictos

Mimi y Michael Donaldson dirigen seminarios de negociación separadamente o juntos. Para obtener mayor información, póngase en contacto con: MikelMimi@aol.com

Agradecimientos de los autores

Agradecidos, reconocemos las contribuciones de tanta gente querida cuyo talento y voluntad de colaborar nos resultaron indispensables:

✔ Las hijas de Michael, Michelle (y Ray) Rapko, Amy Donaldson y Wendy Donaldson, quienes nos han enseñado incluso más de lo que deseábamos saber sobre cómo negociar con niños.

✔ Nuestros hermanos, Debbie (y Randy) Riley, Sally (y Bart) Tompkins, el Dr. Ellis (y Shelley) Schwied y Anne Laidlaw, por sus enseñanzas tempranas y su continuo apoyo.

✔ Betty White, cuyo entusiasmo genuino nos animó desde las fases iniciales hasta el último momento en la redacción del libro, y quien nos dedicó su tiempo a pesar de tener una agotadora agenda de actuaciones, de escritura y de cuidado de animales.

✔ El tío de Michael, Jim Greenwood; Peter Hay; Greg Goodell; y Mark Lee, todos ellos escritores profesionales, quienes leyeron y comentaron cuidadosamente la primera versión del manuscrito; y Carole Mann, quien fue el agente del libro por más de un año.

✔ Un ejército de mecanógrafos, correctores y revisores, encabezado por nuestra leal asistente de muchos años, Rebecca Shearer.

✔ Las docenas y docenas de personas que aportaron citas, chistes, información e ideas que enriquecen el libro, incluidos escritores profesionales tales como Howard Rodman, Melinda Peterson y Phil Proctor; apreciamos especialmente el tiempo que nos regalaron.

✔ Nuestros clientes, con quienes y para quienes perfeccionamos nuestras destrezas.

✔ Y, desde el principio hasta el fin, ese maravilloso, generoso y flexible equipo de Wiley Publishing: Kathy Welton, la primera persona que nos acogió en el grupo y formó las tropas; Shannon Ross, nuestra fabulosa editora, quien le dio forma al libro; y Stacy Collins, Kathy Day, Jamie Klobuchar, Mimi Sells y todas esas maravillosas personas de mercadeo, quienes acompañaron el libro desde la imprenta hasta usted.

Tabla de contenido

Introducción **1**

Las seis grandes 1
De dónde venimos 2
¿Quién necesita este libro? 4
Cómo utilizar este libro 6
Cómo está organizado este libro 7
    Parte I: Siga la divisa de los exploradores:
      estar siempre listos 8
    Parte II: Cómo fijar límites y establecer objetivos 8
    Parte III: Cómo mantener la distancia emocional 8
    Parte IV: ¿Oye lo que yo oigo? 9
    Parte V: Decir las cosas como son 9
    Parte VI: Cerrar el trato 9
    Parte VII: La parte de los diez 10
Íconos en este libro 10
A dónde ir a partir de aquí 12

Parte I: Siga la divisa de los exploradores:
estar siempre listos **13**

  Capítulo 1: Negociar para la vida **15**

Definir la visión del futuro deseado 16
    Prepararse para definir la visión del futuro deseado 17
    Comprometerse 18
    Planear la vida juntos 20
      Visiones con el cónyuge o la pareja 20
      Visiones para los hijos 20
      Identificar los valores personales 21
Cómo negociar una declaración de visión para la familia 21
Decidir cómo llegar allá 24
    El plan quinquenal 24
      Pensar con audacia 26
      Pensar en enunciados 27
    Poner en marcha el plan 27

  Capítulo 2: Cómo prepararse para el éxito **31**

Quien tiene más conocimientos gana 32

Jugar al detective 33
    Cómo resolver el misterio del valor 33
        Consultar los informes al consumidor 35
        Navegar por los servicios en línea 35
        Visitar la biblioteca 36
        Ir de compras donde la competencia 36
        Hacer preguntas 37
        Leer información especializada 37
        Mantenerse informado 38
    Investigar al oponente 39
        No comprar casas a personas desconocidas 39
        No subestimar la información 42
        Tomar en consideración el asunto del género 43
Identificar a la persona adecuada 44
    Trabajar con quien le toque 44
    Cómo escoger a la persona con quien va a negociar 45
    Prepararse para negociar con una persona conocida 47
Identificar prioridades ocultas 48
Ponerlo por escrito 50
Lista de verificación de la información 51
Prepararse para negociar al otro lado del globo 53
    Cómo hablar como un nativo cuando no lo es 54
    Cómo investigar acerca de una cultura, subcultura o
        cultura individual 55
¡Pero no estoy listo! 56

Capítulo 3: Cómo planear la primera sesión 59

Controlar el entorno 59
    Negociar en terreno propio 60
    Ubicación de los participantes 61
    Facilitar la escucha 62
    Prever el entorno con anticipación 63
Verificar la lista de participantes 64
Fijar el orden del día 65
Asignar suficiente tiempo 67
Preparación 67
    A de alerta 68
    Vestirse para el éxito 68
    La entrada 70
Cómo prepararse para una negociación con gente de otras
    culturas 71
    ¿A quién invitar? 71
    Contratar a un intérprete 72
    ¿Qué tan rápido "entrar a matar"? 73
    Si la sesión supone una comida 74

Parte II: Cómo fijar límites y establecer objetivos

Parte II: Cómo fijar límites y establecer objetivos **77**

Capítulo 4: Fijar límites ...y después respetarlos **79**

Qué significa fijar límites 81
Consecuencias de no fijar límites 82
Cuatro pasos sencillos para fijar límites 84
    Saber que tiene otras opciones 84
    Saber qué otras opciones tiene 85
    Saber qué pasaría "...de no ser así" 86
    Saber cómo hacer respetar sus límites 86
Cómo establecer el punto de tolerancia 86
Nunca ponerse a sí mismo contra la pared 88
Reexaminar los límites 88
A veces el mejor negocio es no hacer negocio 89

Capítulo 5: Fijar objetivos ambiciosos **91**

Fíjarse un buen objetivo.. 92
    Participación activa de todos los miembros del
        equipo 93
    Relación específica con la negociación en curso............ 94
    Mejor pocos que muchos... 95
    Mejor específicos que generales.................................... 95
    Exigentes pero posibles 95
    Clasificación según el nivel de importancia 96
Objetivos a largo y a corto plazo 98
La oferta de apertura... 98
    Japón 100
    Medio Oriente... 101
No tallar los objetivos en piedra.. 101

Parte III: Cómo mantener la distancia emocional

Parte III: Cómo mantener la distancia emocional... **103**

Capítulo 6: El botón mágico de pausa **105**

Qué es el botón de pausa... 105
Cómo decirle a la otra persona que usted necesita una
    pausa... 106
Saber cuándo hacer una pausa... 108
    Hacer un alto antes de ceder....................................... 110
    Hacer un alto bajo presión... 110
Si usted no es el único que hace pausa................................. 111
Hacer uso del botón de pausa para salvar vidas................... 112

Temas candentes 112
    Divorcio 113
    Enfermedad 113
    Incendios, terremotos y otros desastres 114
    Vender un objeto que ama 115

Capítulo 7: El manejo de puntos críticos **117**
Cómo mantener el control de los puntos críticos 117
    Oprimir el botón de pausa en casos de ira 118
    Expresar entusiasmo 118
    Actuar con confianza 121
    Enfrentar el desánimo 121
Lidiar con personas difíciles en el lugar de trabajo 123
    Cómo manejar al idiota de la oficina 123
    Cómo hacer frente al colega pasivo-agresivo 124
    Mantener el control durante una reunión 126
        Los dominadores 126
        Los divagadores 126
        Los conversadores simultáneos 127
        Los argumentadores 127
Consejos para manejar las situaciones agobiantes 127
    Diferenciar los sentimientos de los hechos 128
    Hacer un alto, mirar y escuchar ...antes de subirse
      por las paredes 129
Negocios con gente conocida 130
    Consejos a la hora de pelear 131
    Preparativos especiales 133

Parte IV: ¿Oye lo que yo oigo? **135**

Capítulo 8: Escuchar, el camino hacia la cima **137**
Escuchar de manera activa 137
¿Usted sabe escuchar? 138
    El índice de interrupción 139
    Pregúntele a un amigo 140
Seis barreras que impiden escuchar adecuadamente 141
    El mecanismo de defensa 141
    Los nervios a flor de piel 141
    Los bajonazos de energía 143
    El hábito 144
    Las ideas preconcebidas 144
    No esperar aportes valiosos de los demás 145
Saber escuchar para subir en la escala corporativa 145
Saber escuchar — patrones de comunicación alrededor del
    mundo 147

Escuchar en Bali.. 147
Escuchar en Estados Unidos 147
Escuchar en Japón 148

Capítulo 9: Ayudas para aprender a escuchar 149

Consejos para aprender a escuchar 149
Organizar el desorden 149
Contar hasta tres.. 151
Despertarse... 151
Conversaciones entre hombres y mujeres 153
Consejos para las mujeres 153
Consejos para los hombres 154
Sonsacar información... 155
Luchar contra la jerga 156
Aclarar los términos relativos 157
Hacer preguntas: una herramienta muy útil............... 159
Evitar las preguntas capciosas....................... 161
No asumir nada 162
Formular preguntas abiertas 164
Preguntar de nuevo 165
No derrochar preguntas.................................. 165
No aceptar sustitutos 166
No tolerar evasivas 168
No aceptar una afirmación como respuesta.... 168
No admitir demasiados pronombres................ 169
Buscar evidencias de que lo están escuchando 169
Que comience el silencio 171

Capítulo 10: Su voz interior es su mejor amiga.................. 173

Encontrar nuestra voz interior................................... 174
La mente consciente e inconsciente 174
La arquitectura del cerebro 176
Cómo hacer uso de la voz interior............................ 177
Dos voces 178
Atender mensajes especiales 179
Tipos turbios 179
Los negocios dudosos 182
El remordimiento que precede a la compra.... 182

Capítulo 11: Escuchar el lenguaje corporal 183

Todo el mundo es bilingüe.. 183
Lo que puede decir el cuerpo..................................... 186
Hacer que coincidan el lenguaje corporal y
las palabras 187
Leer el lenguaje corporal de otra persona...... 188
Mensajes contradictorios 189

Enfatizar mediante el lenguaje corporal 191
Usar los conocimientos que tiene sobre el lenguaje corporal
en la próxima negociación 192
Saber dónde pararse 194
El primer contacto 195
Cómo mostrarse receptivo (y averiguar si los demás
no lo son).. 195
Identificar cambios de parecer 199
Contra el aburrimiento.. 200
Irradiar confianza 201
Cerrar el negocio... 202
No crea todo lo que ve 203
Cada persona es distinta... 204
Considerar el contexto.. 204
Reconocer fanfarronadas... 204

Parte V: Decir las cosas como son 207

Capítulo 12: La claridad como mecanismo de control 209

Qué significa ser claro 209
¿Qué tan claramente se expresa?... 211
El cociente de claridad 212
Consejos para expresarse claramente 213
Conocer sus objetivos o metas 214
Eliminar la palabrería 215
Cumplir los compromisos.. 215
Tomar notas... 216
Jugar al periodista 217
Barreras que afectan la claridad 219
El temor al rechazo.. 219
El temor de herir a otras personas 219
Las distracciones comunes 220
Cuando tenga que decir "No" 220
El alto costo de no expresarse claramente............................... 222
El costo más alto de todos... 222
Negocios que no se dan 223
Consecuencias imposibles de detectar............................... 224
El peor de los casos: el negocio se cierra.......................... 225
Al hablar con extranjeros 226

Capítulo 13: Señales verbales que interfieren con la comunicación 229

Frases que nunca se deben pronunciar en una negociación 230
"Confíe en mí".. 230

"Voy a ser honesto con usted" 230
"Tómelo o déjelo" 231
"Nunca volverá a trabajar en esta ciudad" 231
Un insulto de cualquier tipo 232
Guiar a los demás hacia la claridad 233
Gente que se sale por la tangente 233
Gente que interrumpe 234
Gente que no se prepara 234
Gente que está demasiado ocupada para ser clara 234
Cuatro estrategias para mujeres que desean que los hombres
las escuchen 235
Estrategia # 1: Evite las disculpas 236
Frases introductorias y frases de remache 236
El tono de pregunta 236
Evasivas o matices 237
Las no-palabras 237
Estrategia # 2: Sea breve 238
Estrategia # 3: Sea directa: no insinúe 240
Estrategia # 4: Evite las manifestaciones de emoción 241
Cuatro estrategias para los hombres que desean que
las mujeres los escuchen 241
Estrategia # 1: No sea condescendiente: "cariño",
"niña", "cielo" y otras impropiedades 242
Estrategia # 2: Comparta antes de decidir 242
Estrategia # 3: Comparta algo personal 242
Estrategia # 4: Evite las manifestaciones de emoción 243
Cómo enredar las comunicaciones 244
Levante el tono de la voz 244
Omita los detalles 245
No se cerciore de que su interlocutor le entendió 245
Aléjese y hable al mismo tiempo 245
Suponga que todo el mundo le entiende 245
No tolere objeciones ni preguntas 246

Capítulo 14: La negociación telefónica 247

Tender la mano y tocar a alguien 247
Para superar al cerbero 248
Para dejar un mensaje 249
Convocar a los participantes 250
Realzar la importancia de la ocasión 250
Un comienzo limpio 251
Cuando comience la reunión 251
Hablar con autoridad 251
Estrechar la mano por teléfono 253
Preguntas que se deben hacer por teléfono 254
Para ser el mejor, adquiera lo mejor 255

Parte VI: Cerrar el trato................................ *257*

Capítulo 15: Las negociaciones gane-gane **259**

Un buen acuerdo/un mal acuerdo 260
Mitos que rodean una negociación gane-gane 262
Crear negociaciones gane-gane.. 264

Capítulo 16: Cómo superar los tropiezos........................... **269**

Para superar los tropiezos... 269
Tipos de personalidad que dificultan cerrar un negocio........... 270
El bravucón... 271
El gritón 273
La estrella o el jefe 274
El comprador con prejuicios 276
¿Podría ser usted?... 277
Tácticas que atormentan 277
Cambio constante de posición..................................... 278
Policía bueno, policía malo.. 279
El socio invisible 280
El doble mensaje 281
"Repartamos la diferencia y se acabó" 282
Un entorno negativo 283
El mayor tropiezo: cuando alguien se retira de la negociación .. 284
Si la otra parte se retira abruptamente de
la negociación 284
Si la otra parte regresa con el rabo entre las piernas 285
Si alguien de la competencia se retira de la
negociación 285
Si es usted quien se retira.. 286
Retirarse de una negociación.................................. 286
Salirse de una relación 288

Capítulo 17: El cierre del negocio: la gran
compensación.. **291**

Qué significa cerrar un trato 291
Comprender el texto de la ley 292
Definición legal de un trato cerrado............................ 292
Ofertas y contraofertas 293
Contratos escritos y contratos verbales 293
Protección legal antes del contrato............................. 293
El cierre alrededor del mundo... 294
Estados Unidos.. 294
Oriente Medio.. 295
Japón 295

Reconocer el momento de cerrar el trato 296
Saber cómo cerrar 297
    El que sabe cerrar 297
    Las únicas tres estrategias de cierre que va a necesitar .. 299
    Utilizar la vinculación para cerrar 300
Barreras que obstaculizan el cierre 302
Cómo superar las objeciones 302
    Hacer preguntas para llegar a donde quiere ir 303
    Volver al punto de partida 304
El cierre de la negociación en familia 305
Cuando se cierra el trato 306
    Instalar sistemas de seguimiento 306
    ¡Acordarse de celebrar! 307

Parte VII: La parte de los diez *309*

Capítulo 18: Diez maneras de convertirse en un maestro negociador **311**

Comprometerse con el proceso 311
Construir un templo 312
Estudiar las técnicas de negociación de dos personas 313
Adoptar a un héroe 314
Involucrar a su grupo de apoyo 315
Ejecutar las actividades sugeridas en este libro 315
    Ver algunas películas y leer algunos libros 316
Mantener a la mano la lista de las seis destrezas básicas
    de la negociación 316
Evaluarse después de hacer una negociación 317
Saber más que cualquiera en su campo 317
Ser un mentor 318

Capítulo 19: Diez rasgos de personalidad de los mejores negociadores **319**

Empatía 320
Respeto 320
Integridad personal 321
Justicia 321
Paciencia 322
Responsabilidad 322
Flexibilidad 323
Sentido del humor 323
Autodisciplina 324
Resistencia 324

Capítulo 20: Diez errores comunes en la negociación...... **325**

Comenzar a negociar sin estar preparado 325
Negociar con la persona equivocada 326
Aferrarse a una posición 326
Sentirse impotente durante una sesión de negociación 327
Preocuparse por perder el control de la negociación 328
Apartarse de las metas y los límites que fijó 329
Preocuparse demasiado por la otra persona 329
Ocurrírsele "la respuesta precisa"... pero al día siguiente 330
Culparse por los errores de los demás 330
No concentrarse en el cierre de la negociación 331

Índice *333*

Introducción

●●

B ienvenido a *Negociación para Dummies* — una nueva manera de obtener lo que se quiere de la vida.

La gente negocia en todo momento, no sólo en el trabajo sino también en cada situación que enfrenta con el jefe o los empleados, con
los proveedores o los clientes, con el cónyuge o los niños, hasta con
el técnico que va a la casa y deja sin reparar el refrigerador. Todas
esas relaciones exigen negociaciones constantes.

Una *negociación* es cualquier relación en la que se intenta lograr la
aprobación, la aquiescencia o la acción de otra persona. La mayoría
de la gente tiende a pensar en la negociación en un contexto comercial o en conexión con adquisiciones mayores, como una vivienda
o un automóvil. Pero probablemente se invierte más energía en
las negociaciones inmediatas de la vida diaria: "Papá, ¿me puedes
prestar el automóvil?" Las lecciones que se incluyen en este libro se
aplican tanto a los tratos de un millón de dólares que se presentan
una vez en la vida como a las negociaciones rápidas de la vida cotidiana.

Las seis grandes

Las habilidades necesarias para ser un negociador exitoso en la vida
cotidiana son las mismas que se requieren en las grandes negociaciones internacionales e industriales. Claro, es posible perfeccionar
estas habilidades con técnicas y estrategias adicionales y adecuar-
las al estilo y la personalidad de cada cual. Pero sólo las siguientes
seis habilidades son verdaderamente esenciales:

✔ Preparación cuidadosa.

✔ Capacidad para establecer límites y objetivos.

✔ Habilidad para mantener la distancia emocional.

✔ Capacidad de escucha.

✔ Claridad en la comunicación.

✔ Saber cuándo cerrar el trato.

Estas seis habilidades son tan importantes que creemos que deberían estar colgadas de la pared en un cuadro a disposición de todo el mundo, así como están visibles en todo laboratorio químico los elementos que componen la Tierra.

Este libro explica en detalle cada una de esas seis habilidades. Puesto que las seis habilidades básicas de la negociación se aplican a todas las áreas de la vida, *Negociación para Dummies* puede ayudarle también a obtener de la vida más felicidad y éxito mediante la adquisición de:

✔ Más respeto.

✔ Más dinero.

✔ Mejores resultados de empleados, colegas y jefes.

✔ Acuerdos más exitosos con los amigos y la familia.

✔ Mayor control en sus negociaciones.

✔ Más satisfacción para las partes involucradas en la negociación.

De dónde venimos

Aunque nuestras trayectorias son diferentes, los autores compartimos un enfoque común de la negociación. Creemos en la construcción de relaciones duraderas que pueden crecer y producir mayor satisfacción con el tiempo. En el curso de tales relaciones, ambas partes en la negociación deben obtener lo fundamental de lo que desean a un costo que estén dispuestas a pagar. Si una de las partes padece en silencio, la relación seguramente se acabará, con una ruidosa explosión o con apenas un gemido.

La integridad personal está en el centro de toda negociación. Es preciso conservar la ética en los tratos con las personas que uno conoce. Practicábamos estos principios antes de conocernos y seguimos aplicándolos en cada nuevo trato que hacemos. Los principios deben estar en el centro de toda transacción comercial.

Cómo hacer una carrera profesional en el mundo de la negociación

Siempre me han interesado los elementos de la persuasión exitosa, aun antes de que se me ocurriera ordenar toda esa información bajo el paraguas de la negociación. En la universidad solía escuchar a todos los conferencistas famosos que nos iban a dar charlas, y como editor de la revista literaria universitaria pude entrevistar a la mayoría de ellos.

Poco después de graduarme, me hice infante de la Marina de Estados Unidos. Comencé a estudiar los elementos del liderazgo porque sabía que de mis habilidades como líder dependería algún día la vida de alguien en mi pelotón, talvez la mía. Quizás piense usted que dar órdenes en la Infantería de Marina no tiene nada que ver con la negociación. Pero la realidad es que los oficiales sí operan dentro de muchos límites preestablecidos. Y encontré que cuanto mejor era mi preparación y más claras eran mis órdenes, mejor se desempeñaban mis tropas. Nuestro pequeño pelotón fue elegido como la primera unidad de combate terrestre de la Infantería en Vietnam. Compartimos misiones con un grupo de la Marina. Cuidadosas negociaciones al interior de nuestra unidad y con ese grupo dieron como resultado muchas misiones exitosas.

Después de practicar exitosamente la abogacía en la ciudad de Torrance en el Condado de Los Ángeles, decidí hacer lo que quería. Me trasladé a otra parte de la ciudad y monté una oficina en la que era probablemente la faceta más desafiante del derecho, el derecho del espectáculo, y en el que era probablemente el entorno menos compasivo: ¡Hollywood! No tenía ni un solo cliente en el mundo del espectáculo; sólo contaba con mi habilidad como negociador. En ese tiempo se había escrito muy poco sobre el tema de la negociación. No se ofrecían cursos de negociación en ninguna de las universidades donde había estudiado. Proseguí mi educación autodidacta en la materia, y mis conocimientos dieron fruto con mi primer cliente (y, en ese momento, el único); él me recomendó a otra persona, y así sucesivamente.

Desde entonces he gozado de mucho éxito. He negociado a favor y en contra de muchas de las grandes celebridades de Hollywood y en contra de todos los estudios cinematográficos de la ciudad. Negocié cada uno de los acuerdos de producción de Michael Landon[1] durante sus años más productivos. Todavía negocio el uso del nombre y la imagen de algunos de los grandes de Hollywood. En Hollywood, el poder siempre está del lado de los estudios.

Los ejemplos de este libro provienen en su mayoría de mi práctica como negociador de tiempo completo en la industria del espectáculo, en la cual represento a actores, escritores, directores y productores independientes en sus negociaciones con los estudios, los financistas y entre ellos mismos. En este libro utilizo también ejemplos de mi vida familiar como padre de tres hijas adolescentes y esposo de Mimi, que es una de las mejores negociadoras de todos los tiempos.

---

[1] Michael Landon produjo la exitosa serie televisiva The Little House on the Prairy (La pequeña casa de la pradera), sobre la familia Ingalls. (N. del Ed.)

Cuando nos conocimos, nuestras profesiones no coincidían. Pero en la medida en que nuestras vidas personales se acercaron, ocurrió lo mismo con nuestra profesión. Comenzamos a escribir y a hablar sobre nuestro interés compartido: la negociación.

¿Quién necesita este libro?

Todo el mundo.

Admítalo, usted negocia todo el día y lo podría hacer mucho mejor. No importa qué opinión tenga de sus capacidades, puede mejorarlas. Y su progreso puede comenzar con este libro.

Mucha gente asume que sabe mucho de la negociación porque ha negociado con mucha frecuencia, pero esa misma gente jamás ha reflexionado sobre los fundamentos de una negociación exitosa. Peor aún, muchas personas creen que sus abogados son muy entendidos en materia de negociación, ¡simplemente porque son abogados! La triste verdad es que la mayoría de las personas que negocian profesionalmente no tienen entrenamiento en ese aspecto de sus tareas. La triste verdad es que la mayoría de quienes negocian profesionalmente no están capacitados para ello.

Las personas que sí desean entender mejor la mecánica de la negociación con frecuencia toman un curso, compran un libro o leen un artículo alusivo. Pero con demasiada frecuencia, desde luego, el curso, el libro o el artículo suponen que esas personas cuentan con conocimientos básicos. Este libro no asume nada. Analizamos minuciosamente la estructura básica de cualquier negociación. Todo lo relacionado con la negociación está escrito en este libro. Si aún le queda alguna duda después de leer todo el libro, visite mi sitio web (`my2cents.dummies.com`), formule su pregunta, y nosotros nos pondremos en contacto con usted.

La misión de este libro es ayudarle a negociar desde una posición de fortaleza. Entender la estructura de toda negociación en que participe lo transformará en un negociador seguro y exitoso. Tras dominar las seis destrezas básicas de la negociación y haber logrado esa posición de fortaleza, cualquier situación delicada que enfrente será más fácil de analizar y de superar.

Este libro es para usted, ya sea que:

✔ Esté iniciando una carrera profesional o simplemente desee afinar sus destrezas.

Dar a la gente las herramientas necesarias

Mi trabajo consiste en brindar asesorías en gerencia y en dictar conferencias en grandes compañías (incluidas entre las 500 mayores de la revista *Fortune*). Los cursos que imparto incluyen "Gerencia para lograr resultados", "Cuatro pasos para administrar a cualquiera", "Construir equipos", "Manejo del estrés", "Destrezas para las presentaciones", "Manejo eficaz del tiempo", "Servicio al cliente" y "Resolución de conflictos". Desde hace 20 años dicto estos cursos a lo largo y ancho de mi país para que la gente obtenga mejores resultados personales en todas las áreas de la vida.

Las buenas relaciones de trabajo implican negociar con los empleados, los clientes y los proveedores. La labor siempre retadora de administrar personal implica delegar tareas, lo cual significa capacitar gente para obtener resultados de los que, en última instancia, uno es el responsable. Los gerentes practican a diario estas negociaciones. Todos debemos negociar también de una u otra manera.

Otra de mis áreas de experiencia son las diferencias entre hombres y mujeres. En cursos tales como "Negociar con hombres y mujeres: ¿podemos hablar?" y "Hombres y mujeres en el trabajo: cómo prevenir el acoso sexual" brindo herramientas para comunicarse y negociar mejor con el sexo opuesto en la casa y en el lugar de trabajo. Además de dictar cursos, doy conferencias sobre estas técnicas en reuniones y eventos nacionales ante miles de personas.

Cuando comencé a enseñar "El arte de hablar con autoridad" y "La comunicación asertiva", en los años 80, las mujeres deseaban aprender el lenguaje del poder en el lugar de trabajo, lenguaje que hasta ese momento habían dominado mayoritariamente a los hombres. Ahora que las mujeres están adquiriendo cada vez más autoridad y mejores posiciones laborales, el lenguaje del poder ha dejado de asociarse al hecho de ser hombre o mujer. Los modelos han dejado de ser sólo masculinos y ahora también son femeninos.

Siempre he enseñado a hombres y mujeres a negociar justa y adecuadamente. Es posible obtener lo que se necesita y se desea y al mismo tiempo construir relaciones. Sin embargo, hay que correr el riesgo de disgustar a alguien momentáneamente. Y hay que correr el riesgo de no gustarle siempre a todo el mundo. Son gajes de la búsqueda de resultados. Es preciso optar entre una cómoda seguridad y cierta desazón cuando se intenta obtener lo que se quiere. Utilizo estos principios como base en mis cursos en negociación.

Cuando conocí a Michael y lo observé negociar en un pequeño almacén, me di cuenta de que estaba en presencia de un maestro. Vibré con su enérgica integridad. Sus ojos brillaban, como brillaban también los de su contraparte en la negociación.

Mi trabajo se ha visto enriquecido por el enfoque de Michael en materia de negociación. Más importante aún, lo integridad. Sus ojos brillaban, como brillaban también los de su contraparte en la negociación.

Mi trabajo se ha visto enriquecido por el enfoque de Michael en materia de negociación. Más importante aún, lo he aplicado a mi vida personal de una manera muy positiva. Como alguien que llegó tardíamente al matrimonio, puedo dar fe de que ese enfoque funciona en casa

también. Juntos aplicamos técnicas de negociación para hacer que su hija Wendy pasara de ser una chica con pocas inclinaciones académicas a ser una excelente estudiante. Utilizamos los mismos métodos claros para establecer la hora de llegada por las noches, el uso del automóvil y las responsabilidades en el hogar.

Mimi dice • Mimi dice • Mimi dice • Mimi dice • Mimi dice • Mimi dice • Mimi dice • Mimi dice • Mimi • Mimi dice • Mimi dice

✔ Nunca logre influenciar a los demás con sus puntos de vista, o sea un negociador experto y ampliamente admirado, pero que quiere mejorar.

✔ Esté sin empleo y quiera trabajar, o tenga un empleo y desee un aumento salarial.

✔ Sea un maestro que busca que sus alumnos hagan lo que desea, o un padre de familia que intenta hablar con sus hijos de manera más convincente.

✔ Esté buscando una ganancia específica o una mejora general de su capacidad negociadora.

Quienes participan en nuestros seminarios nos dicen que utilizan nuestro material para obtener aumentos salariales, para lograr ascensos y para hacer negocios. Nos cuentan que emplean nuestras técnicas de negociación en el trato con sus colaboradores. Un participante nos escribió: "Ya no tengo que gritar".

Cómo utilizar este libro

Este libro no tiene nada que ver con trucos ni con cómo arreglárselas para llevar siempre la delantera. Responde sus preguntas y lo orienta mediante la presentación desglosada de los elementos básicos de la negociación. Que se les llame destrezas, pasos, fundamentos o lo que se quiera, cada uno de estos elementos puede convertirse en un instrumento personal indispensable en la negociación.

Nosotros nos guiamos por las mismas teorías que rigen un campo deportivo. Piense en el mejor jugador de tenis que conozca. Las jugadas de ese tenista son las mismas que aprende todo principiante. La diferencia entre el experto y el principiante radica en que el experto ha practicado las jugadas básicas una y otra vez con un guía amigo o entrenador.

Vea este libro como su amigo o entrenador, el recurso a su disposición cuando tenga una duda en materia de negociación. Al igual que en una lección de tenis, este libro identifica cada destreza básica para después demostrar su utilidad en cada situación. Si practica estas destrezas lo suficiente, podrá convertirse en un negociador de nivel internacional.

Este libro descompone el proceso de la negociación en seis elementos fundamentales y trata cada uno de ellos separadamente. Puede comenzar a leer el libro por cualquiera de sus partes. Es probable que no se dirija de inmediato a la parte en que se discute la destreza que más necesita perfeccionar. No hay problema. Perfeccione cualquiera de las seis destrezas y será un mejor negociador.

"La parte de los diez" cubre las habilidades generales de la negociación. Puede perfeccionar habilidades específicas en las primeras seis partes del libro o su técnica general en "La parte de los diez". Trabaje a su ritmo, pero siga adelante. Hasta cinco minutos diarios marcan la diferencia. Mejorar las habilidades para negociar puede ser divertido; no tardará mucho tiempo en notar progresos.

Disfrute las actividades y las películas que se mencionan a lo largo del libro. Involucre a toda su familia mientras perfecciona sus habilidades prácticas, que son la esencia del éxito de todo negociador experto.

Cómo está organizado este libro

Este libro aborda una habilidad de negociación en cada una de sus partes. Analizamos y evaluamos cada habilidad y sugerimos muchas maneras diferentes de utilizarla. La parte final (La parte de los diez) incluye listas-resumen que ayudan a perfeccionar el estilo general de negociación.

Parte I: Siga la divisa de los exploradores: estar siempre listos

Mucho antes de que comience una negociación, es preciso enfrentar las preguntas más importantes de la vida: ¿Por qué estoy aquí? ¿Realmente quiero participar en esta negociación? ¿Qué opciones tengo? Demasiadas personas se dejan zarandear por la vida. Asuma el control. La primera negociación es consigo mismo.

Conózcase y sepa por qué está involucrado en la negociación. No pierda de vista el panorama general en cada etapa del proceso. Evalúe su poder personal y la fuerza de su posición. Después, siga el mismo procedimiento en cuanto a la persona o equipo con que está negociando.

Esta parte tiene que ver con la preparación para la negociación —en general y en particular— y por qué la preparación es la clave del verdadero poder en la negociación. El capítulo 2 trata el error más frecuente que cometen las personas mientras se preparan para negociar y cómo evitar ese error.

Parte II: Cómo fijar límites y establecer objetivos

El momento de establecer sus objetivos y definir sus límites es inmediatamente antes de que comience la verdadera negociación. Sólo cuando haya identificado sus objetivos y sus límites podrá preparar una oferta de apertura. Sus objetivos y límites lo guiarán hasta la culminación de la negociación, permitiéndole decidir cuándo cerrar el trato y cuándo es preciso olvidarse del negocio. La destreza esencial de fijar límites es probablemente la más difícil de dominar, pero usándola con frecuencia es posible cambiar muchos aspectos de la vida. El proceso mismo de fijar límites le da fuerza en la negociación pues lo obliga a concentrarse en sus alternativas en caso de no lograr un acuerdo negociado.

Parte III: Cómo mantener la distancia emocional

¿Ha notado que los grandes negociadores siempre se muestran calmados y concentrados? Esta parte le dice cómo conservar la calma durante las negociaciones más acaloradas. Lea esta parte para enterarse de cómo las emociones pueden influir en una negociación y perjudicarla; descubra después cómo controlar sus emociones haciendo uso del "botón de pausa". Como el botón de pausa en su equipo de sonido, esta destreza esencial le permite hacer un alto en la negociación y tomar un descanso — una excelente manera de mantener la distancia emocional.

Descubra cómo oprimir el botón de pausa en todo momento crítico a lo largo de la negociación para eliminar el arrepentimiento del comprador, evitar el malestar emocional, evaluar su progreso y decidir si debe cerrar el trato o abandonar el negocio.

Parte IV: ¿Oye lo que yo oigo?

Esta parte abarca la destreza más subvalorada de todas: saber escuchar. La mayoría de los principiantes quieren pasar por alto esta habilidad esencial. Subestiman su importancia y se rinden ante las muchas dificultades de escuchar productivamente. El negociador experimentado con frecuencia logra el control de la negociación gracias a que sabe escuchar. De hecho, hay investigaciones que demuestran que los negociadores exitosos pasan más tiempo escuchando que hablando. Si la contraparte no se abre, los negociadores eficaces consiguen sacarle la verdad con preguntas bien formuladas.

Parte V: Decir las cosas como son

En esta parte examinamos el otro lado de la comunicación eficaz: el habla. Puesto que todo el mundo habla tanto todos los días, es fácil descuidar esta habilidad esencial. Lea esta parte si quiere hacer que cada palabra que diga cuente y para asegurarse de que lo escuchen cada vez que habla.

Parte VI: Cerrar el trato

Este es el momento de gloria, cuando todo adquiere forma y usted logra concluir la negociación. Opta por cerrar el negocio o por dar fin a la negociación. De una u otra manera, un cierre exitoso es el objetivo final de toda negociación. Inmediatamente antes del cierre, tome distancia y cerciórese de que la situación sea beneficiosa para ambas partes. El cierre es también una habilidad que debe desarrollar para tener éxito en cualquier negociación que emprenda.

En este punto en el libro discutimos todos esos contratiempos que pueden impedir que se cierre el trato. Se comentan situaciones en las que se siente que se ha hecho todo correctamente y sin embargo no se logra llegar a un acuerdo. Primero hay que identificar el error y después superarlo.

Estudiamos también a las personas que impiden que se llegue a un acuerdo. Están ahí. Son frustrantes. Aprenda a identificarlas y a hacerles frente sin que haya lesiones importantes.

Parte VII: La parte de los diez

Estos breves capítulos cubren el proceso completo de la negociación. Las partes precedentes investigan minuciosamente las fases individuales de la negociación; los capítulos de esta parte abarcan maneras de fortalecer las habilidades globales como negociador. Haga uso de esta sección mientras hojea las otras partes del libro.

La parte de los diez presenta el proceso de la negociación como una totalidad. Algunas de las listas incluidas aquí permiten involucrar a toda la familia. Usted y sus amigos o su familia pueden comenzar a mirar el mundo con ojos de negociador. Perfeccionar las destrezas de la negociación puede convertirse en un asunto de familia.

Íconos en este libro

En las márgenes de este libro encontrará muchas pequeñas ilustraciones. Son divertidas, ¿no? Son íconos que lo guían hacia la información que requiere. ¿Necesita ayuda para negociar con miembros del sexo opuesto? ¿Requiere habilidades para negociar en el lugar de trabajo o en el frente doméstico? Pase rápidamente las páginas en busca de los íconos apropiados.

Este ícono señala actividades divertidas para toda la familia. Congregue a sus amigos, sus hijos, sus padres o su pareja y perfeccione sus habilidades de negociador con una de estas actividades.

Las negociaciones más emotivas y más retadoras que va a enfrentar en la vida ocurren en el frente doméstico. Donde vea este icono encontrará sugerencias útiles para negociar eficazmente con sus padres, hijos o cónyuge.

Sea usted ingeniero, administrador o recepcionista, la negociación forma parte de su trabajo. Observe las recomendaciones que acompaña este ícono para lograr una posición de ventaja en las negociaciones profesionales.

Este ícono señala las malas jugadas que le hacen los tiburones. No caiga en esas trampas, y evite usar usted esas tácticas desagradables.

Este ícono ilustra con una historia un tema importante. A ambos (Michael y Mimi) nos gusta relatar historias para explicar las cosas.

Es posible que tenga que negociar con personas de otras culturas. Ya sea que esté planeando unas vacaciones en alguna playa lejana o que simplemente quiera prepararse para hacer frente a una economía globalizada, estos íconos pueden guiarlo hacia la información multicultural que requiere.

Sí, los hombres y las mujeres son diferentes. *Vive la différence!* Pero no deje que las diferencias frustren una negociación. Con la información que acompaña este icono desmitificamos los conflictos de comunicación entre hombres y mujeres.

¿Busca el mínimo aceptable? Este ícono resalta la información que debe tener presente todo el tiempo si desea ser un negociador exitoso.

Este ícono denota trucos del oficio, atajos y resquicios honestos. Son consejos que puede ser deseable tener a la mano. Busque estos íconos y ahorre tiempo, dinero y prestigio en su próxima negociación.

Este ícono señala esos momentos específicos de la negociación en que se debe sacar bolígrafo y papel y anotar la información. Es el momento de tomar apuntes.

A dónde ir a partir de aquí

Hojee el libro para tener una idea de cuáles son las seis destrezas esenciales que se necesitan en toda negociación. Identifique una parte o un capítulo que le llame la atención. Ese es el mejor lugar para comenzar.

La mayoría de las personas no comienzan a leer en el área en que necesitan más ayuda sino que normalmente escogen su área favorita, aquella en la que se sienten más seguras. No hay nada de malo en eso. Hasta el aspecto en que uno se siente más fuerte puede fortalecerse más. Después, al desplazar el enfoque hacia las áreas más débiles, se hacen mayores progresos.

Lo más importante ahora es que ya se está encaminando hacia el círculo de los ganadores. Las personas más exitosas son aquellas que siguen creciendo. El hecho mismo de tener este libro en sus manos lo ubica en ese ámbito. Lo que cuenta no es cuánto sabe sino cuánto más está dispuesto a aprender una vez que "lo sabe todo".

Parte I

Siga la divisa de los exploradores: estar siempre listos

La 5a ola   **por Rich Tennant**

"Lo siento, señores. Soy sólo su contador, así que no estaba preparado para este tipo de negociación".

En esta parte...

Si quiere negociar exitosamente, debe prepararse. Esta parte explica que la preparación no consiste simplemente en informarse sobre la materia en cuestión, sino también en comprender a la persona con quien va a negociar y en tener presentes las propias fortalezas y limitaciones. El último capítulo en esta parte tiene que ver con la preparación para esa primera sesión de negociación —hora, lugar, disposición de los asientos, todo el rollo— e incluye consejos para negociar con personas de otras culturas.

Capítulo 1

Negociar para la vida

. . . .

En este capítulo

▶ Definir la visión del futuro deseado

▶ Identificar los valores personales

▶ Elegir el camino hacia el objetivo propuesto

▶ Elaborar un plan de acción

. . . .

La habilidad para negociar no es algo que se saca a relucir ocasionalmente, cuando es preciso hacer un trato. *Negociar* es una manera de obtener de la vida lo que se quiere. Muchas personas que no logran lo que desean le echan la culpa de su fracaso a su falta de habilidad para negociar. Eso es sólo una parte del asunto. La gente debe reflexionar también sobre lo que quiere a largo plazo en la vida. Con frecuencia la gente se muestra insatisfecha con los resultados de determinadas negociaciones, cuando el verdadero problema es que ni siquiera debería haber participado en esas negociaciones, comenzando por ahí.

Para utilizar más eficazmente las habilidades como negociador es preciso tener un *plan maestro,* es decir, una estrategia para realizar los anhelos y sueños. Toda persona debería tener un plan maestro; el plan maestro permite escoger el lugar que se quiere en el tren de la vida: uno puede sentarse en la locomotora y conducir el tren, o puede colgarse del último vagón y agarrarse bien para no caerse.

Hay varios pasos, grandes y pequeños, que pueden ayudarle a asumir el control de todas las negociaciones que enfrentará en la vida. Aunque en este momento no crea que puede llegar a asumir el control de ciertas áreas de su vida, lo desafiamos a considerar que sí puede. Piense en los actores, que tienen que pasar mucho tiempo esperando (y no sólo trabajando como meseros en los restaurantes). Piense en algunos empleados cuya función es satisfacer las necesidades ajenas. El hecho de que sus sueños y su salario parezcan depender de fuerzas que no puede controlar no debería impedir que elabore un plan maestro para su vida.

Definir la visión del futuro deseado

La mayoría de las corporaciones y los negocios cuentan con una declaración de la visión del negocio. Los patronos dan a conocer esa declaración a los empleados de todo nivel; la cuelgan en una pared visible o la publican en diversos documentos de la compañía. Todo empleado debe conocer esa declaración. Pero pregúnteles a esos mismos empleados si tienen una declaración para su vida y su carrera profesional y verá que por lo general responden con una mirada vacía.

Si desea tener la mejor vida personal y la carrera profesional más exitosa que es posible alcanzar, necesita un plan. Un pequeño plan es más de lo que hace la mayoría de la gente, de modo que hacer este pequeño esfuerzo ahora lo pondrá en posición de ventaja frente a los demás.

El primer paso para crear su plan maestro es identificar su visión. La *visión* es la imagen del futuro deseado. La palabra visión viene del latín *videre*, ver. Debe exponer su visión describiendo, en tiempo presente, una imagen de cómo ve su futuro. La descripción debe ser clara, comprensible y expresiva. Lo más importante: la visión tiene que motivarlo. Usted depende de su visión para darle a su vida forma y dirección. Algunos ejemplos de declaraciones de visión son los siguientes:

✔ **Nordstrom:** "Convertirse en la tienda preferida en Estados Unidos mediante el compromiso de cada empleado de brindarles a los clientes lo mejor en calidad, valor, selección y servicio".

✔ **Microsoft:** "Un día veremos un computador en cada escritorio y en cada hogar".

✔ **Oficina jurídica de Michael:** "Ayudarles a mis clientes a cumplir sus sueños".

✔ **El negocio de Mimi:** "Contribuir a que la gente desarrolle plenamente su potencial".

✔ **Randy Riley:** "Crecer y ayudar a otras personas a crecer con entusiasmo".

¿Quién es Randy Riley y por qué aparece su declaración de visión en este libro? Es nuestro cuñado y la única persona que conocemos (aparte de nosotros) que redacta una declaración de visión propia en enero de cada año. Talvez por eso Randy, que acaba de cumplir 40 años, dirige a 25 personas que venden seguros, tiene una casa enorme y posee más juguetes que cualquier otro adulto.

Nosotros también nos hemos tomado el trabajo de evaluar cada año nuestras declaraciones de visión. De hecho, este libro es el resultado directo de nuestro examen anual de dónde estamos y a dónde queremos llegar. Antes evaluábamos nuestras visiones verbalmente, en el jardín trasero de la casa, casi siempre el domingo después del Día de Acción de Gracias. Este año seguimos el consejo de Randy y las pusimos por escrito. Tener el registro escrito genera mayor compromiso.

Su visión es un proceso a largo plazo, continuo y abierto. Cuando lea su declaración se sentirá motivado a perseguir sus ideales con entusiasmo.

Prepararse para definir la visión del futuro deseado

Para hacer el siguiente ejercicio no tiene que saber cuál es su visión. Escriba las respuestas a estas preguntas sin pensarlo demasiado de antemano. Simplemente deje que su bolígrafo actúe. Permita que sus pensamientos fluyan libremente.

¿Qué quiere ser cuando crezca?

_____

_____

¿Qué cosas hace bien?

_____

_____

¿Cuál es su contribución específica al mundo que lo rodea? ¿Qué cosas positivas han dicho de usted otras personas? ¿Qué le han agradecido?

_____

_____

¿Cómo se traducen en el mercado sus respuestas a las preguntas anteriores?

_____

_____

¿Cómo sería su día ideal, si lo pudiera planear a su manera?

_____

_____

¿A qué está dispuesto a comprometerse?

_____

_____

La pregunta anterior lo conduce a su declaración de visión. Para responder a esta pregunta debe tener muy claro su concepto del compromiso.

Comprometerse

Claro, usted sabe qué es un *compromiso*: una obligación que genera un vínculo, un juramento o una promesa. Pero ¿de verdad sabe cómo hacer y cumplir un compromiso?

Según nuestra experiencia, la gente desea comprometerse pero le falta la madera para llevar a cabo ese deseo. Por ejemplo, las personas que dicen querer ser delgadas pueden desear ser delgadas. No obstante, no hacen ejercicio y comen lo que no deberían comer. No desean ser delgadas lo suficiente como para comprometerse a dar los pasos necesarios para adelgazar. La verdad es que les gustaría desear lo suficiente ser delgadas como para comprometerse a adelgazar. El primer paso es comprometerse. Es preciso sentirse tan comprometido con la visión personal que realizará el duro trabajo que sea necesario para llegar a donde quiere ir.

Revise lo que escribió en el ejercicio anterior (en la sección "Prepararse para definir la visión del futuro deseado"). Ahora escriba qué propósito tiene en la vida. Esta es su declaración de visión. Asegúrese de que lo que escriba sea inspirador.

_____

_____

Ahora evalúe su declaración de visión

¿Cuáles cree que son las palabras clave? _____

_____

Alto nivel de compromiso

Esta es mi definición del compromiso:

Si no consigue su objetivo, alguien le cortará por debajo del segundo nudillo el dedo índice de la mano que usa para escribir.

Esta definición, que parece severa, salió de una discusión con una participante remisa en un seminario sobre la integración de equipos humanos. Ella insistía en que había hecho todo bien y en que "el otro tipo" seguía atrasado en la presentación de un informe que debía entregarle todos los jueves a las 5 de la tarde. El "otro tipo" en este caso era un colega de otro departamento de la compañía, y ella dependía de la información que él le aportaba.

Yo le pregunté: "¿Qué haces el jueves a las 5:01 si no has recibido el informe?" Me respondió: "Pues lo llamo el viernes por la mañana y...".

La interrumpí: "¿El viernes? ¿Y el jueves qué? ¡Lo necesitabas el jueves!" Tal como yo sospechaba, ella lo llamó el viernes a reclamarle por no haber entregado el informe. Es una de esas personas que prefieren tener razones para no realizar una tarea que hacer todo lo necesario para realizarla.

Me frustraba tanto su actitud derrotista que espontáneamente le lancé esta pregunta: "¿Qué pasa si te cortan el dedo índice el jueves a las 5:01 si no tienes el informe de él?" Su actitud cambió por completo. Lo pensó por un momento, y dijo: "Bueno, creo que si la cosa fuera así de seria, le diría que debe entregar el informe los miércoles".

Los otros participantes expresaron su aprobación y algunos aplaudieron. Entonces ella comenzó a entusiasmarse con el ejercicio. Dijo: "No sólo le diría que el plazo del informe es el miércoles, sino que probablemente sería mucho más amable con él".

El grupo estalló en entusiasmo. Un hombre alzó la mano y dijo: "Claro, probablemente desearías saber quién estaba a cargo del material para el informe de él en caso de que muriera antes del jueves a las 5 de la tarde". Otra persona sugirió: "Yo pasaría por su oficina, le preguntaría cómo están sus chicos, y me aseguraría de que el material para mi informe esté en un archivador metálico a prueba de incendio".

El grupo estaba comenzando a comprender el sentido de compromiso. Si lo que está en juego es lo suficientemente importante, uno cambia de actitud aunque eso signifique dar algunos pasos adicionales; eso es compromiso. La discusión tras el seminario reveló que, aun con la gente más insoportable, se puede lograr lo que se quiere si existe el compromiso de obtener resultados.

¿Se identifica con su declaración y la siente suya? Si no, cámbiela.

_____

_____

¿Qué impresión le genera? Si no es exactamente lo que desea, cámbiela.

_____

_____

Corrija su declaración de visión hasta que quede satisfecho. Revise este capítulo dentro de un año. ¿Ha cambiado su visión?

_____

_____

Planear la vida juntos

Para ser un negociador exitoso en casa tiene que seguir el mismo proceso que si estuviera negociando en el ámbito profesional. Redactar visiones, valores y metas para su familia puede no parecer tan natural como preparar la misma declaración de propósitos para su empresa. Pero si no escribe estas cosas (o si no las precisa con suficiente claridad cuando las escribe), se estará exponiendo usted y estará exponiendo a otros a la decepción y la frustración.

Visiones con el cónyuge o la pareja

En una relación de pareja, su visión puede consistir en que ambos se sientan realizados y satisfechos con la relación; que ambos sientan que tienen espacio para crecer y cambiar y que ambos se admiren y se respeten a sí mismos y mutuamente.

Su visión con su cónyuge o pareja puede incluir un mejor estilo de vida futura, como una casa más grande o más dinero para gastar, y usted puede decidir esforzarse para poder cumplir esa meta.

Visiones para los hijos

Su visión para sus hijos no debe incluir ninguna profesión específica; eso lo deben decidir ellos mismos. Pero debe tener una visión básica para ellos — que crezcan como personas buenas, felices y satisfechas y que hagan aportes a la humanidad.

Identificar los valores personales

Sus _valores_ son los principios y las normas según los cuales vive. Definen cómo percibe a los demás y cómo espera comportarse con las personas con las cuales se relaciona. Hablando en sentido figurado, los valores definen a dónde quiere ir y cómo quiere viajar.

Los valores definen también sus _límites_: las fronteras de comportamiento que usted no cruzará. Cuanto más claramente identifique sus valores, mejor comprenderá lo que aprecia. Así le será más fácil elegir sus objetivos. Para ser un negociador experto, debe ser capaz de mirarse a los ojos en el espejo cada mañana y saber que vive de acuerdo con sus normas. Discutiremos más la relación entre los valores, las metas y los límites en el capítulo 5.

Cómo negociar una declaración de visión para la familia

En una reunión de familia, haga una lista de:

✔ Las actividades que les gusta realizar.

✔ Las características que desean que tenga la familia.

✔ Cómo quieren que se comporten la familia y el mundo.

Después, escriba su propósito. Este es el nuestro:

> "Nuestro propósito es amarnos mutuamente, creer el uno en el otro y compartir la vida mediante la lectura, los deportes, reuniones familiares y otras actividades que contribuyan a la empatía, la libertad y la oportunidad, personales y del mundo".

Planear de antemano, antes de encontrarse en medio de una decisión difícil, es un factor definitivo para mantener el equilibrio (siendo fiel a sus valores) en una negociación. Por eso le recomendamos poner sus valores por escrito ahora. Los valores en su lista son las estrellas que orientan su embarcación. Nos parece útil hacer la lista de nuestros valores en orden de importancia pues hay momentos en la vida en que hay que escoger entre varios valores.

Incluimos la siguiente lista sólo para demostrar cómo se registran los valores, no para insinuar que los nuestros son mejores que los de otra persona. Sus valores deben salir de su interior. Su lista puede no parecerse mucho a la nuestra. Lo importante es pensar en los valores que son permanentes para usted a medida que evoluciona la visión que tiene para su vida. Esta es nuestra lista de valores, con algunos pequeños comentarios que nos parecen necesarios para que esos valores tengan significado para nosotros:

✔ **Amor:** Nos comprometemos a la salud y al bienestar de nuestra relación.

✔ **Confianza:** Nos importa cómo nuestras acciones nos afectan mutuamente y no haríamos nada para herirnos el uno al otro deliberadamente.

✔ **Respeto:** Nos consideramos dignos, cada uno de nosotros y mutuamente, y está bien que el uno tenga pensamientos, sentimientos y opiniones diferentes de las del otro.

✔ **Aprecio:** No ocultamos el aprecio que nos tenemos.

✔ **Afecto:** Nos abrazamos y besamos por lo menos dos veces al día, todos los días.

✔ **Independencia financiera:** Aunque el manejo del dinero puede cambiar al acercarnos a la jubilación, valoramos nuestra habilidad para ser completamente independientes a nivel económico el uno del otro y de cualquier otra persona.

✔ **Integridad:** Somos honestos (no mentimos, no engañamos o robamos) en nuestros tratos mutuos y con otras personas.

✔ **Contribución:** Vivimos vidas útiles que contribuyen a la salud y al bienestar de los demás.

✔ **Responsabilidad:** Si involuntariamente le causamos dolor a alguien, lo admitimos y tomamos medidas correctivas.

✔ **Crecimiento:** Nos esforzamos por conseguir el crecimiento personal y por desarrollar la conciencia. Sabemos que entramos en la relación con una determinada trayectoria personal.

Es interesante saber que hasta los valores en que creemos más profundamente deben nutrirse. No basta con tener valores. En la pareja, ambos tienen que invertir energía para asegurarse de ser fieles a esos valores.

Haga una lista de diez valores que guían su vida. No se preocupe inicialmente del orden, sólo anótelos. Puede priorizarlos después.

1. _____

2. _____

3. _____

4. _____

5. _____

6. _____

7. _____

8. _____

9. _____

10. _____

Uno de los aspectos más agradables de viajar es observar cómo cambian los valores alrededor del mundo y cómo afectan las negociaciones en diversos países. Viajábamos en tren de Ciudad de México a las ruinas mayas cerca de Mérida. El tren hizo una escala imprevista. Tras media hora de espera, nos enteramos de que el conductor había parado para resolver un asunto familiar. A nadie le pareció impropio. Todo el mundo esperó pacientemente. En México, los valores familiares predominan sobre casi cualquier otra consideración. Comprender ese valor cuando negocie en México puede evitar que se sienta víctima de un desaire. El trato no se está desbaratando; es sólo que hay que ir a recoger a los chicos.

Hasta en el seno de la familia hay diferencias de valores, aunque esas diferencias radiquen sólo en cómo se definen esos valores. La lista de valores de su hijo no será exactamente igual a la suya. Enséñeles a sus hijos cuáles valores no son negociables. Los siguientes son algunos ejemplos de valores que usted puede decidir que son inamovibles:

✔ **Educación:** Si la asistencia a la universidad es algo que se espera del niño desde su temprana infancia, aumenta la probabilidad de que llegue a obtener un título universitario.

✔ **Salud y seguridad:** Por ejemplo, abrocharse el cinturón de seguridad en el automóvil no es algo negociable con un niño de dos años.

✔ **Honestidad:** Nuestras madres siempre enfatizaron la importancia de decir la verdad. Les hemos transmitido la misma lección a nuestros hijos.

✔ **Responsabilidad:** Significa admitir los errores y tomar medidas correctivas cuando sea necesario.

Buena parte de la negociación con los hijos consiste en darles orientación. A muchos niños se les da demasiada responsabilidad como negociadores antes de que sean capaces de pronunciar la palabra responsabilidad.

Decidir cómo llegar allá

De acuerdo, tener una visión y conocer los propios valores es maravilloso, pero también precisa saber cómo va a llegar a donde quiere ir. Tiene que fijarse una ruta para poder llegar a vivir de acuerdo con la imagen que tiene en la mente.

Note que los valores cumplen un papel incluso en el mundo de los negocios. Las empresas grandes y pequeñas deben ser específicas al convertir su visión en acción. Piense en los valores que asevera tener McDonalds. Los restaurantes limpios y bien iluminados de esta cadena alimenticia le han traído éxito. Piense en las tiendas de video Blockbuster. A diferencia de muchas otras tiendas de video, Blockbuster no tiene una sección de películas para adultos, así que es un lugar seguro para que los padres manden a sus chicos a sacar videos. De acuerdo, Blockbuster no es la única empresa que se niega a ofrecer ese tipo de material, pero esa política es un ejemplo de la interacción entre la visión, los valores y el plan de acción de la compañía.

En esta sección hablamos de la preparación de un plan de vida. En el capítulo 5 encuentra una discusión detallada sobre cómo fijarse objetivos para una negociación específica.

El plan quinquenal

Para negociar eficazmente necesita saber, para comenzar, por qué está involucrado en la negociación. Durante la Guerra Fría, muchos estadounidenses se burlaban de los soviéticos por desarrollar planes quinquenales con todo y cuotas de producción para cada compañía, cada industria y cada sector de la economía. Sabemos ahora que los planes quinquenales son una excelente herramienta para la vida personal.

Talvez dentro de cinco años no habrá logrado nada de lo que planeó, pero si no reflexiona sobre lo que quiere alcanzar a lo largo de los próximos cinco años, no tiene la menor posibilidad de conseguir algo. La mayor parte de las personas que no están contentas con su vida y con lo que han logrado durante los últimos cinco o diez años nunca se han tomado el trabajo de mirar hacia adelante y desarrollar un plan para ese período de tiempo. No permita que esto le ocurra. Elabore un plan quinquenal y después asegúrese de que sus negociaciones contribuyan a realizar ese plan.

Cierre los ojos e imagínese su ideal de vida personal y profesional en los próximos cinco años. Intente hacerse una imagen que incluya ambos aspectos de su vida, tanto el personal como el profesional.

El contexto más amplio determina lo específico

Estábamos impartiendo un curso de negociación en el centro turístico de Sheila Cluff, The Palms, ubicado en Palm Springs. Acabábamos de añadirle a la introducción al curso un acápite para animar a los participantes a elaborar un plan quinquenal. Cuando se levantó una mano, nos sentimos desalentados pues la persona que iba a hacer la pregunta tenía una expresión de irritación en el rostro. "Vine aquí porque quería negociar la compra de mi próximo automóvil. Quedé insatisfecha con mis dos últimas compras. ¿Van a abordar cuestiones prácticas como esa?"

"Acabamos de hacerlo", fue nuestra respuesta inmediata. La mujer quedó perpleja. "Lo siento, creo que se me escapó algo", dijo. Sospechando que no se le había escapado ni una sola palabra, le preguntamos qué clase de automóvil estaba pensando adquirir.

"No estoy segura", fue su predecible repuesta. Le hicimos algunas preguntas sobre su vida y sus objetivos, por ejemplo qué tan pronto pensaba jubilarse, si quería conservar su trabajo actual, qué distancia conducía para llegar al trabajo, y en qué actividades comunitarias participaba.

Las respuestas redujeron los automóviles adecuados para sus necesidades a cuatro o cinco modelos, a dos o tres años de fabricación, y hasta al hecho de que requería un color discreto. Ella se emocionó mucho y le pareció que se había ahorrado semanas de búsqueda y de angustia. Nuestra observación en cuanto a la importancia de reflexionar sobre su vida antes de entrar en una negociación específica fue tan bien ilustrada por este intercambio que algunos de los presentes pensaron que nosotros habíamos infiltrado a la mujer en el auditorio.

Piense cómo espera ayudar a los demás, cómo le gustaría tener impacto en su comunidad, lo que usted y su familia desean hacer, en qué negocios va a participar, cuán exitoso será, dónde va a vivir, qué automóvil desea conducir y cuáles serán sus ingresos anuales. Imagínese qué aportarán los miembros de su familia a la sociedad y unos a otros. Utilice el espacio acontinuación para describir su visión.

_____

_____

Randy Riley, nuestro amigo y pariente que reformula su visión cada mes de enero, también desarrolla un plan anual de acción. Este tipo invierte una gran cantidad de tiempo planeando la vida. Y el esfuerzo vale la pena. No siempre logra sus objetivos, pero los fija, se siente responsable, y siempre lo intenta de nuevo. La consecuencia es que ya ha alcanzado gran parte de sus objetivos financieros.

Pensar en grande

El primer paso en el logro de grandes resultados es pensar en grande. En cada aspecto de una negociación específica o al planear su vida, piense en grande. Siempre es posible reducir después el tamaño de las ambiciones. Esta es su vida. Cuando transcurra el próximo año, se habrá ido para siempre; no puede vivirlo otra vez. Entonces quítese las ataduras; no deje que su vida se vea entrabada por pensamientos mezquinos. Nunca le podrá sacar más a la vida de que lo que decida sacarle.

Pensar con audacia

Además de pensar en grande, debe pensar con audacia. Cuando su visión parece muy distante —cuando el camino parece muy empinado—, tiene que ser muy creativo. Intente abordar el problema de manera diferente para lograr una solución. El problema de tratar de convertir su visión en una realidad es, en verdad, una oportunidad.

Existen muchos acertijos divertidos para demostrar la misma cosa: que para resolver los problemas más espinosos hay que pensar de manera original. Uno de nuestros juegos favoritos es dibujar nueve puntos en una hoja de papel (tres filas de tres puntos). Sin levantar el lápiz, hay que dibujar cuatro líneas rectas conectadas entre sí, que unan todos los nueve puntos tocando cada punto sólo una vez. Continúe. Si se siente frustrado, relájese y permita que fluya su imaginación. Piense de manera original. Juegue con el rompecabezas. La respuesta está en la página 29.

Pensar en enunciados

Antes solíamos disuadir a nuestros estudiantes de usar frases hechas al planear la vida. Pensábamos que un plan de vida debía ser hecho a la medida, de una manera personal. Sin embargo, a lo largo de los años hemos aprendido, individualmente y juntos, que algunas frases actúan como indicadores claros y son especialmente útiles para comunicar conceptos complejos en seminarios y conferencias. A continuación hacemos una lista de algunos de nuestros consejos favoritos para la planeación de la vida. Nos gusta proponer estas frases después de que las personas han elaborado sus declaraciones de visión y antes de que diseñen sus planes de acción:

✔ **La tiranía del "o":** Cuando están elaborando sus planes de vida, muchas personas con frecuencia se preguntan si quieren esto *o* aquello. En lugar de ello, intente utilizar la palabra *y*. La *o* es limitante; la *y* es expansiva. Con frecuencia las finanzas exigen que las personas escojan entre varias adquisiciones. Cuando haga un plan de vida, sin embargo, incluya todo lo que quiere. Sólo tiene una oportunidad para vivir la vida; vívala libre de la tiranía del "o".

✔ **El destierro del "sólo":** Haga lo que haga, hágalo bien y con orgullo. Nunca más diga: "Soy sólo un ama de casa" o "Soy sólo un panadero" o "Soy sólo…". Sólo, como adjetivo que describe el trabajo de toda una vida, debería desterrarse del reino. Una vez que haya establecido su visión, nunca la rebaje con un "sólo".

✔ **La ley de la parsimonia:** Usted cuenta con un tiempo limitado en la vida. No le puede ayudar a todo el mundo. Ayúdeles sólo a quienes pueden aprovechar su ayuda. Hay gente necesitada que estaría feliz de desviarlo de su objetivo de vida y que aparece siempre. Su tarea es mantener la mirada fija en los objetivos que se ha propuesto para sí y para su familia.

Poner en marcha el plan

Una vez que tenga claridad sobre su visión y sobre el camino hacia esa visión, el siguiente paso es elaborar un plan de acción. Su *plan de acción* incluye las tareas específicas que debe realizar, la ayuda que requiere para ponerlo en marcha, y cuándo debe dar cada paso. Los planes de acción lo convierten en una persona más eficiente y eficaz. Le permiten anticipar necesidades y le indican el tiempo que exige cada paso del plan. El proceso de generar un plan de acción arroja luz sobre los posibles obstáculos que puede encontrar al dar esos pasos; luego podrá aclarar cómo superarlos.

Prioridades de casados

Nuestra prioridad como pareja de casados es tener tiempo para estar juntos, pues parece que nunca bastara. Lo más escaso es lo que más se desea. Cuando se trata de compartir el tiempo con otras personas, podemos enumerar la lista de prioridades: familia y amigos queridos, teatro, cine, etc.

Si la actividad en cuestión no es estrictamente de placer, nos hacemos esta pregunta para decidir si debemos ir: "¿Es buena para los negocios?" Nuestra visión, nuestros valores y objetivos consensuados nos ayudan a tener claridad. Puesto que ambos somos empresarios, invertimos tiempo en fomentar y mejorar nuestros negocios. A veces coinciden nuestras preferencias lúdicas y nuestros objetivos profesionales. Por ejemplo, vamos a los estrenos en los teatros más importantes de Los Angeles pues nos encanta el teatro y también porque esos teatros son clientes de Michael.

Le recomendamos que cree su plan de acción de la siguiente manera:

1. **Priorice cada uno de sus objetivos.**

2. **Haga una lista de los pasos necesarios para lograr cada objetivo.**

3. **Identifique las personas cuyo apoyo necesita para dar cada paso.**

4. **Identifique los obstáculos potenciales de cada uno de los pasos.**

5. **Calcule la fecha aproximada de conclusión de cada paso.**

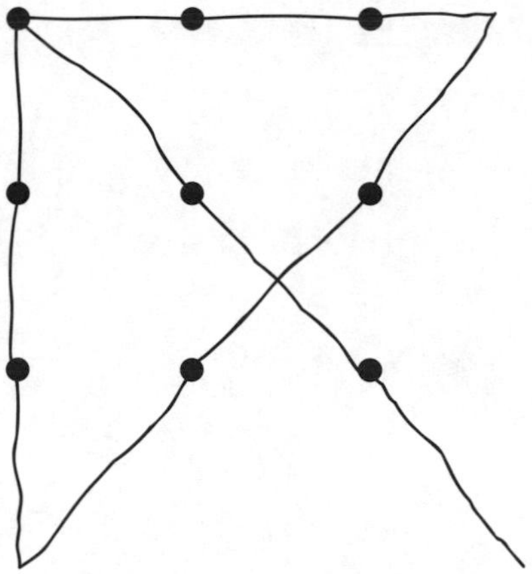

Figura 1-1:
La solución
al problema
de los nueve
puntos.

Capítulo 2
Cómo prepararse para el éxito

En este capítulo

▶ Prepararse para una negociación

▶ Elaborar una lista de verificación

▶ Prepararse para negociar con gente de otras culturas

*L*a preparación es quizás la más crítica de las seis destrezas fundamentales de la negociación. Talvez un mejor título para este capítulo sería: "Prepárese, prepárese, prepárese". Así de importante es esta habilidad.

Una buena preparación constituye una base sólida para negociar porque aporta la confianza necesaria para hacerlo con éxito. Si usted se prepara adecuadamente, puede abordar la negociación desde una posición de fortaleza. Armado con hechos e información sobre el contexto, estará en condiciones de desvirtuar cualquier falsa idea de debilidad sobre usted.

El acto de prepararse continúa a lo largo de toda la negociación y, en realidad, a lo largo de toda la vida. Si escucha con atención durante una negociación, descubrirá información que no siempre es posible conseguir de otra fuente. Es más, si enfrenta la misma temática en transacciones comerciales futuras, los beneficios de esa preparación pueden prolongarse una vez que concluye la negociación específica.

La mayoría de las personas toman la vía más fácil e intentan ahorrar esfuerzos en la preparación. Por consiguiente, usted puede ponerse en una posición de ventaja frente al equipo contrario si invierte el tiempo necesario en prepararse adecuadamente para la negociación.

¿Qué tan preparado está?

Esta es una pequeña prueba para averiguar qué tan bien tiende a prepararse para una negociación:

✔ Al prepararse para la negociación, ¿con frecuencia consulta una fuente externa de información?

✔ Enumere cinco recursos, aparte de sus conocimientos e intuición personales (libros, personas o periódicos), que haya utilizado en el último año para prepararse para una negociación de cualquier género.

✔ Nombre las cinco fuentes de información calificada más ampliamente reconocidas en su profesión.

✔ De esas cinco fuentes, ¿cuántas se encuentran en su biblioteca personal o en la biblioteca de su oficina?

✔ Piense en su última negociación. Intente recordar cinco elementos de información de los cuales se enteró en el curso de la conversación. ¿Hubiera podido obtener esa información antes iniciar la negociación?

Su respuesta a estas preguntas le indicará qué tan bien se ha preparado en el pasado. No importa cuán bien se prepare, siempre lo puede hacer mejor. El tiempo invertido en la preparación le traerá grandes beneficios.

Quien tiene más conocimientos gana

Algunas personas piensan que el poder viene del tamaño, de la rudeza o de la influencia. Pero lo más sencillo y eficaz que se puede hacer para aumentar el poder es prepararse bien. Puede estar frente al mejor negociador del mundo, pero si usted está preparado y él no, usted tiene la ventaja.

Sin embargo, la gente no se prepara como es necesario. Hasta los negociadores más experimentados sacrifican a menudo una preparación sólida en virtud de la confianza que se tienen a sí mismos o en virtud de una agenda de trabajo apretada. Algunos no aprecian plenamente el valor de invertir tiempo y esfuerzo adicionales en una preparación cuidadosa. Para otros, la preparación es un trabajo tedioso.

La preparación no tiene que ser aburridora. La preparación para una negociación puede producir la misma emoción que se siente cuando se prepara para una misión militar de reconocimiento. Puede que las palmas de las manos no le suden, pero la emoción es parecida. Usted está a punto de enfrentar lo desconocido. El resultado es incierto. Juntar pedazos de información es como aprestarse para la lucha, revisar la munición, alistarse. Prepárese como si fuera a librar una batalla.

Jugar al detective

Antes de comenzar, debe conocer todos los aspectos de la negociación. Identifique los elementos más importantes de su próxima negociación y póngase a trabajar. La tarea se puede dividir en dos categorías principales:

✔ **El tema que es objeto de la negociación:** Cuando comience el dialogo propiamente dicho, asegúrese de saber más del tema que la persona con quien está negociando.

✔ **La persona con quien está negociando:** Averigüe tanto como pueda sobre su interlocutor y lo que esa persona desea obtener de la negociación. No deje ninguna pregunta sin responder sobre él o el cliente que representa.

La parte II de este libro explica cómo decidir qué quiere obtener de una negociación y cómo organizar sus esperanzas, sueños y aspiraciones con respecto a una determinada negociación. Pero antes de llegar a ese paso, recopile la información mencionada antes. Recuerde: ¡el negociador con más información gana!

Cómo resolver el misterio del valor

Para muchas personas ciertos tipos de preparación son casi una cuestión de instinto. Cada familia parece tener un investigador privado. En nuestra familia es Debbie, de Denver. Antes de encontrarnos para ir de vacaciones, Debbie cotiza todos los hoteles en el área y recoge información sobre los restaurantes. Es maravillosa. Disfruta haciendo todas esas llamadas e informándose de todo lo que hay que saber sobre el área que visitamos, la disponibilidad de alojamientos y los costos de todo.

Para otras personas el ejercicio no es tan instintivo. Si la preparación no es algo natural para usted, intente convertirla en un juego. Si está entablando una negociación para comprar o vender un producto o servicio, imagínese que está resolviendo un misterio, el misterio

La información de primera mano es la mejor

Muy pronto en mi carrera de consultora aprendí a no suponer que conocía los problemas que enfrentan los gerentes, a no ser que fuera a visitar personalmente su lugar de trabajo. Un gerente de producción en la cadena de montaje del F-18 me enseñó esa lección. Yo estaba insistiendo en una teoría de gestión basada en elogiar a los empleados para mantener un buen rendimiento, cuando me interrumpieron con la siguiente pregunta: "¿Alguna vez ha puesto un remache?" Yo dije: "No. ¿Qué es un remache?" Los otros seis supervisores del grupo se rieron y me di cuenta de que la verdadera pregunta era: ¿Sabía yo lo que él estaba enfrentando en esa situación específica?

Me explicó lo que significaba "poner un remache". El proceso implica utilizar una máquina hidráulica muy pesada, como un sacacorchos eléctrico, para insertar una pequeña pieza parecida a un tornillo en el fuselaje de un avión de guerra. La remachadora hace un ruido horrible (muchos obreros usan tapones en los oídos) y es muy pesada. Le dije: "Pues yo nunca he puesto un remache, pero probablemente debería hacerlo". Todos se rieron entre dientes, y uno de ellos me dijo: "Preséntese en mi puesto de trabajo mañana a las 6 de la mañana con pantalones y zapatos de suela flexible. Le daremos un casco y anteojos de seguridad".

Fue todo un reto. Mido 1.50 metros y peso cerca de 45 kilos. Ningún gerente me había pedido algo semejante. Esa tarde tuve que llevar el tema dos niveles más arriba, al vicepresidente de recursos humanos, para obtener su visto bueno. Al día siguiente aprendí mucho sobre las personas que supervisaba ese hombre. Nunca hubiera soñado qué las motivaba: una pausa de 15 minutos significaba mucho para ellas, como también un café fuerte y cierta rosquilla rellena de jalea.

Desde aquella vez, al inicio de mi carrera profesional, intento no enseñar nunca sobre un entorno que no he visto físicamente, o sobre personas con quienes no he hablado directamente. En mi profesión, este principio se llama *análisis de necesidades*.

Las pocas veces que intenté impartir un entrenamiento en gestión relacionado con un entorno desconocido para mí, me encontré en franca desventaja.

del valor. ¿Qué valor tiene el producto o servicio? Olvídese del precio de venta: ¿cuánto vale *en realidad?*

Comience con estos dos hechos importantes:

✔ El valor es subjetivo. Cuando termine la investigación, sólo usted puede determinar el valor máximo que un producto o servicio tiene para usted. Es usted quien va a gastar (o a recibir) el dinero. Es usted quien tiene que decidir.

✔ De los diamantes a los cachivaches, los expertos recopilan información sobre precios y emiten un informe sobre el valor del objeto. Por medio de tales publicaciones los expertos se enteran de lo que ocurre en el mundo. Bien sea que vaya a comprar un hotel, o unas vacaciones en un hotel, puede encontrar información especializada sobre el valor de esa transacción.

No olvide que los valores cambian con el tiempo. Por esta razón, debe decidir cuánto tiempo va a conservar el objeto que piensa comprar. Cuanto más tiempo proyecte conservarlo, más tiempo debe mantener este su valor. La información sobre la depreciación está a su alcance, así como también lo está la información sobre el valor actual, y normalmente se encuentran en el mismo lugar. Conocer la tasa de depreciación de un objeto es tan importante como conocer su valor actual.

En la medida en que vaya recogiendo información, asegúrese de tomar apuntes. No podrá almacenar en la cabeza toda la información que reuna. Es fácil tomar apuntes mientras avanza y estos pueden resultar valiosos a medida que progresan las negociaciones. Como normalmente uno o dos tipos de negociación se repiten en su negocio, puede tener una libreta especial con la información que recoja para las negociaciones recurrentes.

Por ejemplo, si usted es proveedor de servicios o consultor, su tiempo es su inventario. Puede establecer un honorario fijo (o un mínimo y un máximo) dependiendo de cuánto tiempo invierte en un contrato y qué tan lejos tiene que desplazarse de su base de operaciones para cumplirlo. Tomar notas precisas puede ayudarle a determinar si su estructura de honorarios es adecuada o si debe cobrar más en negociaciones futuras.

Consultar los informes al consumidor

Los informes al consumidor son una gran ayuda. Cuando adquiera bienes de consumo, no pase por alto esta valiosa fuente de información. Del horno microondas al crédito hipotecario, los _informes al consumidor_ analizan, evalúan, valoran y devalúan una amplia gama de productos y servicios. ¿Para qué reinventar la rueda?

Navegar por los servicios en línea

Internet es un inmenso almacén de información sobre cualquier tema. Si tiene acceso a la red, le recomendamos que navegue en busca de información antes de dar inicio a cualquier negociación crucial.

Buena parte de la información en Internet es publicidad camuflada. No asuma que el material que encuentra es objetivo simplemente porque sale en su computador. Analice con detenimiento las páginas web para ver si el material viene de una fuente objetiva o de alguien con intereses económicos.

Visitar la biblioteca

La biblioteca es uno de los recursos más subutilizados en la comunidad. Volver a familiarizarse con esa gran institución puede ser muy entretenido. La biblioteca tiene todo tipo de recursos que puede utilizar para encontrar el valor de diversos bienes y servicios.

Cuando vaya a la biblioteca, no tema pedir ayuda. La mayoría de las bibliotecas municipales asignan un miembro de su personal para el apoyo en investigaciones. Según nuestra experiencia, los bibliotecarios se cuentan entre las personas más serviciales del mundo.

Ir de compras donde la competencia

No dude en investigar por su cuenta. En lugar de leer sobre el valor, recorra las calles en busca de información. Una mirada directa puede ser muy instructiva. Suponga que está planeando comprar un edificio de apartamentos. Puede jugar al futuro arrendatario antes de hacer una oferta para convertirse en propietario de todo el edificio. Camine por el vecindario mirando otros edificios. En una hora se habrá convertido en un experto en el precio y la disponibilidad de apartamentos en un par de cuadras. Hable con los inquilinos del edificio que está pensando comprar. Ese enfoque siempre produce información más confiable que hablar con el propietario o su representante.

Ya sea que vaya a comprar o a vender, una excursión de búsqueda es una de las mejores maneras de informarse sobre precios, disponibilidad y calidad. No estamos hablando de comprar, sólo de "mirar vitrinas". A decir verdad, esta es la única forma de ir de compras que disfrutamos de verdad. Cuanto más sabemos, mejor nos sentimos.

No olvide tomar notas durante su excursión de compras. Reunirá una gran cantidad de información nueva. Puede que recuerde gran parte de ella, pero sin buenos apuntes no sabrá dónde obtuvo los diferentes elementos de información.

Hacer preguntas

Incluso si la negociación ya comenzó, puede continuar sus preparativos haciéndole preguntas a su interlocutor. Algunas personas son reacias a hacer preguntas porque temen parecer tontas. Esto es falso orgullo y cuesta caro; vuela a ciegas sin información precisa. Pedir información no empeora su posición. Su tarea es obtener un buen resultado, no impresionar al vendedor. Si tiene dudas, pregunte.

No olvide que las respuestas que obtiene en plena negociación pueden no ser correctas. Acéptelas con respeto… y luego verifíquelas. Tiene la obligación de asegurarse de que cualquier información de la que dependa es confiable.

¿Y qué hacer si no está en su elemento? No intente esconder su falta de experiencia. Si está tratando con alguien muy entendido en alguna materia y usted no es tan experimentado, una vez más, la honestidad resulta ser la mejor política. La diferencia se va a notar tarde o temprano. Es mejor que usted mismo revele su inexperiencia y así podrá formular todas las preguntas necesarias y solicitar un tiempo adicional para estudiar el tema.

Recuerde que no tiene que llegar a un trato antes de estar listo para ello. Cerrar un negocio es un acto voluntario. Obtenga la información que necesita de quien pueda, incluida la parte contraria. Cuanto más rápido quiera llegar a un acuerdo la parte contraria, más rápido recibirá usted la información que necesita para tomar su decisión.

Leer información especializada

Tómese el tiempo de averiguar lo que la gente del sector paga por los bienes o servicios que usted desea comprar o vender. Esta estrategia puede ahorrarle una fortuna a lo largo de la vida. No confíe en lo que le dicen los amigos, aunque puedan darle buenos consejos y orientación. Diríjase a quienes les dicen a los comerciantes cuánto deben cobrar. Diríjase a la fuente que utilizan los conocedores.

Cualquiera que sea el tema, alguien ha dedicado toda una vida de trabajo a evaluarlo y comentarlo. Este es un hecho de la vida actual, y nada es demasiado recóndito para estudiarlo, catalogarlo o relatarlo. Con frecuencia uno se entera de la existencia de informes especializados por boca de alguien que intenta convencernos de cuán buen negocio estamos haciendo.

Cómo llegar al mejor negocio

Cuando estaba buscando el anillo de compromiso para Mimi, un comerciante ansioso sacó un papel y lo agitó en mi cara: "Vea, usted está haciendo un magnífico negocio. ¿Es que no quiere que yo me gane un dinerito?"

¡Por fin! Se me encendieron las luces. Esa debía ser la información que yo había estado buscando, el informe especializado del gremio de los diamantes. (De hecho, yo le había preguntado a un comerciante en el mercado de joyas por un informe así, y él me había mirado como si yo estuviera loco.) "Sí, seguramente usted tiene razón", le dije, alargando la mano para agarrar el papel. "Enséñeme cómo usar esto", le pedí inocentemente.

Aunque este comerciante estaba tratando de estafarme, yo estaba obteniendo una información valiosa. La parte superior de la hoja tenía el dato más importante:

Rapaport Diamond Report y una dirección en Nueva York. La organización de la información por tamaño y calidad del diamante hablaba por sí sola.

Pasé la hora siguiente hablando con varios comerciantes. Como comenzaba la conversación haciendo gala de ciertos conocimientos básicos (provenientes del informe del sector y de mi deseo de saber más), los comerciantes me trataban con más respeto y me daban más información sobre los diamantes. Al final compré en efectivo una piedra sin montura (sujeta a un avalúo formal). Después hice engastar la piedra por un comerciante de mi localidad. Así pude comprarle a Mimi un diamante significativamente más grande y de mejor calidad dentro de mi presupuesto que si hubiera ido ciegamente a una lujosa tienda de joyas de Beverly Hills.

Mantenerse informado

Prepárese permanentemente para las negociaciones más comunes en su vida. Si su actividad profesional es vender botes, debe saber más que cualquier persona sobre el tipo de botes que vende. Vaya a exposiciones de botes abiertas al público general, así como a seminarios para vendedores profesionales. Busque a los diseñadores y constructores de botes y solicite información detallada. Hable con sus colegas. Aproveche esta variedad de fuentes.

La calidad de los consejos y la información que usted recibe varía ampliamente. Decida qué guardar en su cofre de tesoros de información y qué descartar, pero no deje pasar nada que pueda incrementar sus reservas de información. Nunca se sabe cuándo algún dato trivial puede convertirse en su arma secreta en una negociación.

Investigar al oponente

Hasta los negociadores más experimentados que asignan a la preparación la importancia que se merece casi siempre menosprecian un área: no reúnen suficiente información sobre el individuo con quien están negociando. Esa persona puede ser su cónyuge, un empleado o un vendedor. En realidad, no hay una palabra que describa a esa persona; *oponente* no es un término apropiado en muchas situaciones. Llámesele como se le llame a esa persona, y en este libro utilizamos diversos nombres, averigüe todo lo que pueda sobre ella.

A ningún boxeador o luchador se le ocurriría comenzar una pelea sin haber estudiado la técnica, las fortalezas, las debilidades y la idiosincrasia de su contendiente. Hágase el favor de hacer lo mismo cuando enfrente una negociación importante. Estudie a la oposición.

Omitir aprender lo suficiente sobre la persona con quien se está negociando es el error más frecuente que se comete en la fase de preparación de una negociación. De hecho, la gente repite esa omisión todos los días a lo largo y ancho de nuestro país cuando hace la compra más significativa de su vida: un hogar propio para la familia.

No comprar casas a personas desconocidas

Si está pensando comprar una casa probablemente tiene una lista de requisitos, entre los cuales se incluyen la cuota inicial y el pago mensual máximo que puede permitirse. Algunos corredores de bienes raíces suministran a sus clientes un formulario que responde las preguntas más frecuentes sobre una casa, entre ellas el precio de venta, el número de habitaciones, la superficie en metros cuadrados, el año de construcción, el tipo de calefacción y ventilación, los materiales utilizados, etc.

Cuando por fin ubica una casa que satisface sus necesidades, por regla general usted averigua el precio de venta de la casa. Incluso puede averiguar sobre ofertas pasadas y preguntar qué tan flexible es el precio en realidad. Si es un comprador con experiencia, puede obtener precios de venta reales en ese vecindario en los últimos seis a doce meses.

Con toda esa información, ya debería estar listo para hacer una oferta, ¿correcto? Falso. ¡Todavía le falta informarse sobre el vendedor! El vendedor y, más precisamente, la situación del vendedor, son ingredientes importantes para una evaluación correcta del mercado. ¡Averigüe por qué el vendedor está vendiendo!

Haga un esfuerzo consciente por responder las siguientes preguntas:

✔ ¿Qué presiones financieras y de otro tipo tiene el vendedor? Por ejemplo: ¿Está involucrado en un divorcio? ¿Tiene pendiente un cambio de empleo o de ciudad? ¿Cuándo tiene que irse de esa casa? ¿Ya compró otra vivienda?

✔ ¿Cuánto tiempo ha permanecido la casa en venta? ¿Y cómo se compara con el tiempo promedio en el mercado de otras casas en esa misma área?

✔ ¿Cuándo y por cuánto dinero compró originalmente la casa el vendedor?

✔ ¿Qué cambios le ha hecho a la casa? ¿Esos cambios fueron hechos por contratistas o por el propietario mismo?

Puede obtener la mayoría de las respuestas a estas preguntas a través de conversaciones informales con el vendedor, con su corredor de finca raíz y hasta con fuentes externas. Para obtener la información, comience por hacer sentir cómoda a la gente. No empiece con un interrogatorio directo, como si fuera un fiscal. Ese enfoque puede molestar a los demás. Entable una charla amistosa para conocerse.

Utilizamos el ejemplo de la compra de vivienda en nuestros seminarios de negociación por las siguientes dos razones:

✔ Una vivienda es la compra más importante que hace la mayoría de la gente.

✔ Los corredores de finca raíz con frecuencia actúan como verdaderos guardianes, de modo que puede ser difícil reunir información sobre el propietario.

Siempre es posible entrar en contacto directo con el vendedor. La información sobre el propietario de un inmueble es de conocimiento público. Si es necesario, puede dirigirse al lugar donde se registran las escrituras, buscar la identidad de esa persona y llamarla directamente.

Conocer a la otra parte del negocio es deseable cuando se intercambia dinero por algo tangible, si bien no es esencial. Siempre es posible hacer inspeccionar la casa (o el automóvil, o un cuadro, o el cortacésped, etc.) por un experto. Así tendrá una idea clara sobre el valor del bien.

La importancia de conocer al otro se vuelve crucial si el tema en negociación es un bien intangible. Los servicios o los intangibles, como el derecho a hacer algo (publicar un libro, distribuir una película), exigen tener una idea clara de la confiabilidad, honestidad y

Vale la pena conocer al vendedor

El padre de mi primera esposa era un perito avaluador de finca raíz, por lo que yo lo invité a acompañarme a mirar la casa de mis sueños. Nunca antes había comprado una casa y esperaba que él me dijera cuánto valía esa propiedad.

Poco después de llegar a la casa, mi suegro desapareció. Los demás seguimos haciendo el recorrido de la pequeña casa de estilo californiano temprano. Las gruesas paredes de adobe refrescaban la casa ese cálido día de verano. La bonita decoración le daba un ambiente tranquilo. Pero ¿dónde diablos estaba mi suegro? Terminamos el recorrido y salimos al patio del frente. Nada del suegro. Mi esposa insistía en que debía de estar por ahí, que no me preocupara. ¡Al final salió del patio del vecino!

"Bien, vamos", dijo.

El corazón se me fue a los pies. ¡Ni siquiera miró la casa! Nos metimos en el automóvil. Y entonces él me enseñó el valor de tener la máxima información posible sobre la persona con quien se está negociando.

Me contó de su charla con el vecino. Se enteró de que la esposa del propietario, a quien nosotros habíamos visto durante el recorrido por la casa, no quería vender. Su marido se había mudado hacía un año tras aceptar un empleo que su asesor psíquico le había dicho que le convenía tomar. El asesor psíquico de ella le dijo que se quedara. Entonces ella permaneció allí y juró no vender la casa hasta que apareciera la familia correcta, ¡una que realmente amara la casa! Para que la casa no cayera en manos de cualquiera,

fijó un precio muy alto y puso trabas para visitarla por dentro.

El corredor de finca raíz que nos había acompañado no dejaba de repetir su regla de oro: Nunca permita que el vendedor sepa que le gusta la casa.

Mi esposa de entonces y yo regresamos solos esa noche al sitio y le dijimos a la propietaria que nos encantaba su casa, que de verdad la queríamos, pero que no podíamos permitirnos pagar el precio que ella pedía —todo era cierto. Conversamos hasta tarde sobre todas las maravillas de esa acogedora casa de dos dormitorios que había sido cuidada con tanto cariño: el jardín privado, la habitación adicional en el patio trasero. Hablamos de nuestro primer hijo, que nacería en ese hogar. No volvimos a mencionar el precio.

Al otro día recibimos la llamada de un sorprendido corredor de finca raíz que nos informó que podíamos comprar la casa. Yo reclamé que aún no habíamos hecho una oferta. Ni siquiera habíamos discutido el precio ni las condiciones más allá de confesar nuestra iliquidez financiera.

"No se preocupe", nos dijo el corredor. "Resolveremos eso hoy. La propietaria quiere reunirse con ustedes para acordar un precio justo, y después ver cómo pueden quedarse con la casa. Ella les prestará el dinero que necesiten en las condiciones que les convengan".

Tras concluir el negocio (en términos increíblemente favorables), la vendedora nos agradeció haber devuelto la paz a su vida. Su esposo estaba perdiendo la paciencia con ella. Ya la gente ni siquiera iba a ver la casa. Necesitaba salir del dilema que ella misma había creado y nosotros le habíamos dado la solución y la habíamos hecho feliz.

Desde entonces he hecho muchas buenas adquisiciones en finca raíz. Siempre me tomo el tiempo necesario para informar-me sobre el vendedor y no hago ninguna oferta antes de tener esa información. Dependiendo de una variedad de factores, a veces me retiro del negocio. Después de aprender esta valiosa lección, nunca más volví a comprar finca raíz sin tener información sólida sobre el vendedor.

Michael dice • Michael dice • Michael dice • Michael dice • Michael dice • Michael dice • Michael dice • Michael dice • Michael

habilidad de la otra parte. Para que funcionen, los contratos a largo plazo e intangibles dependen en gran medida de la otra parte y hay que reunir tanta información como sea posible sobre ella.

No subestimar la información

¿Es necesaria toda esa información? Si está resuelto a reunir información suficiente, con seguridad va a conseguir algunos fragmentos de más. Sin embargo, tener demasiada información es mejor que no tener suficiente.

¿Qué hacer con todos esos datos? Se usa la información importante para construir un modelo de la negociación inminente. Durante nuestros seminarios de negociación solemos dibujar una ilustración parecida a la de la figura 2-1. Puede ver gráficamente por qué es decisiva la información y cómo toda negociación se define por la percepción de su posición y la de la otra parte.

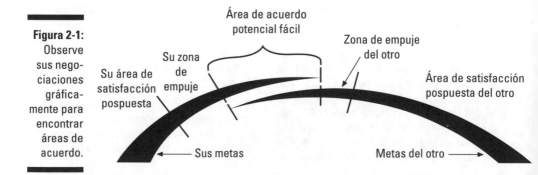

Figura 2-1: Observe sus negociaciones gráficamente para encontrar áreas de acuerdo.

Área de acuerdo potencial fácil

Su zona de empuje

Zona de empuje del otro

Su área de satisfacción pospuesta

Área de satisfacción pospuesta del otro

← Sus metas

Metas del otro →

Observe la amplia zona central de la figura 2-1, en donde el acuerdo parece más probable. Esta área representa las condiciones con la mayor posibilidad de acuerdo; las partes probablemente pueden lograr aquí un arreglo fácilmente.

Las áreas en la parte superior izquierda y derecha representan puntos de desacuerdo que requieren que usted o su interlocutor hagan mayores concesiones para lograr un acuerdo. Las llamamos *zonas de empuje.*

El área en la parte inferior izquierda representa los objetivos que podría no alcanzar durante esta negociación. El área en la parte inferior derecha representa los objetivos que el otro podría no alcanzar en la actual negociación. Posiblemente usted y la otra parte tendrán que reducir las exigencias sobre esas condiciones para futuras negociaciones.

Tomar en consideración el asunto del género

La mayoría de las mujeres invierten mucho tiempo preparando cualquier negociación. Tanto, que con frecuencia se cita esta tendencia como una cualidad positiva de las mujeres ejecutivas. Pero las mujeres deben prepararse de manera especial para las negociaciones con hombres. No pueden hablar con ellos de la misma forma en que lo hacen con otras mujeres. Para negociar bien con los hombres, las mujeres deben hacer caso omiso de dos mitos comunes:

✔ **Mito 1:** Los hombres las respetan. Falso. Las mujeres pueden respetarla desde antes de que entre por la puerta. Probablemente han leído su currículo y tienen preguntas específicas. Pero muchos hombres van a forzarla a merecer su respeto en la mesa de negociaciones. Nunca asuma que sus credenciales le han abierto ya el camino y que sus antecedentes, educación y brillantes maniobras en su campo establecen su posición antes de que entre por la puerta. Imagínese a un hombre negociador tras un enorme escritorio despejado, los ojos brillantes, los brazos extendidos, las manos colocadas firmemente en la mesa, diciéndole: "¡Bien! ¡Dígame por qué debo confiarle mi negocio!" Él quiere jugar, y el juego comienza ya. Cada frase que usted pronuncie debe servirle para venderse a sí misma o a su empresa, generando la credibilidad y el respeto de él. Esa autopromoción puede parecer una fanfarronada. Y si lo es, está bien. Hace mucho tiempo que las mujeres exitosas dejaron de ofenderse si las llaman agresivas.

✔ **Mito 2:** Los hombres son criaturas complejas. No lo son. Los hombres son muy directos. Dicen lo que piensan y piensan lo que dicen, con muy pocas intenciones ocultas.

Planee sus comunicaciones con los hombres de manera que sean cortas y directas. Organícelas como ideas independientes y haga un resumen de conclusiones de un solo párrafo. Muchas mujeres ocupadas prefieren también el estilo preciso y directo. Pero mientras que las mujeres pueden entablar una conversación al margen y volver al tema principal sin parpadear, los hombres suelen hablar de un solo tema en un momento dado y no saltan de un tema a otro.

Identificar a la persona adecuada

No se puede investigar a la persona con quien se va a negociar si no se sabe quién es esa persona. Saber exactamente con quién se va a negociar es definitivo para poder prepararse bien. A veces se puede escoger a esa persona, otras veces no.

Con frecuencia usted aborda a una organización desde afuera. Indague sobre la organización y dirija su contacto inicial tan alto en la jerarquía organizacional como le sea posible. Nunca hace daño que el jefe del jefe envíe un memorando hacia abajo en la línea de mando para que alguien le conceda a usted una entrevista. La persona con quien va a reunirse deberá tratarla con toda la consideración debida a alguien que llegó por intermedio del jefe. Asegúrese de leer la sección pertinente del capítulo 14 sobre cómo abrirse paso entre los guardianes del jefe.

Trabajar con quien le toque

Muchas veces no se le presenta la posibilidad de designar usted mismo a la persona con quien va a negociar. La mayoría de las veces usted termina negociando con una persona asignada.

Ciertas personas intentan negociar con alguien más alto en la jerarquía corporativa que el negociador asignado. Esa táctica generalmente sale mal porque viola la cultura corporativa en el marco de la cual se está haciendo el trato. Además, a veces resulta simplemente imposible negociar con una instancia más alta en la jerarquía organizacional. Usted no puede decir: "Mándenme al representante de ventas que conozco" o "Contraten a un corredor de finca raíz diferente si quieren venderme su casa".

Asegúrese de que el negociador asignado se muestre interesado en el acuerdo final y esté convencido de que el trato es bueno para su compañía o cliente. Convierta a esa persona en un embajador en favor del acuerdo, negociando enérgica pero amistosamente. Nunca pierda los estribos. Una vez que se haya logrado un acuerdo, la persona con quien está negociando tiene que "venderle" ese resultado a su compañía o cliente. Esa persona debe sentirse cómoda con ese resultado.

Cómo escoger a la persona con quien va a negociar

En ciertas situaciones usted puede influir para decidir con quién negociar. Por ejemplo, si va a negociar por un objeto específico en una tienda, debe dirigirse al propietario y no a un ayudante. (Desde luego, debe formular esta solicitud delicadamente para no ofender al ayudante.)

Si no sabe si está hablando con la persona más adecuada para esa negociación, comience con una conversación amistosa. Puede evaluar cuánta autoridad —y flexibilidad— tiene su interlocutor si indaga desde cuándo desempeña ese trabajo y qué experiencia previa tiene. Quienes llevan poco tiempo en la organización suelen tener menos autoridad y flexibilidad que quienes han estado más tiempo allí. Si alguien ha sido pasado por alto para un ascenso en repetidas ocasiones, usted sabrá que está negociando con una persona que puede tener muchas frustraciones y no ser leal a la compañía.

¿Cómo acceder al mandamás? Para comenzar, vea la obra teatral de John Guare (o la maravillosa película basada en esa obra, con la actuación de Stockard Channing y Will Smith) llamada *Six Degrees of Separation* (Seis grados de separación). Se basa en la historia verdadera de un estafador callejero que convenció a varios miembros de la clase alta de Nueva York de que era un compañero de colegio del hijo de uno de ellos y el vástago de Sidney Poitier. Obtuvo dinero, comidas, alojamiento, vestidos y suficiente información para avanzar a la próxima torre de apartamentos y repetir la estafa. Sus víctimas estaban demasiado avergonzadas como para denunciar el asunto, hasta que una pareja abordó a Sidney Poitier en un aeropuerto y le dijo que disfrutaba de la presencia de su hijo en su hogar. ¡Entonces se enteraron de que Sidney Poitier no tenía hijos!

El título *Six Degrees of Separation* se debe a la teoría de que sólo seis personas separan a una persona de cualquier otra persona en la Tierra. Es un concepto maravilloso; y además es cierto. No estamos sugiriéndole que lleve a cabo una complicada estafa como la de esta obra teatral. Pero sí sugerimos que la teoría tras la historia es correcta y que cuando se trata de negociar, este principio puede

No se necesita magia
para encontrar un oído comprensivo

Piense en el caso del mago David Copperfield. Era el año 1984. Estaba en proceso de planear el truco más grande en la historia de la magia. Iba a hacer desaparecer por la televisión nacional la Estatua de la Libertad.

La importancia de este acontecimiento para David y su carrera era evidente. Infortunadamente, el director de la Estatua de la Libertad odiaba cualquier cosa que oliera a uso comercial del monumento. Le dijo a David que no le permitiría pisar la isla para presentar su truco.

Cuando David me llamó para pedirme ayuda, hice algunas investigaciones y descubrí que la reticencia del director era un problema relacionado con ese monumento en particular. Yo sabía que existen directrices y valores establecidos para el uso comercial de todos los monumentos nacionales en proyectos fílmicos y de televisión. La solución era simplemente encontrar a un individuo receptivo lo suficientemente superior en la jerarquía como para hacer que la reglamentación se respetara.

Por fortuna, el secretario del interior consideró estupenda la propuesta de Copperfield y autorizó el evento. El truco fue uno de los más impresionantes de toda la distinguida carrera de Copperfield.

El truco para contactar personas que se encuentran muy lejos de la propia escala social, geográfica o política consiste en comenzar con la persona a quien uno quiere conocer, no con el propio círculo de amistades. Comenzar con los amigos si quiere conocer al Papa o al presidente puede parecer imposible, a menos que uno de ellos tenga entrada al Vaticano o a la casa presidencial.

Lograr el contacto con el secretario del interior parece una hazaña de la talla de los trucos de David Copperfield. Desde la óptica del ego, yo preferiría dejar esa impresión. No obstante, la verdad es que fue el resultado natural de mucho esfuerzo y trabajo.

Para obtener el organigrama del Departamento del Interior y el Departamento de Parques tuve que hacer una llamada a la oficina de mi representante en el Congreso. El organigrama me mostraba quién respondía ante quién hacia arriba, hasta el nivel de gabinete.

Mi siguiente paso fue descubrir si la persona que tomaba las decisiones estaba dispuesta a desautorizar al director del monumento de la Estatua de la Libertad. Para ello se requería una conversación preliminar antes de presentar la solicitud de David. Sentí que esta tarea requería mi presencia en lugar de la de un intermediario. En otras palabras, no podía utilizar a ningún amigo político como intermediario. Tenía que hacer la llamada yo mismo.

La tarea consistía en hacer una serie de llamadas telefónicas tediosas. Comencé cada llamada identificándome. Después expliqué quién era David y lo que deseaba lograr. Estas llamadas fueron impersonales. Hablé con quien contestara el teléfono.

Decidí comenzar por la cima y continuar hacia abajo. Llamando primero a la Casa Blanca y al Departamento del Interior, sin referencias ni recomendaciones, y conquistando a los empleados durante dos semanas, me enteré de muchas cosas sobre los hábitos televisivos de diversos funcionarios, incluidos el presidente y su esposa.

Finalmente, un miembro del equipo del secretario del interior reaccionó con tal entusiasmo que logré obtener una carta general de patrocinio con su firma, sin haber hablado nunca directamente con el secretario. Después de esto, lograr el permiso para el truco consistió simplemente en procesar el papeleo por los canales regulares.

Michael dice • Michael dice • Michael dice • Michael dice • Michael dice • Michael dice • Michael dice • Michael dice • Michael

funcionar para beneficio suyo. Supongamos que desea hablar con el ministro de comercio de Alemania. El principio de los seis grados sostiene que se puede conocer o contactar a alguien que ocupa el primer lugar en una cadena de seis personas que conduce directamente al ministro.

Prepararse para negociar con una persona conocida

Cada día es diferente cuando se trata de recoger información sobre la persona con quien se va a negociar. No asuma que puede comenzar una negociación sin preparación especial, no importa cuán bien conozca a su interlocutor. Cuando un agente de compra experimentado ve a un vendedor común y corriente, el agente de compras con frecuencia inicia la conversación preguntando: "¿Qué hay de nuevo hoy?"

¿Simple saludo o preparación?

Una vecina que está a punto de pedirle que deje de aparcar su automóvil frente a su casa comienza diciéndole: "Hola. ¿Cómo está su familia?"

¿Simple saludo o preparación?

Tras el temblor de tierra de 1994 en Los Angeles, hasta el menos hábil de los negociadores preguntaba primero a la persona al otro lado de la mesa de negociación cómo lo había afectado el sacudón. Nadie insistió en resolver los asuntos pendientes hasta que la vivienda y las oficinas recuperaron cierta normalidad.

Aun si estas preguntas no son más que simples saludos para usted, considérelas parte de su preparación y trate a quien le contesta de acuerdo con la respuesta que dé. Nosotros pospusimos una vez una negociación porque la persona con quien íbamos a negociar parecía agobiada.

Identificar prioridades ocultas

Mientras se prepara para una negociación, recuerde que no siempre las cosas son lo que parecen. Talvez, además de comprar lo que usted quiere vender, el comprador quiera establecer una relación con su empresa. Quizás quiera saber cómo funciona su negocio porque a él también le interesa entrar en ese campo. O talvez quiera darle una lección a otro proveedor. En el mundo de la negociación, a estas segundas intenciones se les llama *prioridades ocultas*.

Las prioridades ocultas son difíciles de desentrañar. Sin caer en la paranoia, considere la posibilidad de que existan prioridades ocultas. Rara vez se descubren al inicio del proceso de negociación y tampoco haciendo preguntas directas. Como parte de su preparación permanente, reúna toda la información que pueda sobre las motivaciones de la otra parte en la negociación. Cuanto mejor las conozca, más posibilidades tendrá a su favor; a veces esa información podría motivarlo a renunciar a un negocio.

En el trabajo a veces resulta difícil descubrir las prioridades ocultas. Aparentemente, todos deberían estar trabajando por un objetivo común. Los objetivos de la empresa son los objetivos del individuo: una mejor producción, más ventas y mejores procesos. Pero los individuos en la compañía tienen objetivos personales además de objetivos laborales. Quieren avanzar en la compañía. O necesitan la aprobación de sus compañeros. O desean poner orden en su puesto de trabajo. Su segunda prioridad oculta, la personal, rara vez se expresa abiertamente. Si se hace, se esconde en las declaraciones generales de los objetivos corporativos. Por ejemplo, alguien que quiere avanzar en la compañía se ofrece para trabajar horas adicionales para terminar un proyecto importante. Quien necesita que lo aprecien puede ayudarle a un colega a lograr una meta. Estas estrategias no son ni buenas ni malas: son una realidad. El truco es reconocerlas cuanto antes para evaluarlas por lo que son.

Las familias sanas no suelen tener prioridades ocultas. No obstante, con frecuencia los niños adoptan *comportamientos manipuladores*

(que es otra forma de luchar por una prioridad oculta) mientras el resto de la familia se esfuerza por alcanzar una meta común. Las parejas divorciadas suelen promover involuntariamente los comportamientos manipuladores. Por ejemplo, los hijos de un matrimonio separado con frecuencia le dicen a uno de los padres que alguna actividad está permitida en la casa del otro padre para obtener un permiso en ese momento. La mala comunicación entre los padres del niño evita que se descubra la manipulación.

Las altísimas tasas de divorcio probablemente están dando lugar a una generación de niños manipuladores.

Si descubre un comportamiento manipulador en su hijo, es importante cortarlo de raíz. Esa costumbre podría afectar a su hijo a largo plazo.

Una pariente de las prioridades ocultas es la _razón secundaria_ que se tiene para participar en una negociación. Rara vez las personas tienen una sola razón para negociar. Por ejemplo, usted intenta vender su automóvil porque quiere uno diferente (mejor o más nuevo). Pero también desea obtener el mejor precio posible por su viejo automóvil. Esta es otra razón, distinta, para vender su automóvil.

Si hace un buen negocio en la venta de su viejo automóvil, talvez pueda comprar un coche nuevo en condiciones ventajosas. Este tipo de negocio de tres partes se utiliza en muchos concesionarios. Usted le vende su automóvil viejo al concesionario. La venta le permite comprar un auto nuevo en condiciones favorables. El concesionario obtiene una ganancia con la venta de ambos vehículos.

Cuanto mejor sepa qué motiva el negocio desde la perspectiva de la otra persona, más posibilidades tendrá de encontrar una solución que le permita cerrar el negocio para beneficio suyo.

No hay reglas fijas aplicables a cualquier negociación, con la excepción del principio siguiente:

> Mantenga la antena puesta para recoger toda la información que pueda sobre la gente con quien negocie: motivaciones, esperanzas y necesidades.

Es una ironía, pero es cierto: se obtiene más de lo que se desea cuando se es sensible a lo que quiere la otra parte.

Averiguar si va a salir en el examen

En las negociaciones de la vida cotidiana es clave reunir toda la información posible sobre la persona con quien se negocia. Para obtener lo que necesita y desea, debe saber qué motiva y qué le gusta a su interlocutor. Las personas no se sienten inclinadas a darle lo que usted desea si no perciben algún beneficio para ellas. Una parte crucial de la preparación es averiguar qué es importante para el otro y cómo puede beneficiarse de la negociación.

Esta es una breve anécdota que suelo contar para explicar cómo motivar a la gente: Hace muchos años estaba usted en quinto elemental, sentado en un pequeño pupitre, escuchando a la maestra hablar y hablar monótonamente, mientras usted se dormía de aburrimiento. De repente, un chico en la fila de atrás gritó: "Oiga, profe, ¿esto lo va a poner en el examen?"

A usted le dio vergüenza que alguien se atreviera a hacer esa pregunta. Todo el mundo evitó mirar a la profesora a los ojos. Pero escuchó la respuesta atentamente. Si la respuesta era no, probablemente usted se volvería a dormir — eso no va a estar en el examen. Pero si la profesora decía "Sí, esto es una parte muy importante del examen", usted se enderezaba, pedía prestado un lápiz y tomaba nota — ¡eso iba estar en el examen!

Desde esos remotos días de colegio, la gente hace sólo aquello que percibe que va a estar en el examen. Hace sólo lo que siente que de alguna manera promueve o satisface sus intereses. En el colegio, la motivación eran las calificaciones. Los profesores lograban llamar la atención de los alumnos poniendo ciertos temas en el examen. En la vida adulta, el objetivo es el dinero, la felicidad, o mantenerse libre de líos.

Averigüe qué motiva a la persona con quien está negociando. Después, durante la negociación, asegúrese de comprender cómo puede satisfacerle usted esas necesidades. Ponga su prioridad en el examen del otro.

Ponerlo por escrito

Haga una lista mental antes de comenzar una negociación; mejor aun, anótela. Qué tan detallada es la lista depende de la complejidad de la negociación, pero no así la sensatez de ponerla por escrito. Hasta en una negociación sencilla y directa resulta útil anotar los hechos esenciales.

Por ejemplo, si va a comprar un vehículo usado, escriba el valor del automóvil que desea y su segunda opción (vea dónde encontrar ese valor en la sección "Cómo resolver el misterio del valor", antes en este capítulo). Anote también el precio de venta, las restricciones de la entrega y algunos datos sobre el vendedor.

Aun más importante que anotar la información que reúne sobre el objeto de la negociación es tomar notas cada vez que se entere de algo sobre el vendedor. La falta de conocimiento sobre la persona con quien está negociando es el error más común en la preparación. La mejor manera de evitar ese escollo es recordar toda la información que tenga sobre ella. Anótela. Guárdela. Compleméntela. Es información preciosa.

Hoy en día puede dejar que el computador le ayude a recordar. Los computadores son excelentes para recordar cumpleaños, nombres de cónyuges e hijos y demás información sobre las personas involucradas en la negociación. Nada es irrelevante.

¿Para qué tomarse el trabajo de escribir toda la información que reúne? Las siguientes son sólo un par de las razones:

✔ Las investigaciones demuestran que el acto mismo de anotar algo mejora la probabilidad de recordar la información, ¡aunque se desechen los apuntes inmediatamente!

✔ Escribir la información le brinda un sistema de recuperación fácil de los datos. Si la emoción hace que un vendedor enrede los hechos un poco, no necesita desafiar la realidad. Simplemente puede decir: "Revisemos nuestros apuntes". Lea lo dicho originalmente. Esa manera de proceder es mucho menos ofensiva que decir "Pero si usted dijo…". Esto último con frecuencia genera una pelea que nadie puede ganar. Recuerde estas palabras: "Vaya, mis apuntes reflejan que… pero si usted dijo…".

Piense en su próxima negociación comercial. Escriba todo lo que sabe sobre la persona con quien va a negociar. Este capítulo incluye una lista de verificación de información que demuestra cuán extensa puede ser la preparación sobre la persona con quien está negociando. Recuerde que no toda esa información es necesaria o útil en cada negociación, por lo que debe adecuar su lista a cada situación específica.

Lista de verificación de la información

Llene la siguiente información sobre la persona con quien tiene intenciones de negociar:

Nombre: _____

Empresa: _____

¿Cuál es su relación con este negociador? _____

¿Cuánto tiempo lleva trabajando en la empresa? _____

¿Planes futuros con la empresa? _____

¿Está proyectando dejar la empresa? ¿Cuándo? ¿Para llegar a qué

tipo de situación? _____

_____

¿Qué tan calificada está esta persona para esta negociación? _____

_____

¿Qué tipo de políticas tiene la compañía en relación con este tipo de

negociación? _____

¿Cómo se remunera a este negociador? ¿Hay un programa de estímu-

los si se ahorra dinero como resultado de esta negociación? _____

_____

¿La remuneración se basa en una comisión o en un salario directo?

_____

¿Qué limitaciones de tiempo tiene este negociador?

_____

¿Qué otras presiones se originan en el lugar de trabajo del negociador?

_____

¿Con quién más debe consultar esta persona antes de tomar una

decisión final? _____

¿La autoridad del negociador tiene límites? Es decir, ¿hay un punto
por debajo del cual el negociador está autorizado a llegar a un acuerdo y por encima del cual requiere acudir a una instancia mayor?

_____

¿Cuál es ese punto? _____

¿Cómo perciben al negociador sus superiores?

_____

¿Qué actitud tiene el negociador hacia usted? _____

_____

¿Hacia su empresa?_____

¿Hacia su tema? _____

¿Quién ha llegado a acuerdos similares con esta persona en el pasado?

_____

¿Cómo puede usted contactar a esa persona? _____

_____

¿Qué dice esa persona sobre este negociador?_____

_____

¿Cuál es su valoración general de este negociador? _____

_____

Prepararse para negociar al otro lado del globo

Si se involucra en una negociación internacional, debe preparar una serie de temas. La mayoría de la gente advierte anticipadamente si su empresa se está encaminando hacia una negociación internacional. Si anticipa vagamente que en el futuro habrá negociaciones internacionales, comience rápidamente a juntar toda la información que pueda sobre la cultura, las leyes y las prácticas comerciales de las personas con quienes va a negociar.

Las personas que negocian mejor en una cultura diferente de la propia generalmente han tenido la suerte de vivir en esa cultura parte de su vida. Si realmente tienen suerte, eran jóvenes en esa época y pudieron absorber la cultura sin juzgarla. Si usted no ha tenido la fortuna de haber vivido en la misma cultura de la persona con quien va a negociar, tendrá que prepararse especialmente bien.

Una cosa es leer un documento informativo sobre una cultura diferente de la suya, y otra, muy diferente, es absorber esa cultura para poder operar cómodamente según sus reglas. Aprender a respetar una cultura toma aún más tiempo. Si usted respeta esa cultura y de verdad entiende las raíces de su gente, avanza un buen trecho hacia un entendimiento eficaz con individuos de ese grupo.

Cómo hablar como un nativo cuando no lo es

Las negociaciones internacionales exigen preparativos especiales, pero existen las herramientas necesarias. Lea libros sobre la historia, la geografía, las costumbres y la religión de las personas con quienes va a negociar. Ese tipo de conocimiento especializado hace que sus negociaciones internacionales sean más satisfactorias. Si se desarrollan en el territorio de la parte contraria, el conocimiento que adquiera contribuirá enormemente a que disfrute el tiempo libre que tenga durante el viaje.

Las fuentes para su preparación son amplias. Veamos unas cuantas:

✔ Hable con amigos y colegas que tengan experiencia con esa cultura. Siempre nos ha divertido contarles a otras personas sobre nuestros viajes internacionales.

✔ Lea muchos libros y vea videos de viajes y películas que se desarrollan en esa cultura.

✔ Internet provee una entrada electrónica a otras culturas. Charle con aficionados de otros países o simplemente visite sitios web internacionales.

✔ Muchas ciudades grandes tienen centros culturales patrocinados por el gobierno del país que usted quiere visitar.

✔ Los restaurantes étnicos pueden ser otro recurso interesante. Converse con los propietarios. Puede obtener mucha información sobre el país de su interlocutor en la negociación mientras descubre la comida de ese país.

En particular, invierta el tiempo que sea necesario para comprender cuán involucrado está el gobierno extranjero en su transacción. Cuanto más sepa sobre el nivel de injerencia del gobierno, menos problemas le dará esa injerencia.

La vida es diferente en cada país del mundo. No existe ni bueno ni malo en abstracto, sólo maneras diferentes de hacer las cosas. In-

Negociando bananos

En los años 60 salí de casa para ver el mundo. Acababa de hacer autostop desde Arabia Saudita a Trípoli, Libia. Llegué al mercado principal vestido de sandalias, pantalones cortos, camiseta deportiva y mochila. Aunque estaba muerto de hambre, antes de meterme en el bullicio observé a la gente local hacer sus compras. En los puestos de comida se requería un mínimo de negociación. Después de observar el precio del banano que se le cobraba a la gente local, cortésmente ofrecí lo mismo. El comerciante me exigió diez veces ese monto. Cuando protesté, el comerciante me lanzó una perorata. No entendí ni una palabra y sin embargo capté el mensaje. Cansado y con hambre, busqué en el bolsillo y ofrecí el doble de lo que la gente local estaba pagando. La respuesta fue desprecio. Comenzaba a congregarse la gente. La hostilidad era palpable. Pagué el precio completo y me retiré — al aeropuerto. No permanecí ni una hora más en esa bella pero intimidante ciudad sobre el Mediterráneo.

Mientras esperaba en el aeropuerto camino a Nueva Delhi, me enteré de que en Trípoli cundía un sentimiento antiyanqui. El país acababa de llevar a cabo elecciones democráticas abiertas y honestas, con una masiva participación. Un joven agitador llamado Mu'ammar Gadhafi había sido elegido. No era el lugar para pasearme en busca de diversión. Eso ocurre cuando uno no lee los periódicos en vacaciones.

En cuanto a la diferencia que existe en muchos países del tercer mundo entre el precio local y el precio que se cobra a los occidentales, hoy lo veo de otra manera. En muchos de estos lugares no existe un impuesto de aeropuerto ni se cobra un impuesto de alojamiento en los hoteles. En lugar de ello, el visitante paga una especie de "impuesto de visita" por cada compra que hace. Todavía quisiera saber cuánto paga la gente local. Adquirir esta información forma parte de la preparación para la negociación. Nunca más volví a insistir en pagar el precio local. Ahora acepto el impuesto que le cobran al visitante.

vestigue esas diferencias antes de partir para que pueda regresar a casa con más de lo que quiere.

Cómo investigar acerca de una cultura, subcultura o cultura individual

Antes de sumergirse en la investigación cultural, debe identificar exactamente de qué cultura se trata. Nos frunce que nos pregunten cómo es negociar en Asia, como si Asia tuviera una única cultura. Las diferencias entre Japón, China y Corea son enormes. Si se va a preparar adecuadamente, no los puede igualar. Los mahometanos y los cristianos que viven en Malasia tienen valores muy diferentes, aunque también tienen mucho en común en virtud de ser malasios.

Al interior de las culturas existen las subculturas. Los códigos culturales de los choferes de taxi parecen ser iguales en todo el mundo. Los orientales que conducen carritos tirados por hombres, los conductores de colectivos en Manila y los choferes de taxi de todo el mundo tienen la tendencia de llevar al forastero por la ruta más extraña (y más larga) y cobrar lo máximo posible. Si eso le ocurre, simplemente está pagando el precio de no prepararse. Si le pide al taxista en el aeropuerto de Los Angeles que lo lleve a nuestra casa en Benedict Canyon y no le dice nada más, lo llevará por la autopista y usted pagará más de lo que nosotros solemos pagar. Nosotros conocemos tres calles más directas, más baratas y más agradables.

Mientras recoge datos específicos sobre la cultura de la persona con quien proyecta negociar, no olvide que también debe preparar información sobre el individuo con quien va a negociar. Aunque una vendedora al borde de la carretera puede no conocer más que sus propias tradiciones culturales, puede esperarse que un negociador internacional altamente experimentado, como el Sheik Zaki Yamani, antiguo ministro de petróleos de Arabia Saudita, conozca y sepa manejar el estilo suyo.

¡Pero no estoy listo!

Nunca comience las negociaciones hasta que esté preparado. No es una regla, es un hecho. Ninguna de las partes debe comenzar a negociar prematuramente. Podrá avanzar improvisadamente, pero no puede negociar de manera eficaz si no se prepara.

Si alguien intenta comenzar una negociación en un momento en que usted no está preparado, simplemente diga: "Todavía no estoy preparado para discutir esto". Aun mejor, escuche. Saber escuchar, especialmente al inicio de una negociación, con frecuencia es sólo una ramificación de la preparación.

Si escucha a la otra persona, no puede perder. Si se le pide responder, simplemente admita que no está listo para negociar y fije una fecha para regresar con una respuesta. Para no perder la oportunidad de reunir más información, talvez pueda preguntar también si la otra persona desea decirle algo más.

Si alguien le pide comenzar a negociar antes de que usted haya terminado su preparación, solicite que le brinden la información específica que le hace falta. Una buena preparación puede consistir simplemente en escuchar. Escuchar es una buena manera de reunir la información que requiere.

Una manera de saber si está pidiendo un elemento esencial de información es la fuerza con que la otra parte le niega esa solicitud. Si la respuesta a una de sus preguntas es "No puedo decirle eso", sabrá que ha solicitado un elemento esencial de información. Siga explorando. Obtenga la respuesta ya sea de esa misma persona o de otra, pero téngalo por seguro que si tratan de ocultársela, la respuesta es importante para usted.

Usted puede utilizar la técnica anterior si está negociando en nombre de un cliente o una empresa y desea ganar tiempo. La parte contraria sabe que usted debe obtener instrucciones de su cliente, que integra un equipo y que no puede actuar por cuenta propia.

Si está negociando a título personal, la respuesta a una técnica evasiva con frecuencia es burlona: "¿Cómo así que no sabe cuánto quiere pagar?" Lo que se insinúa es que si usted fuera la persona adecuada para negociar, sabría la respuesta. Tal situación exige la verdad absoluta, expresada con calma. Respire profundamente y diga: "Yo podría darles una respuesta rápida ahora mismo, pero no voy a hacerlo. Quiero asegurarme de darles una cifra con la cual yo mismo me sienta cómodo, pero también quiero discutirlo con mi socio". Diga exactamente qué preparación requiere y cuánto tiempo cree que le tomará.

Ser concreto tranquiliza a su interlocutor porque le deja ver que usted no está jugando. Debe exponer con dignidad su necesidad de preparación para que él también adopte la misma actitud.

Una vez que entiendan y compartan su necesidad de tiempo, usted puede decir: "No obstante, si ustedes tienen una cifra en mente, me gustaría conocerla". Si se precipita con esta importante pregunta, su negativa a negociar antes de estar listo será percibida como simple renuencia a hacer la oferta inicial. Si la parte contraria se niega a hacer esa oferta, intente averiguar por qué. Esa información podría aportarle elementos interesantes. Por ejemplo, podría ser que las políticas empresariales impidan a la parte contraria hacer la oferta inicial, o que tampoco estén listos para iniciar las discusiones. Usted puede concluir que todo eso no es más que un engaño y que en realidad prefieren negociar con otras personas, de modo que no desean hacerle una oferta en firme. Las razones de su renuencia pueden ser tan ilustrativas como la información misma.

Capítulo 3

Cómo planear la primera sesión

● ●

En este capítulo

▶ Crear el marco idóneo para una negociación productiva

▶ Decidir quién debe asistir a la negociación

▶ Preparar el orden del día

▶ Prepararse psicológicamente

▶ Producir una buena primera impresión

● ●

Cualquiera que sea la materia de su negociación, se plantean algunos temas comunes en la preparación de la primera sesión. Aun si domina el tema que se va a tratar, debe decidir dónde y cuándo será la reunión, qué ropa ponerse, qué hacer si el pelo ese día no está como debería. El miedo escénico a veces surge independientemente de cuán bien preparado esté. Este capítulo le ayuda a sentirse seguro en esa primera reunión.

Controlar el entorno

Con frecuencia la gente no piensa mucho sobre cuál es el mejor entorno para negociar, y sigue reglas que hacen difícil ponerse de acuerdo sobre la hora y el lugar. Por ejemplo, si ambas partes consideran indispensable negociar en sus oficinas, se vuelve imposible comenzar.

Si usted no ocupa una posición alta en el organigrama empresarial y siente que no ejerce control alguno sobre los detalles del entorno en que va a negociar, resulta aun más importante reflexionar sobre este tema. Por ejemplo, el lugar donde va a negociar un aumento salarial puede estar determinado; sin embargo, siga leyendo. Este capítulo le ayuda a convertir hasta la oficina de su jefe en un entorno más receptivo para la negociación.

Negociar en terreno propio

Su oficina le brinda una poderosa ventaja porque es terreno propio. Tiene todos los datos a la mano. Tiene personal de apoyo si llega a necesitarlo. Después de todo, es su base de operaciones. Su nivel de comodidad será el mejor en ese ambiente.

El terreno propio es tan importante para la empresa Grundig Pump Company de Fresno, California, que construyó una serie de habitaciones para huéspedes en la fábrica y contrató personal para atender a los visitantes. Es posible recorrer la planta, negociar el acuerdo y nunca tener que preocuparse por el alojamiento ni por las comidas ni por nada parecido mientras se está en esa ciudad. Grundig montó un entorno ideal de negociaciones; el visitante no necesita planear viajes ni preocuparse de las interrupciones. Este sistema representa la quintaesencia de la conocida regla que dice: "Negocie siempre en su territorio".

Pero la regla de negociar en territorio propio no está grabada en piedra. Cuanto más tiempo invierta perfeccionando las otras destrezas que aborda este libro, menos importa que esté en su oficina o en la de otra persona. A veces puede ser mejor reunirse en la oficina del otro. Si su interlocutor se la pasa diciendo que le falta un documento que está en su oficina, reunirse allí puede eliminar esa forma particular de evasión. A veces hay documentos voluminosos y difíciles de transportar que son críticos para una negociación. En esos casos, el mejor lugar para la negociación es donde se encuentren esos documentos.

Lo más importante es estar en un lugar que, física y mentalmente, le permita escuchar. No ceda con respecto a este aspecto, tanto por su bien como por el de quien va a negociar con usted. Si no puede concentrarse en lo que está diciendo la otra persona, no puede negociar. Es una imposibilidad física.

El lugar de la reunión es un aspecto crítico si se trata de una negociación de alto perfil entre naciones. En ese contexto, la selección del lugar a menudo puede tener implicaciones políticas. Las apariencias adquieren un significado político que no tiene nada que ver con el entorno de la negociación. Los líderes deben mantener una imagen de poder en sus respectivos países, de modo que el lugar donde se reúnen puede implicar discusiones bizantinas.

Ubicación de los participantes

La disposición de los puestos en la mesa de negociación es tema de muchos chistes, y a veces la importancia de la ubicación puede sobrestimarse, mas no con frecuencia. En ningún caso deje este asunto al azar, a pesar de que muchas personas parecen estar dispuestas a hacerlo.

He aquí algunos consejos:

✔ Siéntese junto a la persona con quien tiene que consultar rápidamente y en privado.

✔ Siéntese enfrente de la persona con quien tiene el mayor conflicto. Por ejemplo, si usted es el jefe del equipo de negociadores, siéntese frente al jefe del otro equipo negociador. Si quiere suavizar el efecto de confrontación, puede sentarse un poquito apartado, uno o dos asientos más allá del centro. A veces la forma de la mesa o del salón permite ubicarse junto al oponente en lugar de hacerlo frente a frente.

✔ Defina quién debe estar cerca de la puerta y del teléfono. Si piensa utilizar el teléfono o si va a haber personas afuera de la sala de negociaciones, esos puestos pueden ser posiciones de poder. La persona que está más cerca del teléfono generalmente controla su uso. La persona que está más cerca de la puerta puede controlar el acceso físico a la sala.

✔ Las ventanas y el ángulo del sol son consideraciones importantes por razones de calor o de deslumbramiento.

En la oficina de su jefe, evite la silla donde suele sentarse para recibir instrucciones. Si en la oficina del jefe hay un área de reuniones, intente desplazarse hacia allá para discutir un aumento salarial. Los sofás son grandes niveladores. Si el jefe se queda plantado detrás del escritorio, haga dos cosas:

✔ Permanezca parado al inicio de la conversación para que se encuentren a la altura de los ojos.

✔ Al sentarse, corra su silla a un lado del escritorio — o por lo menos no la deje en la posición habitual. Debe hacer notar que esta es una conversación diferente de la rutina normal en que su jefe le asigna una tarea.

Facilitar la escucha

Al decidir dónde negociar, asegúrese de que ambas partes puedan escuchar todo lo que se diga. Si el entorno de la negociación supone interrupciones constantes o mucho ruido, escuchar puede resultar imposible, no obstante cuánto se esfuerce.

Es interesante que todos los libros sobre cómo negociar una mejor vida sexual (y esos libros son muchos, sólo que no utilizan la palabra "negociar") enfatizan este tema. Los expertos recomiendan escoger un ambiente tranquilo, sin distracciones o interrupciones. Consulte *Sexo para Dummies* de la Dra. Ruth Westheimer.

Michael dice • Michael dice • Michael dice • Michael dice • Michael dice • Michael dice • Michael dice • Michael dice • Michael

Un mal entorno de negociación

Mi peor experiencia con un pésimo entorno de negociación fue durante la venta del rancho más grande de producción de gallinas en California. Mi cliente, el posible comprador, me invitó al rancho para la negociación final. Según las indicaciones, debía tratarse de un lugar tan tranquilo como suelen serlo los ranchos del sur de California. Para animar a las gallinas a maximizar la producción, el rancho estaba lejos de las autopistas, de la pista del aeropuerto y de cualquier tipo de instalación industrial.

La ubicación superó mis expectativas en cuanto a tranquilidad. Incluso había una agradable oficina, lo suficientemente grande como para acoger a todo el grupo. Nuestro anfitrión, sin embargo, pensó que una caminata era el mejor escenario para cerrar el trato. Sin embargo, con el polvo, los grupos desordenados de personas yendo de acá para allá por la propiedad y decenas de miles de gallinas quejándose sin cesar de la estrechez de su vivienda, todo lo que logró fue confundir y agotar a un grupo de personas que previamente se habían mostrado receptivas.

Estaba a punto de agotarse el tiempo destinado para cerrar el negocio y era difícil organizar otro día de negociaciones. Intenté salvar la situación con una invitación a cenar. Solicité un lugar tranquilo y les dije que no se preocuparan de los gastos. Quería que fuera una invitación agradable.

"¡Asegúrese de pedir una mesa donde podamos hablar!", le grité a nuestro anfitrión mientras él entraba en su oficina para llamar al que consideraba el lugar perfecto.

Durante la comida ciertamente pudimos hablar: ¡con todos los que vivían en los alrededores! El sitio era el abrevadero del barrio. No logramos estar solos ni un momento. Todo el mundo conocía a nuestro anfitrión. Fue un verdadero desastre. No pudimos cerrar el negocio. Hasta hoy me pregunto si el sagaz propietario realmente quería venderles el rancho a mis clientes. La verdad, no lo creo. Éramos demasiados citadinos para su gusto.

Michael dice • Michael dice • Michael dice • Michael dice • Michael dice • Michael dice • Michael dice • Michael dice • Michael

Muchas veces la gente escoge un almuerzo de trabajo para discutir temas importantes. En nuestra cultura, los almuerzos son actos sociales, de modo que se prestan para desarrollar relaciones, para reunir a la gente y para conocerse mutuamente. No obstante, por lo general no son una buena ocasión para negociar algo de cierta importancia. Primero, muchos restaurantes de moda son ruidosos. Segundo, los camareros interrumpen constantemente para preguntar por la calidad del servicio, para saber si los clientes desean algo más y, para mayor fastidio, para ofrecer más agua.

Prever el entorno con anticipación

Si su empresa está construyendo un nuevo espacio, involúcrese en la planeación de la sala en que se desarrolla la mayoría de las negociaciones. Insista en que tenga el tamaño adecuado y esté situada cerca de los baños y las áreas de descanso. En tiempos en que el dinero escasea por todas partes, todo el mundo tiende a restringir el espacio para las negociaciones porque "no lo usamos tanto" o porque "podemos arreglárnoslas con menos".

Todo eso es cierto. Sin embargo, si toma en consideración cuán importantes son las ventas para su empresa, o un arreglo para su firma de abogados, o una transacción para su banco o agencia de finca raíz, no es posible sobrestimar el valor de ese espacio.

En Los Angeles, una de las salas de negociación mejor planeadas es la de la firma de abogados Gipson, Hoffman y Pancione. Este espacio tiene todo y está ubicado a sólo unos pasos de la cocina y los baños. La figura 3-1 muestra un plano de la sala:

Una de las mejores características del plano en la figura 3-1 son las bancas a lo largo de cada pared. Diseñadas para el personal directivo, las bancas son profundas y cómodas. Muchos jóvenes socios descansan en ellas durante las largas sesiones nocturnas de preparación y revisión de documentos cuando se acerca el momento del cierre de un acuerdo. Si bien los sofisticados sistemas de comunicación son el eje de la planeación del espacio, no hay que olvidar que los seres humanos siguen teniendo las mismas necesidades de siempre.

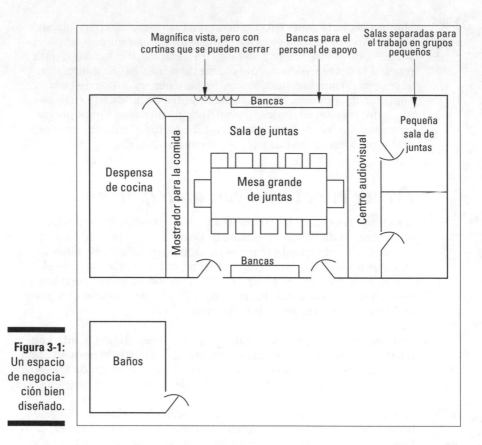

Bancas

Sala de juntas

Despensa de cocina

Mostrador para la comida

Mesa grande de juntas

Centro audiovisual

Pequeña sala de juntas

Bancas

Baños

Figura 3-1: Un espacio de negociación bien diseñado.

Verificar la lista de participantes

Quién debe asistir a una determinada sesión de negociación puede de por sí convertirse en tema de intensa negociación. A pesar de todas esas protestas de "¡Otra reunión!", algunas personas no ven con buenos ojos que se les excluya.

Cuando organice una sesión de negociación, no invite ni una sola persona más de las necesarias. (En una sesión de negociación, *necesaria* quiere decir que la persona tiene algo esencial que aportar al diálogo, que nadie más puede aportar.) Compense el hecho de no haber podido invitar a alguien enviándole un memorando. El papel es barato, y las voces superfluas, en cambio, pueden salir muy caras en una sesión de negociación. Cada persona presente contribuye exponencialmente al problema de mantener el control en las comunicaciones. La posibilidad de que alguien hable cuando se requiere

silencio aumenta con cada persona que se suma al equipo de negociadores.

A veces, puede ser deseable invitar a un experto en un área determinada —un contador, por ejemplo— a una sola sesión, así no participe en las demás sesiones. No dude en invitar a un experto a hacer
una presentación y responder preguntas. No obstante, resulta más
eficaz que esa persona se retire después de que toda la información
que usted quiere que se examine esté sobre la mesa.

Las investigaciones demuestran que las líderes tienden a ser más in-
cluyentes que los hombres y suelen estar más dispuestas a la toma
de decisiones en grupo y a la gestión participativa — un enfoque
que puede describirse como "cuanto más, mejor". Nadie quiere mar-
ginar a nadie. Sin embargo, cuando el objetivo es persuadir a otro
ser humano de que haga algo específico, no es deseable la presencia
de personas que no contribuyan a ese resultado.

En un contexto familiar, convocar a una reunión puede ser muy útil
en la toma de decisiones. Especialmente cuando hay niños (que
suelen negociar manipulando), reunir a todos en el mismo recinto al
mismo tiempo es una buena idea. Este arreglo evita que el mensaje
se distorsione al ser transmitido de la mamá al papá y de vuelta.

Si los padres son divorciados, reunirse todos en la misma habitación
es aún más importante. La oportunidad para un niño de adornar
las palabras de uno de sus padres es aún mayor si los padres viven
separados. Los padres y los hijos pueden reunirse con un consejero
profesional y discutir estas preocupaciones. De otra forma, los temas secundarios entre los adultos pueden obstaculizar la intención
de ayudar a los niños.

Fijar el orden del día

El orden del día es un maravilloso mecanismo de control. Ayuda
a evitar que su interlocutor en la negociación eluda un tema incómodo. Elaborar el orden del día le da cierta ventaja a usted, así no
presida la reunión. Si no quiere o no está listo para discutir un tema
determinado, déjelo por fuera del orden del día. O, como alternativa,
puede incluir un tema relacionado.

La palabra escrita tiene un poder real en nuestra sociedad. Un orden
del día a la vista de todos los participantes en una reunión tiene
autoridad. Un plan escrito trae también claridad a una reunión e
inspira a las personas a tomar notas sobre lo que está ocurriendo.

Redactar un orden del día puede ser todo un arte. A continuación presentamos algunas pautas:

1. **Anote todos los temas que quiere abordar y todo lo que quiere averiguar.**

2. **Compruebe cuáles puntos de la lista desea poner en la agenda.**

   Aparte, no en el orden del día que se distribuye a todos en la mesa, haga anotaciones personales sobre la información que desea obtener durante la reunión.

3. **Cuando sepa de qué quiere hablar, establezca en qué orden.**

   Generalmente es mejor comenzar la sesión con los temas menos emotivos y más fáciles de consensuar.

4. **Haga suficientes copias del orden del día para todos los participantes en la reunión.**

   Haga algunas copias adicionales para las personas que querían asistir a la reunión pero no pudieron ir o no fueron invitadas. Haga copias adicionales para tomar notas y para el archivo.

En las reuniones familiares, el orden del día funciona de la misma manera, excepto que se debe involucrar a todos en el proceso de establecerlo. El primer paso en una reunión familiar es preguntarle a cada niño de qué temas quiere hablar. Usted puede añadir un tema o dos y después preguntar en qué orden van a discutir esos asuntos. Estos procesos pueden ser útiles cuando se trata de temas emotivos. Este enfoque les demuestra a todos que todo lo que quieran discutir será tratado de manera ordenada y respetuosa, pues, después de todo, ¡está en la lista!

La psicología de la planeación de reuniones abarca volúmenes. El atajo más fácil es fijar el orden del día intuitivamente. Entonces cierre los ojos. Imagínese la mesa. Evoque los rostros. Visualice el comienzo de la reunión. Genere un ritmo cómodo para la reunión.

Recuerde que el orden del día sugiere el orden en que se discutirán los temas, pero no lo impone. Si surge una controversia en torno a un tema en particular, el orden del día puede modificarse temporalmente para volver a discutir ese tema más tarde. Un orden del día evita igualmente que tales asuntos se metan debajo de la alfombra en forma permanente. No se disguste si otra persona reorganiza su orden perfecto, especialmente si usted no preside la reunión.

No subestime el valor del orden del día, tanto para mantener el control como para garantizar que se traten todos los temas esenciales.

Asignar suficiente tiempo

Cuánto tiempo asignar a una sesión de negociación o a toda la negociación es siempre un asunto complicado porque usted no controla a la otra parte. Si desea que la negociación se acabe a una hora determinada, dígalo abiertamente. Si tiene una buena justificación para ello, dígalo también. Reservar más tiempo del necesario para una sesión de negociación siempre es mejor que reservar poco tiempo. Si sobrestima el tiempo que toma la sesión de negociación, siempre es posible utilizar el tiempo sobrante para otra cosa.

Generalmente un acuerdo internacional toma más tiempo que el mismo acuerdo a nivel doméstico. Prepárese para gastar el doble del tiempo en ese tipo de acuerdos. Hay varios factores que hacen de este tiempo adicional una necesidad:

✔ Ambas partes proceden con mayor cautela porque deben evaluar sus diferencias culturales.

✔ Las diferencias de idioma toman tiempo, aun si las partes hablan el mismo idioma pero con acentos diferentes.

✔ A veces el cansancio se hace sentir cuando el anfitrión promueve eventos especiales por las noches, como suele suceder cuando se atienden visitantes extranjeros.

No olvide tomar en consideración las diversas actitudes que se tienen en torno al tiempo en diferentes partes del mundo. Los británicos tienen una relación muy estricta con el tiempo; todo, desde las funciones teatrales hasta los trenes, tiene que comenzar a la hora estipulada. Los mexicanos tienen una relación más laxa con el tiempo; las horas de inicio pueden ser aproximadas.

Preparación

Usted es el elemento más importante de la negociación. Aun si es el asistente del asistente del asistente, su desempeño en la negociación es más importante para usted y su futuro que cualquier recinto, orden del día o disposición de los asientos. No se rebaje. Saque tiempo de la revisión de todos los detalles para examinarse a sí mismo. Ocuparse de usted es una inversión importante que paga buenos dividendos.

A de alerta

Para negociar en óptimas condiciones es preciso estar descansado y alerta, pues:

✔ Tendrá mayor agilidad mental y podrá responder mejor a las preguntas y los ataques.

✔ Su concentración y capacidad de escuchar mejorarán.

✔ No se precipitará a cerrar el trato para poder volver a la casa a descansar.

Instituimos la "regla de las 10" para ciertos temas, como los asuntos relacionados con el dinero o la disciplina de nuestros hijos. Esos temas tienden a generar desacuerdos que no se resuelven rápidamente. Hemos acordado no hablar después de las 10 de la noche sobre ninguno de los temas que aparecen en esa breve lista. Hemos notado que es posible postergar esas discusiones hasta el día siguiente y de esa manera defendemos el tiempo que pasamos juntos y dormimos bien por la noche. Además, a menudo esos temas no parecen tan explosivos al día siguiente.

Dormir bien por la noche mejora el desempeño en cualquier negociación. A veces, alcanzar ese sueño reparador parece más fácil de lo que es en realidad. Si se sorprende a sí mismo pensando en una negociación cuando lo que quiere es dormir, intente el siguiente truco: saque una libreta y apunte lo que está pensando. Siga hasta que vacíe la mente. Con frecuencia este ejercicio ayuda a conciliar el muy necesario sueño.

Vestirse para el éxito

Dos libros han tenido un impacto considerable en la manera como las personas se visten para obtener poder y respeto. El primer libro, *Dress for Success* (Vístase para el éxito), de John T. Molloy, discriminatoriamente se dirigía sólo a los hombres. La buena acogida del libro condujo a una segunda parte, *The Woman's Dress for Success Book* (El libro de la mujer que se viste para el éxito). La teoría que sustentan ambos libros es que hay que fijarse en el jefe para verse como el jefe.

La sorprendente reacción al libro de John T. Malloy fue que a lo largo de los años 80 muchas jóvenes profesionales comenzaron a ponerse trajes azules oscuros, blusas de seda blanca y grandes lazos rojos en el cuello. Talvez estaban promoviendo su ascenso en el

Viajar como se debe

Cuando era joven, siempre tomaba el último avión de la noche a Nueva York y fijaba mi primera sesión de negociación con un desayuno de trabajo a las 7:30 de la mañana. Ahora prefiero tener tiempo de ir a mi hotel, ducharme, refrescarme y ordenar mis pensamientos antes de una reunión a las 9:00. Atribuyo este cambio de preferencias a la experiencia, no a la edad. Si no puede descansar lo suficiente en el avión como para sentirse a gusto al día siguiente, viaje el día anterior. No ahorre en los viajes largos porque saldrá perdiendo.

Cuando voy a Europa a negociar, insisto en tener uno o dos días para superar los efectos de la diferencia de horario. Por alguna razón, viajar a Asia es menos estresante para mi cuerpo, y me siento listo más rápidamente. Si es posible, nunca cambio de avión en un viaje profesional.

camino del éxito, pero nos entristece que necesitaran (o sintieran que necesitaban) transformar su apariencia para ingresar al club de los chicos.

Nuestra recomendación es menos restrictiva y más simple: No se vista para llamar la atención. Está participando en una negociación. Quiere que la gente lo escuche y para ello necesita sus ojos tanto como sus oídos. Si una mujer se pone pendientes grandes o exhibe el escote, aparta la mirada de su rostro. Si un hombre usa cadenas de oro y camisetas abiertas que exhiben un pecho maravilloso, no mejora el ambiente de la negociación. Aunque ese tipo de ropa puede llamar la atención en otros ámbitos, no contribuye a una posición negociadora.

Si un tipo determinado de ropa surte efecto en las vacaciones o en una fiesta, bien. Pero no confunda los ambientes sociales informales con el ambiente de las negociaciones empresariales.

Al preparar su primera sesión importante de negociación, no podríamos darle un mejor consejo que reflejar el entorno: Asimile respetuosamente lo que lo rodea; confúndase con su entorno; hágase parte de él. Algunos negociadores adaptan incluso el ritmo del habla. En ciudades donde la gente tiende a hablar rápido, los buenos negociadores aceleran el ritmo ligeramente. En los sitios donde las

Mimi dice • Mimi dice • Mimi dice • Mimi dice • Mimi dice • Mimi dice • Mimi dice • Mimi dice • Mimi • Mimi dice • Mimi dice

Vestirse en consonancia con el cliente

En las negociaciones empresariales, uno desea ser visto como alguien con quien es posible relacionarse, una persona abierta y simpática. Para parecer simpático hay que vestirse como se viste el cliente.

Cuando yo trabajaba en la industria aeroespacial en los años 80, llevaba sastres conservadores azules oscuros, grises y negros, igual que mis clientes. Me puse un traje de pantalón y accesorios artísticos en mi primera sesión de negociación con una empresa de arquitectos de vanguardia en su garage convertido en oficina junto a la playa. Y, como me esperaba, las propietarias de la compañía vestían trajes y accesorios semejantes. Un traje más formal me habría alejado de mis clientes. A veces, la vestimenta adecuada puede ser jeans y un suéter, si así se viste el otro equipo.

Mimi dice • Mimi dice • Mimi dice • Mimi dice • Mimi dice • Mimi dice • Mimi dice • Mimi dice • Mimi • Mimi dice • Mimi dice

personas tienden a hablar despacio, los buenos negociadores desaceleran un poco.

No olvide que los buenos modales varían de un lugar a otro. Cuando esté en Roma, haga lo que los romanos — por respeto a los romanos y no porque quiera ser más romano que ellos.

La entrada

No importa qué tan cansado o deprimido esté, entre en la sala de negociación mostrándose seguro, firme y enérgico. Denuestre confianza y control desde el primer instante. Ese momento determina el tono de toda la reunión. Esto es cierto aun si usted no preside oficialmente la reunión. Las siguientes pautas pueden lanzar a cualquier subalterno en una reunión a la posición de la persona más importante.

No olvide nunca las cortesías de rigor. Si la última sesión de negociación terminó con una nota disonante, despéjela primero. Si no lo hace, se corre el riesgo de que temas inconexos enciendan la controversia de nuevo. Si puede zanjar la situación abiertamente, podrá avanzar sin trabas. Desconocer la situación sólo sirve para dejar que la hostilidad siga rondando la mesa de negociaciones. Los sentimientos negativos se filtran y afectan todas las conversaciones; la negatividad contamina los actos si no se despeja.

Cuando haya puesto la mano sobre el picaporte de la puerta en la sala de negociaciones o haya marcado el número telefónico de su interlocutor, cambie de actitud. Sacúdase y cobre ánimo para la ocasión. La abuela tenía razón: "Cualquier cosa que valga la pena, vale la pena hacerla bien". Levante la cabeza. Sonría por dentro y por fuera. Visualice sus objetivos inmediatos. Mantenga libre la mano derecha para estrechar la mano de los presentes. Si la reunión requiere que use una de esas horribles etiquetas con su nombre, asegúrese de escribirlo con letras grandes y póngase la etiqueta arriba, al lado derecho, para que se pueda leer fácilmente.

Adoptar una actitud positiva antes de dar comienzo a la sesión puede ser uno de los momentos más valiosos de la negociación.

Las siguientes son algunas pautas para dar inicio eficazmente a una reunión:

✔ Asegúrese de que todos los participantes estén presentes y listos para escuchar.

✔ Mencione el objetivo de la reunión.

✔ Mencione el orden del día y el tiempo asignado a cada punto.

✔ Pregunte si hay acuerdo sobre el orden del día y el procedimiento.

✔ Resuma los resultados que espera obtener de la reunión y comience según lo indica el orden del día.

Cómo prepararse para una negociación con gente de otras culturas

Aparte de las preparaciones habituales que preceden cualquier negociación, hay consideraciones especiales cuando se negocia con personas de otras culturas. Siga las sugerencias de esta sección, pero no descuide ninguno de los otros pasos de la preparación simplemente porque se trata de un ámbito internacional. De hecho, una buena regla para los contextos internacionales es la siguiente: En caso de duda, sea cortés y considerado, de acuerdo con los principios de su cultura.

¿A quién invitar?

Saber a quién invitar puede ser un asunto muy delicado, así que conviene asesorarse de un experto. Los oficiales de protocolo le pueden hacer sugerencias útiles. Igualmente, le recomendamos que lea algunos libros específicos sobre temas culturales, pues las prácticas varían en todo el mundo. Hay países donde el papel de las mujeres oscila desde las funciones estrictamente secretariales hasta la participación plena en las negociaciones. En ciertos países asiáticos las mujeres participan en la negociación y después los hombres salen a divertirse solos. Si no está seguro, consulte al negociador principal del otro equipo, lo cual puede servirle incluso para ganar confianza.

Contratar a un intérprete

Si cree que usted y su contraparte pueden necesitar un intérprete para comunicarse, dígalo antes de comenzar la negociación. Contratar a un intérprete a mitad de camino podría interpretarse como un gesto despectivo sobre la capacidad de la contraparte para expresarse con claridad, o podría hablar mal de su habilidad para comprender lo que la otra parte le dice. En caso de duda (y si puede permitirse el gasto), contrate a un intérprete oportunamente. Después de todo, sus interlocutores no se van a sentir ofendidos si decide luego que no necesita el intérprete.

Los intérpretes trabajan simultáneamente y en diferido.

✔ **Traducción simultánea:** La traducción simultánea es cara pero es una experiencia emocionante. Hay que observar el lenguaje corporal y las expresiones faciales de la persona que habla. En cuanto a las palabras —habitualmente dichas en un solo tono—, se escucha al traductor que está dos compases detrás del orador. Por cara e impráctica que sea la traducción simultánea, realza la importancia de la negociación.

✔ **Traducción diferida:** Mucho más común es la traducción diferida (también llamada consecutiva o secuencial). El traductor escucha una respuesta y después la resume en su idioma. Nunca contrate a este tipo de traductor sin revisar cuidadosamente sus referencias. Usted requiere lealtad, confidencialidad, idoneidad técnica y capacidad para distanciarse de lo que está sucediendo.

Si necesita un traductor, suele ser mejor optar por el traductor simultáneo, así sea más costoso. La presencia de un traductor simultáneo causa buen efecto al equipo contrario en la negociación.

Si observa estas pautas simples, su primera experiencia con un traductor debería ser positiva:

✔ Nunca comparta el traductor con la contraparte.

✔ Asigne tiempo suficiente para orientar al traductor antes de que comience la negociación. Trate al traductor como a un profesional.

✔ No olvide que el traductor necesita hacer pausas con más frecuencia que usted.

✔ Nunca haga chistes para que el traductor los traduzca.

✔ No use expresiones coloquiales.

✔ Al hablar, utilice frases cortas y palabras sencillas.

✔ Nunca suba el tono de la voz.

Manténgase atento a la posibilidad de que el traductor adquiera un papel demasiado importante en la reunión, a veces asumiendo la posición de intermediario o representante. El mejor indicio de que esto está ocurriendo es que el traductor y el representante de la contraparte sostengan un diálogo sin incluirlo a usted.

Un ejemplo cómico de esto es la película corta *Bottle Rocket*. El traductor está mediando en una conversación entre un surfista estadounidense y su nueva novia hispanohablante, con resultados muy divertidos. Si está planeando utilizar en sus negociaciones los servicios de un traductor, le recomendamos ver esta película. Se reirá mientras aprende.

Normalmente la situación puede corregirse pidiéndole al intérprete que "no pase a un primer plano" o que "no se le adelante". Usted lo contrató. Un recordatorio delicado debería bastar.

¿Qué tan rápido actuar?

Tenga mucho tacto en cuanto a qué tan rápido pasa de lo informal a los temas en consideración. Toda cultura tiene su subcultura, y al interior de ella los individuos varían entre sí. No se lance inmediatamente a la parte formal a no ser que esté seguro de que eso desean los participantes. Si tiene dudas, avance despacio.

En Estados Unidos, las personas parecen ansiosas por pasar rápidamente a lo formal. En Japón, al contrario, este tipo de precipitación se considera irrespetuosa. Por ejemplo, meterse la tarjeta de presentación de otra persona en el bolsillo sin mirarla puede ser frecuente en Estados Unidos, pero es muy ofensivo en Japón. Si un japonés le entrega su tarjeta de negocios, mírela, léala, asimile lo que dice y después póngala respetuosamente en un lugar seguro, como la billetera o un bolsillo donde no tenga muchas cosas. Nunca escriba en una tarjeta que le haya dado un japonés.

Acuérdese de las películas que veía en la clase de biología sobre los rituales de apareamiento de ciertos animales: danzas y cantos delicados pero precisos, y discreta aproximación. Cuando se termina la ceremonia preliminar, los momentos finales pueden ser muy breves. Esta es la imagen mental que yo tengo durante las negociaciones que cruzan barreras culturales. Cuando sea prudente hablar del negocio, siga adelante. Pero no precipite el proceso de apareamiento; este ritual tiene la valiosa función de generar tranquilidad y confianza.

Si la sesión supone una comida

No dudamos que usted, amable lector, siempre recuerda los buenos modales cuando sale a cenar. Pero si la comida es con un invitado extranjero, talvez tendrá que aprender nuevas normas. Esto es especialmente cierto si la comida ocurre en terreno ajeno.

¿En qué país se come con las manos pero se considera grosero chuparse los dedos? ¿Dónde se come con la mano derecha y nunca con la izquierda? ¿Dónde se considera un insulto para el cocinero no sorber ruidosamente la sopa? ¿Dónde se debe dejar un grano de arroz en el plato para indicar que no se desea más comida? ¿Dónde se pasa el tenedor una y otra vez de una mano a la otra dependiendo de si está cortando o llevándose la comida a la boca? Etiopía, Arabia Saudita, Japón, China y Estados Unidos son las respuestas correctas.

El punto es que cada país tiene su idiosincrasia con respecto a la comida. Incluso en cada hogar se da inicio a la comida de una manera diferente, con una oración o con un brindis, ¡o todos lanzándose sobre los alimentos! En tales circunstancias, no sobra esperar un momento y dejarse guiar por el anfitrión. Siga las pautas del nativo.

Michael dice • Michael dice • Michael dice • Michael dice • Michael dice • Michael dice • Michael dice • Michael dice

Un pasaje a la India

Una vez negocié en mi oficina con un productor de la India. Mi cliente había perdido la paciencia con ese productor y, llevado por la ira, había dicho que esta sería su última oferta. Me dijo que no perdiera más tiempo. Yo compartía su frustración. Cuando, a regañadientes, llamé para convocar la reunión, escuché al productor quejarse de cuán displicente había sido mi cliente con él. Después se quejó de su última oferta. Yo lo interrumpí y fijé la reunión. Para cerrar, él se quejó de que yo nunca había aceptado su invitación a tomar té.

Mientras colgaba el teléfono, comprendí por primera vez lo que él estaba diciendo. Desgraciadamente, con frecuencia en ese momento surge la inspiración. En este caso, sin embargo, no era demasiado tarde para corregir un terrible error. El productor, que vivía en las afueras de Pittsburgh, había inmigrado a Estados Unidos cuando era joven. Había traído consigo buena parte de su cultura. Por

fortuna, yo había viajado por la India y hasta conocía su ciudad natal.

Cuando Amin llegó a mi oficina, nos sentamos en los sofás esquineros. Mi asistente trajo el té caliente, en infusión, no en bolsa. Hablamos de muchas cosas, pero ni una palabra sobre su película. Debo confesar que me inquieté un poco después de media hora de conversación. El tiempo asignado estaba a punto de agotarse. Habíamos visitado la India en nuestra charla, pero no habíamos avanzado nada en cuanto a la posición de mi cliente — o así lo creía yo. Como para sacarme de mi ensimismamiento, Amin me dijo: "Sabe, Michael, yo podría aceptar todo el arreglo si fuera por un año y no por cinco".

Quedé atónito. Respiré profundamente, le agradecí, y le expliqué por qué mi cliente requería cinco años. Revisamos la posición de cada cual otra vez. Al final, yo propuse condiciones basadas en los ingresos brutos y todo el mundo quedó satisfecho.

Michael dice • Michael dice • Michael dice • Michael dice • Michael dice • Michael dice • Michael dice • Michael dice • Michael

Parte II
Cómo fijar límites y establecer objetivos

por Rich Tennant

"Se le está agotando el tiempo. Si no se declara de acuerdo con nuestras condiciones, voy a volver al corral".

En esta parte...

Antes de empezar a negociar, es preciso reflexionar un poco. Fijar límites es una destreza que entra a jugar un papel definitivo en este momento y le permite asumir el control de la negociación. Después de trazar sus límites, está listo para determinar sus objetivos y hacer la oferta inicial. Cómo tomar todas estas decisiones críticas es el tema de esta parte.

Capítulo 4

Fijar límites...
y después respetarlos

● ●

En este capítulo

▶ Descubrir las ventajas de fijar límites

▶ Practicar los cuatro pasos para fijar límites

▶ Establecer el punto de tolerancia

▶ Evitar ponerse a sí mismo entre la espada y la pared

● ●

*E*n las negociaciones, como en la vida, fijar límites y después respetarlos es una de las lecciones más importantes y más difíciles que es posible aprender. Este capítulo le dice cómo fijar límites y cómo utilizar esos límites después para asumir el control de cualquier negociación, tanto en la vida personal como profesional.

Si usted es como la mayoría de las personas en este planeta, en algún momento estuvo demasiado tiempo involucrado en una relación porque nunca fijó sus límites. Accedió a hacer algo que no quería porque fue incapaz de respetar esos límites. O contrarió a alguien porque esa persona no logró expresar claramente los propios límites.

Fije sus límites antes de empezar a negociar. Hacerlo oportunamente le ahorra una enorme cantidad de tiempo en el curso de la negociación porque ya sabe cuáles son sus opciones. Y saber cuáles son sus opciones facilita las decisiones. La toma rápida de decisiones depende más de tener bien establecidos los límites desde el comienzo que de las propias capacidades intelectuales.

Es mucho más fácil establecer los objetivos de la negociación después de haber fijado los límites (este tema se trata en el siguiente capítulo). Los límites y los objetivos son igualmente importantes. Cuando determina los límites de antemano de forma cuidadosa y realista, estos le sirven como timón para guiar la negociación en

Fijar límites con los niños

Parece natural ponerles a los hijos los mismos límites que le pusieron los padres a uno; son los límites que uno conoce. Por ejemplo, la hora de regreso a la casa siempre fue un límite estricto para mí cuando niña, de modo que establecer ese límite para mis hijastras fue algo automático.

Era una noche durante la semana de exámenes finales; era una semana crucial en el penúltimo año de bachillerato de mi hijastra Wendy. Los resultados de esos exámenes afectarían las notas finales de Wendy, y ella necesitaba buenas notas para poder ingresar en la universidad. Wendy había estudiado y estaba preparada para el examen de francés del día siguiente.

De repente, a las 11 de la noche, entró en nuestro dormitorio: "¿Papi, puedo sacar el automóvil para ir a recoger a Kathy? Ella y su mamá se pelearon y Kathy se fue de la casa", dijo.

Instintivamente comencé a hacer gestos negativos con la cabeza. Mis límites eran tan claros como el cristal. Michael le dijo: "Son más de las 11:00 — no hay coche". "Es semana de exámenes finales y tú tienes un examen mañana", le dije yo. Sus ojos se llenaron de lágrimas y la oí murmurar algo

de "sin corazón" mientras salía furiosa de nuestro dormitorio.

La seguí, explicándole que sus límites y los nuestros merecían respetarse. Ella debía estar descansada al día siguiente. Me dijo que era "egoísta" y que Kathy no tenía la culpa de que la mamá le hubiera buscado pelea. Yo sabía que peleaban con frecuencia verbalmente y que Kathy no estaba en peligro. Le dije a Wendy: "¡Qué egoísta es la mamá de Kathy! Yo nunca pelearía contigo de noche durante la semana de exámenes finales. Quiero que presentes tranquila tus exámenes. Y tú quieres lo mismo. Kathy y su mamá hubieran podido manejar la situación de otro modo. Ellas no tienen los mismos límites que nosotros". Y me dejó besarla y desearle buenas noches, aunque no recuerdo que me haya devuelto el beso.

Mientras crecí, al interior de una familia de académicos, mis límites fueron claros: la hora de llegada a la casa se establecía según prioridades; los amigos no eran la prioridad, sino el colegio. Mis respuestas a Wendy fueron automáticas, categóricas y claras. Con frecuencia recuerdo esos años. Ese recuerdo me inspira a ser tan clara en cuanto a otros límites como lo fui en esta oportunidad.

aguas turbulentas. ¿Le están tendiendo trampas? ¡Avance a todo vapor! ¿Es víctima de tácticas injustas? Avance a todo vapor, siempre y cuando tenga claros sus límites y objetivos.

Qué significa fijar límites

Los límites definen a qué estaría dispuesto alguien a renunciar para obtener lo que desea. Fijar límites significa establecer el punto en el cual podría dar fin a la negociación y tomar un rumbo alternativo.

Su límite puede ser el precio más alto que pagaría por un automóvil, el salario más bajo que aceptaría en un empleo, la distancia más larga que estaría dispuesto a conducir, la máxima hora de llegada a casa para su hijo adolescente. Si se transgreden esos límites, no hay automóvil, no hay empleo, no hay viaje, no hay salida.

Tal vez no parezca necesario fijar límites en las negociaciones comerciales porque el mercado puede definir las fronteras de la discusión. La gente generalmente tiene alguna idea sobre el valor de los bienes o servicios en discusión; sabe cuánto pagan otras personas por casas, automóviles o servicios comparables. Asume que la negociación no irá más allá de ciertos límites aceptables: el valor justo por el producto o servicio que se negocia. Pero eso no es cierto Hasta las negociaciones comerciales pueden descarrilarse. Especialmente en épocas de depresión económica, los límites se ponen a prueba.

Piense en las últimas tres veces en que algo le molestó a nivel personal. Es casi seguro que por lo menos una de esas situaciones se originara en el hecho de que sus límites fueron quebrantados. Probablemente usted no definió sus límites previamente. Por ejemplo, el vecino llega a charlar, usted tiene sólo unos minutos libres, pero no se lo dice. Y a usted se le sube la presión arterial mientras el vecino se pone a charlar durante una hora.

ACTIVIDAD

Infortunadamente, poner límites es una tarea muy difícil para la mayoría de las personas. Requiere práctica. Comience con cosas pequeñas: fije un límite de 60 segundos la próxima vez que alguien lo llame a charlar cuando usted no tiene tiempo. Sesenta segundos deberían bastar para hacer los comentarios de cortesía necesarios para mantener la amistad y, sin embargo, librarse del teléfono.

Vale la pena fijar límites. Las personas que sistemáticamente hacen malos negocios no fijan sus límites antes de comenzar a negociar.

No saben cuándo parar. Es preciso conocer los límites personales y hacerlos respetar. Saber que está dispuesto a poner fin a la negociación suministra la fuerza y la confianza necesarias para ser firme, aunque la otra parte no esté consciente de sus límites o de su habilidad para hacerlos respetar.

Consecuencias de no fijar límites

Así usted haya fijado sus límites de manera consciente o no, en toda negociación hay un punto más allá del cual usted no va a seguir negociando. También hay un punto más allá del cual la parte contraria no va a seguir negociando. Si usted no fija con anticipación sus límites, los descubre cuando ya se le ha agotado la paciencia. A menudo la gente explota o se siente ultrajada cuando se transgrede ese límite. Por esta razón, buena parte del ejercicio de poner límites consiste en realidad en tratar de comprender dónde están los límites propios antes de que estos se nos presenten solos y nos golpeen la cara porque alguien los ha quebrantado.

En la vida privada, por lo general uno descubre los límites personales cuando los sentimientos de ira o de dolor le señalan que esas fronteras han sido violadas. Si usted identifica oportunamente esos límites y los expresa y los hace respetar, puede evitar la ira o el dolor.

En la mayoría de las negociaciones los límites nunca se ponen a prueba. Pero los límites de ambas partes se ciernen sobre todo el proceso de negociación como halcones sobrevolando en las alturas, listos a lanzarse en picada sobre su víctima.

Si una negociación concluye porque las exigencias de una parte vulneran los límites de la otra parte, el final llega tan rápidamente, tan silenciosamente, tan inesperadamente como el ave de presa que se lanza sobre una paloma. El factor sorpresa aturde. Una o ambas partes se sienten traicionadas, o enojadas, o las dos cosas. La verdad es que poner previamente los límites puede evitar por completo el problema. Así, cada una de las partes es conciente de las fronteras de la negociación.

Límites y propietarios

Michael Landon[1] era muy hábil para fijar límites en los negocios. Uno de los límites de Michael era que no seguía negociando con alguien motivado por la codicia.

Me enorgulleció representar a Michael en todas sus producciones durante la última década de su vida productiva, incluida su última película para televisión, *Where Pigeons Go to Die*.

El director de filmaciones en exteriores encontró una magnífica granja para esa producción e hizo un acuerdo habitual con el propietario. Por un monto determinado, Producciones Landon obtenía pleno acceso a la casa principal de la granja durante la semana anterior a la filmación para añadirle una galería, envejecer la casa (pintarle huellas del tiempo) y hacer otros cambios menores. Las reformas no afectarían a un inquilino que había alquilado una pequeña edificación en la propiedad, y garantizarían el acceso normal al inmueble alquilado. El estudio devolvería la propiedad en su estado original, con excepción de la galería, que el propietario deseaba conservar. Era, en general, un acuerdo como los que suelen hacerse cuando un equipo de filmaciones permanece en un mismo sitio durante algún tiempo.

Después de algunos días de observar el gasto de grandes sumas de dinero, el inquilino decidió que él también quería dinero. Como las filmaciones siempre generan cierta incomodidad, Michael autorizó un modesto pago adicional. Cuando el administrador de filmaciones en exteriores le comunicó la oferta al inquilino, no le explicó por qué era más que justa ni cuán hábil era Michael para fijar límites; tampoco le hizo ver las posibles consecuencias de rechazarla.

El inquilino se declaró insatisfecho con el monto ofrecido y contrató a un abogado para obtener "su dinero". Le di al abogado un cursillo sobre la manera de Michael de hacer negocios. Michael siempre daba una señal antes de terminar las negociaciones para que la otra persona pudiera cambiar de posición, pero mi opinión personal era que ya le habíamos ofrecido demasiado dinero al inquilino para resolver el caso. El abogado del inquilino insistió, refiriéndose a las muchas incomodidades que había sufrido su cliente y declarando que había visitado el sitio y había visto "cómo gastaban de dinero". Le hice una advertencia amigable sobre las consecuencias adversas de abordar las cosas de esa manera, pero el abogado se obstinó.

Michael me dio instrucciones de repetir la oferta una vez más, explicar de nuevo nuestra posición y después, poco a poco, reducir la oferta si no la aceptaban. Reforzamos la seguridad en el sitio de filmación e hicimos lo sugerido por Michael.

El asunto se resolvió rápidamente, pero Michael hubiera preferido no pagarle nada al inquilino y ver la furia que tal respuesta iba a suscitar en él. Tenía sus límites y sabía cómo hacerlos respetar.

Michael era uno de los hombres más generosos que he conocido, pero no le gustaba que lo explotaran. Sabía establecer límites y exigirlos.

Fijar límites constituye también la piedra angular de las buenas relaciones entre padres e hijos.

---

[1] Productor, escritor, director y actor de la famosa serie La pequeña casa en la pradera (The Little House in the Prairie). *(N. del Ed.)*

Cuatro pasos sencillos para fijar límites

Cuando uno sabe fijar límites y confía en esa habilidad, el proceso de negociación cambia por completo. Uno puede aguantar con firmeza, o puede abandonar la negociación cuando lo considere necesario.

Saber establecer límites está directamente relacionado con el conocimiento, y el conocimiento es el resultado de la preparación. (El capítulo 2 explica cuán importante es prepararse para una negociación.)

Esta sección presenta cuatro pasos que los negociadores experimentados utilizan en todo el mundo para fijar límites. Todos los pasos incluyen la palabra "saber".

Saber que tiene otras opciones

La cita del millonario tejano Nelson Bunker Hunt se trae a colación con frecuencia: "Siempre hay otro negocio a la vuelta de la esquina".

Una razón por la cual Bunker hizo tantos buenos negocios a lo largo de su vida es que siempre estaba dispuesto a abandonar un negocio si encontraba algo que no le satisfacía. Era muy hábil para establecer límites y después mantenerlos. El lema del Bunker debería ser parte de sus convicciones; repita la cita de Bunker hasta que se convierta en parte de su sistema de creencias:

"Siempre hay otro negocio a la vuelta de la esquina".

Los malos negociadores tienden a amarrarse a la idea de que deben cerrar toda negociación con una compra o una venta. Por su parte, los buenos negociadores con frecuencia se retiran de una negociación. Retirarse de un mal negocio es tan importante, o incluso quizás más importante, que concluir un buen negocio.

Ya sea que el objeto de su interés sea una acción, finca raíz o una relación sentimental, tiene que grabarse en el corazón y en la mente que no está atrapado. La prisión más grande la construye usted mismo en su cabeza cuando restringe sus opciones.

"Siempre hay otro negocio a la vuelta de la esquina". Esta frase debería ser su mantra. Repítala hasta que se vuelva parte de su sistema de creencias. Aprópiese de ella. Esta verdad puede influir en su vida y traerle resultados positivos en todas las negociaciones futuras.

Comience hoy mismo a convertir esta frase en su mantra. No espere hasta que se vea involucrado en una situación con mucha carga emocional para convencerse de que tiene otras opciones. Esa estrategia no le va a funcionar con facilidad. La verdad de este mantra sólo se entiende a la luz nítida de un día claro y despejado, no estando sumergido en las profundidades de un problema específico.

Saber qué otras opciones tiene

Hace algunos años, el Instituto de Negociaciones de la Universidad de Harvard se ideó algo llamado la Mejor Alternativa a un Acuerdo Negociado. Este programa es un elemento central del curso de negociación del instituto. El programa identifica alternativas si no es posible cerrar un negocio.

Lo animamos a desarrollar no sólo su mejor alternativa sino también la segunda y la tercera. Haga una lista de todas las alternativas que tiene a su disposición si la negociación no se concluye en los términos que desea. No limite la lista; que sea lo más larga posible. En la vida se trata siempre de aprovechar diferentes opciones. ¿Qué opciones tiene si renuncia a ese negocio? No tiene nada que perder y mucho que ganar si enumera sus opciones. No se inhiba. Por el contrario, haga un listado de todas sus opciones, aun aquellas que no considera valiosas o prácticas. Tendrá mucho tiempo después para eliminar las que no sirvan.

Antes de empezar a negociar, intente elaborar una lista similar para la otra parte en la negociación. Cuanto más sepa usted sobre las opciones de su oponente, mayor fortaleza tendrá al negociar. Considere estos ejercicios como parte de su preparación para la negociación (que se discute en la parte I de este libro).

Si va a comprar un automóvil nuevo, sus alternativas pueden ser buscar otro concesionario, escoger otro modelo, seleccionar una marca diferente o posponer la compra. Si está buscando un trabajo, sus alternativas pueden ser aceptar un salario más bajo u otro empleo, seguir buscando, irse para otra ciudad, cambiar de profesión o iniciar un negocio propio.

Anote todas las alternativas que tiene. Si no consigue anotar ninguna, debe prepararse mejor. Sólo si está bien preparado podrá generar una lista de alternativas antes de comenzar una negociación.

Saber qué pasaría "...de no ser así"

Una vez que haya elaborado su lista de alternativas, decida cuál le parece más aceptable. Escoja qué pasaría "...de no ser así". Decida qué quiere hacer en caso de que la negociación no prospere. Considere las medidas que puede tomar. Visualice la situación.

Saber qué pasaría "...de no ser así", es decir, saber cuál es su mejor opción si no hay un acuerdo, define los límites de toda negociación. Suponga que está dispuesto a pagar $300.000 dólares por una casa, antes de establecer qué pasaría "...de no ser así". Después, recuerde que tiene opciones y haga una lista de ellas. Es posible que después de redactar la lista decida comprar una casa más barata. De esa manera puede mantenerse firme o bajar el precio que estaba dispuesto a ofrecer. Por otra parte, si decide que no hay otra casa mejor para usted, su oferta puede subir en lugar de bajar.

Saber cómo hacer respetar sus límites

Los límites no sirven si usted cede cada vez que los fija. De hecho, ceder puede afectar gravemente una relación. Los padres que constantemente establecen reglas y luego las pasan por alto terminan criando niños mimados, confundidos e infelices. ¡Por eso usted tiene ahora una razón más para hacer respetar sus límites! Lea el recuadro llamado "El regateo" y aprenda de una manera divertida a fijar límites en una negociación y a hacerlos respetar.

Cómo establecer el punto de tolerancia

Una razón por la cual debe asegurarse de fijar límites es que estos automáticamente definen su *punto de tolerancia*. El punto de tolerancia se acerca al límite máximo pero deja suficiente margen para cerrar el negocio antes de cruzarlo. En el punto de tolerancia, usted le comunica a la parte contraria que se están aproximando al límite y que pronto se va a retirar de la negociación.

No se quede callado hasta que la otra parte haya traspasado sus límites y echado por tierra la negociación. Debe expresar sus objeciones antes de que llegue ese momento crítico. Rechace cualquier propuesta que se acerque demasiado a los límites que se ha fijado.

El regateo

Los cuatro pasos para fijar límites son simples, pero se requiere tiempo y práctica para dominarlos. Al comienzo, practique estos pasos en situaciones al margen de su vida profesional o de sus relaciones personales. Es especialmente divertido y sicológicamente más fácil renunciar a un negocio si uno está de vacaciones. Curiosee tranquilamente una tienda hasta que vea algo que quiera comprar. Asegúrese de que realmente quiere comprar ese objeto, pues es posible que llegue a cerrar el negocio. Al mismo tiempo, asegúrese de que está dispuesto a salir de la tienda sin el objeto, pues esa es justamente la idea en este juego.

Anote el precio. Decida cuánto dinero está dispuesto a pagar por el artículo; debe ser mucho menos que el precio de venta. No se invente una cifra sólo porque quiere jugar con el dueño del negocio. Reflexione seriamente sobre el verdadero valor del artículo. Si ya es una ganga, talvez no sea esa la tienda adecuada para hacer el ejercicio. Cuando haya establecido un precio, entable un diálogo con el dueño del sitio y no con un asistente sin poder de decisión. No diga cuál es su precio límite. En lugar de eso, ofrezca menos de lo que está dispuesto a pagar pero más de lo que cree que pagó el dueño de la tienda.

Si el dueño le dice que el regateo va en contra de las políticas de la tienda, explíquele que a usted realmente le gusta el objeto pero que considera que el precio es excesivo. Dígale que no vive en esa ciudad y que podría esperar hasta regresar a casa, pero que le gustaría hacer la compra ahí, si se pueden poner de acuerdo

sobre las condiciones. Generalmente el propietario hace una concesión. De no ser así, pregunte si hay otra persona con quien pueda discutir ese asunto; talvez no esté hablando con una persona que pueda tomar decisiones. (Si este procedimiento es nuevo para usted, posiblemente se sienta más cómodo si hace sus pinitos en una tienda en donde el regateo sea aceptado, como un anticuario, por ejemplo.)

Si no hay más negociación, dé las gracias y salga cortésmente de la tienda. Es importante cerrar formalmente aun esta no-negociación. No se escabulla como un perro apaleado. Le ofreció al dueño de la tienda la oportunidad de hacer una venta. Asegúrese de que él sepa que la oportunidad se le está esfumando. No se disculpe por no pagar un precio excesivo por el artículo.

El dueño de la tienda puede aún reaccionar con una oferta más baja. No la acepte automáticamente. Recuerde que, aunque usted está dispuesto a comprar el artículo, está experimentando cómo resistir e incluso renunciar a un negocio. Puede mejorar su oferta ligeramente, pero no avance demasiado rápido hacia el punto final. Después de todo, ¡quiere practicar!

Si el dueño de la tienda se acerca rápidamente al límite no explícito que usted se fijó, siga negociando. Ajuste su precio hacia abajo, hacia su última oferta expresa. Cuando un comprador con dinero en efectivo se encuentra con un vendedor bien dispuesto, lo que sigue puede sorprenderle, aun en tiendas donde cree que está prohibido el regateo.

Mientras continua el regateo de lado y lado, puede sorprenderle cuán difícil llega a ser cerrar un negocio si usted está genuinamente dispuesto a retirarse. Con frecuencia su mano, en la manija de la puerta, puede hacer que surja el precio de venta más bajo posible. Por fuera de este ejercicio, si cede y cuándo cede es una decisión personal. En este ejercicio, no pague ni un centavo más que el precio que fijó al principio. Recuerde que está intentando fijar límites y respetarlos.

Qué tanto tiempo antes de llegar al límite máximo quiera fijar su punto de tolerancia depende de su personalidad y de su capacidad de aguante. No obstante, si no ha fijado límites, no puede saber cuándo comenzar a oponer una fuerte resistencia. La contraparte se sentirá lastimada y se enojará si usted se levanta de la mesa de negociación sin haber dado una señal de aviso. Necesita oír que la negociación está llegando al punto de tolerancia antes de que concluya la discusión.

Nunca ponerse a sí mismo contra la pared

Si expresa sus límites tan pronto como comience la discusión, estará violando un principio fundamental de las buenas negociaciones: nunca, nunca se ponga a sí mismo contra la pared. En las negociaciones, usted se pone contra la pared cuando adopta una posición inflexible y no deja una alternativa libre, una salida.

En otras palabras, no inicie una negociación diciéndole a alguien que no va a pagar un solo centavo más que una suma determinada, a no ser que sepa que en otras tiendas ofrecen el mismo producto por un precio que está dentro de sus límites. Una afirmación de esta naturaleza lo pone contra la pared cuando no existe alternativa.

Este capítulo busca ayudarle a trazar límites, no a publicarlos a los cuatro vientos.

Reexaminar los límites

Establezca un *mínimo aceptable* (es decir, el punto más allá del cual no pasará) antes de comenzar a negociar. De hecho, establezca ese mínimo aceptable tan pronto como tenga suficiente información para hacerlo. Pero no dude en revisar los límites que se haya fijado.

Cuando haya fijado sus límites, escríbalos. Escribirlos no significa que no los pueda cambiar, pero tener el registro escrito sí implica que no puede fingir que está ajustando esos límites.

Cambiar de límites gradualmente durante una negociación sin una reflexión consciente es un error muy común. Si está consciente de lo que hace y completamente seguro de las razones que tiene para hacerlo, alterarlos puede ser una decisión adecuada. Sin embargo, si no anota sus límites, o qué pasaría "...de no ser así", se arriesga a ajustarlos un centímetro cuando se requiere un metro. Resbalar y deslizarse de un lado a otro crea confusión en su mente y en la mente de quienes negocian con usted.

A veces el mejor negocio es no hacer negocio

Si bien es difícil poner límites, abandonar una negociación es todavía más difícil. Es posible que tema que algo malo ocurra si decide retirarse de una negociación; a veces retirarse de una negociación produce una sensación de fracaso. Pero no se preocupe: nada terrible va a ocurrir.

Puede aprender mucho sobre la negociación retirándose de uno o dos negocios, sólo para practicar. La vida continúa, ciertamente. Inténtelo. Está bien, y puede ser divertido.

Saber retirarse es un aspecto crucial en las negociaciones personales. ¿Cuántas personas conoce que son infelices porque no tienen la fortaleza o la experiencia necesaria para fijar límites con sus hijos, esposos o padres? La gente permanece en malas relaciones más tiempo de lo que es sano por ser incapaz de poner límites y respetarlos.

Una lección de navegación a vela se convierte en una lección de negociación

Durante mi entrenamiento en la escuela de la Infantería de Marina en Quantico, Virginia, me enrolé en el equipo de navegación a vela, un grupo informal que navegaba un pequeño velero en regatas de fin de semana por la costa este. Yo había navegado durante años, y unirme a ese grupo me parecía una manera económica y eficaz de conocer gente interesante y de tener acceso a eventos a los cuales no hubiera sido admitido de otra manera. La navegación a vela me brindaría también un descanso los fines de semana.

Tan pronto como pude, intenté enrolarme. Pero el capitán se negaba a tomar en consideración a cualquiera que no hubiera tomado su curso de entrenamiento. Primera lección: Súbase al velero con un instructor, navegue en dirección al horizonte y luego vuelque el velero tan rápidamente como pueda.

Se aprende mucho al intentar volcar un velero. No es tan fácil como se podría creer.

De hecho, la tarea puede ser difícil sin un viento fuerte. Por otra parte, enderezar un pequeño velero que ha zozobrado no es muy difícil si se tiene experiencia.

Vale decir que no soy partidario de avanzar peligrosamente hasta el borde de la catástrofe, ni en la negociación ni en la navegación a vela. Desde esa tarde en Quantico no he vuelto a hacer volcar intencionalmente un bote. Pero esa experiencia me enseñó una lección que se aplica a la negociación: Hacer zozobrar un bote (o cancelar un negocio) no es tan fácil, y enderezar un bote (o encontrar otro negocio) no es tan difícil.

Este ejercicio me permitió además librarme del miedo que me producía hacer volcar un bote. No tenga miedo de hacer zozobrar el bote. Y no tenga miedo de darle la espalda a un mal negocio.

Capítulo 5

Fijar objetivos ambiciosos

● ●

En este capítulo

▶ Fijar buenos objetivos

▶ Evaluar los objetivos

▶ Hacer una primera oferta

▶ Ajustar los objetivos durante la negociación

● ●

Tienes que tener un sueño.
Si no tienes un sueño,
¿cómo vas a convertir un sueño en realidad?

*E*stas palabras son parte de la letra de la canción *Happy Talk* del musical *South Pacific* de Rogers y Hammerstein. Bloody Mary (María la Sangrienta) se las canta a Liat y al teniente cuando ellos le dicen que están enamorados.

Los compositores Rogers y Hammerstein nos enseñaron una o dos cosas sobre cómo fijar objetivos. Todo el espectáculo nos habla de la importancia de perseguir nuestros sueños y de las cosas maravillosas que ocurren cuando lo hacemos. El mensaje de este maravilloso musical es que quien no se esfuerza por hacer realidad sus sueños, se arrepiente el resto de su vida. A veces uno sabe intuitivamente cuáles son sus sueños; o, en los términos de la negociación, sus objetivos. Otras veces los descubre durante un proceso más árido, más racional.

¿Se siente satisfecho? ¿Está logrando lo que desea en la vida? Si no es así, el problema puede ser que no se está fijando objetivos. O talvez sus objetivos son demasiado generales. Fijar objetivos, en la vida y en su próxima negociación, requiere invertir tiempo. Fijar objetivos es una extensión natural de la preparación adecuada (ver parte I). Los objetivos son la otra cara de los límites, que se discutieron en el capítulo anterior.

Puede que fijar objetivos (y más aún anotarlos) le asuste por el temor a fracasar. Cualquier atleta le dirá, sin embargo, que ese fracaso es parte del triunfo. En el béisbol, si puede llegar a primera base en sólo cuatro de diez intentos, se le considera un muy buen bateador.

No tiene que lograr todos los objetivos que se fije. Pero si quiere crecer de manera consistente, tiene que fijar objetivos personales y para su próxima negociación. Trazar objetivos tangibles es importante para ser exitoso. En negociaciones específicas, es un proceso esencial.

Fíjarse un buen objetivo

Fijar objetivos personales, para los demás o para su organización es una actividad práctica que exige preparación y concentración. Fijar objetivos no es pensar con el deseo. No es soñar despierto. Un *objetivo* es cualquier objeto o finalidad que usted se esfuerza por alcanzar. Por ejemplo, volverse rico y famoso puede ser el resultado de lograr ciertos objetivos, pero la fama y la fortuna no son objetivos en sí mismos. Decidir escribir un *bestseller* no es fijar un objetivo, es soñar despierto. Por otra parte, decidir escribir un buen libro sí es un objetivo (ambicioso, pero un objetivo). Las investigaciones demuestran que las personas que se fijan objetivos retadores y específicos logran más que las personas que no lo hacen.

Distinga entre un objetivo y un proyecto de vida. Si su proyecto de vida es convertirse en campeón olímpico, fije todos sus objetivos con esa finalidad. Hay muchos pasos en el camino que lo llevará a convertirse en campeón. Piense en su proyecto de vida; su objetivo en la negociación debe contribuir a su proyecto de vida en todos los tratos que cierre.

No confunda el hecho de fijar objetivos con el proceso de decidir cuál será su primera oferta. (Discutimos las primeras ofertas, u ofertas de apertura, al final de este capítulo.) Debe establecer sus objetivos personales antes de que se inicie la negociación. Obtenga toda la información que pueda, pero fije sus objetivos. Durante la negociación, mantenga la vista puesta en sus objetivos. Permanezca dispuesto a ajustarlos a medida que obtiene más información en el curso de las discusiones.

Decida si un objetivo es bueno antes de fijarlo, no después. A veces la gente dice: "Vaya, no nos fijamos un objetivo lo suficientemente alto". Si alguna vez ha dicho eso, es porque en el proceso de fijar objetivos faltaron uno o más de los aspectos descritos en las próximas secciones. Cada uno de esos aspectos es importante. No tiene que esperar hasta después de la negociación para descubrir si sus objetivos estuvieron bien establecidos. Puede evaluarlos a medida que los fija, comprobando si reúnen los aspectos que se detallan a continuación.

Participación activa de todos los miembros del equipo

Si usted representa a otra persona o forma parte del equipo de negociación de su empresa, el proceso de fijar objetivos es una actividad compartida. Su primera negociación es con los miembros de su equipo para asegurarse de que los objetivos que se fijen sean realistas y estén avalados por todos.

Es probable que haya alguien en su equipo a quien usted preferiría excluir de la sesión de planeación. Talvez el ritmo de esa persona es más lento que el suyo y usted teme que el trabajo del equipo se frene. O puede que esa persona sea difícil y nunca esté de acuerdo con el grupo. No ceda ante la tentación de excluir a esa persona: más tarde podría convertirse en un obstáculo, cuando se esté acercando el plazo para tomar decisiones. Asegúrese de que todos los miembros del equipo de negociación participen tanto como sea posible al establecer los objetivos. Hay personas que pueden no ser expresivas, pero deben estar involucradas así sea en forma pasiva. Todos deben estar de acuerdo con los objetivos; de esta manera es más probable que se apersonen de ellos y de los resultados.

Incluso si se trata de un objetivo personal que parece ser decisión suya únicamente, puede ser provechoso consultarlo con su familia y sus amigos. Son ellos quienes se ven afectados por sus decisiones. Si los involucra en el proceso de establecer objetivos, podrían ser una valiosa ayuda para lograrlos. Por ejemplo, si desea escribir un libro, su pareja puede participar, si no en cuanto al contenido, sí apoyándolo para impedir que permita que cosas menos importantes interfieran con su propósito. Expresarle su objetivo a otra persona hace que este se haga realidad.

Michael dice • Michael dice • Michael dice • Michael dice • Michael dice • Michael dice • Michael dice • Michael dice • Michael

Hablar de los objetivos

Aun al fijar un objetivo personal que usted cree que es decisión suya únicamente puede ser provechoso consultar con aquellos que se ven afectados por esa decisión. Cuando regresé a casa con mis primeros dos libros ...para Dummies bajo el brazo, después de dictar una conferencia en Toronto, los puse en manos de Mimi y exclamé: "¡Quiero que esta gente publique mi libro!"

Cuando Mimi hojeó los libros, estuvo de acuerdo con que mi enfoque de la negociación, con seis pasos fáciles de seguir, era adecuado para el formato de la serie. De hecho, Mimi me empujó a hacer la llamada inicial. Siguió motivándome y apoyándome para que no dejara que otras prioridades interfirieran mientras negociaba la posibilidad de escribir este libro. El hecho de que otra persona defendiera mi objetivo desde el principio me ayudó a realizarlo. Compartir el progreso con una compañera que me apoyaba disparó mi entusiasmo por el proyecto.

Pronto me di cuenta de que muchas de mis anécdotas incluían la frase "mi esposa, Mimi". En pleno proceso, los editores de la serie ...para Dummies lanzaron la idea de darle crédito a Mimi en la tapa.

Mientras trabajábamos juntos en la revisión de lo que yo había escrito, comenzó a crecer una plena coautoría. Habíamos impartido juntos cursos de negociación. Parecía una evolución natural hacia el libro escrito conjuntamente que usted está leyendo.

El apoyo incondicional de Mimi a mi filosofía de la negociación facilitó la publicación de este libro. Mucho antes de que yo firmara el acuerdo de publicación, Mimi se refería a mí como el autor de un libro sobre la negociación "a punto de publicarse". Ella creía firmemente en este objetivo y yo también comencé a creer en él. Establecer objetivos es el primer paso. Compartirlos puede contribuir a realizarlos.

Michael dice • Michael dice • Michael dice • Michael dice • Michael dice • Michael dice • Michael dice • Michael dice • Michael

Relación específica con la negociación en curso

Muchas personas se sienten frustradas porque nadie las escucha. Si se les pide que participen en un proceso para fijar objetivos, pueden dejarse llevar por la imaginación y llenar una lista de objetivos que no guarda relación con la negociación en que están participando. Este resultado es común en las negociaciones laborales. Cuando se les pide que cooperen, los empleados frustrados tienden a sentir que finalmente llegó su oportunidad de aliviar el enojo. Permitir que personas con motivaciones particulares descarrilen su objetivo puede impedir que usted logre lo que desea.

Esta advertencia, sin embargo, no contradice el buen consejo popular: "Preguntar no hace daño". Si sus objetivos están directamente relacionados con la negociación en curso, puede añadir a la discusión alguno no relacionado. Es posible traer a colación un tema ajeno a la negociación, pero es preciso estar preparado para dejarlo de lado si eso produce una reacción adversa. Aunque probablemente no haga daño pedir un par de cosas adicionales, hay que estar consciente de ello para no sabotear los objetivos principales de la negociación.

Mejor pocos que muchos

La negociación misma le indica cuántos objetivos específicos debe fijar. Es asombroso ver cuántos objetivos intentan meter en una negociación sencilla algunas personas. Reconozca que no podrá lograrlo todo en la misma negociación. Por ejemplo, si su prioridad es obtener un aumento salarial, no pida también un horario flexible de trabajo y un asistente. Poner simultáneamente demasiados temas sobre la mesa de negociación confunde. Los ojos de su jefe se nublarán y usted posiblemente no obtendrá nada.

Mejor específicos que generales

Sus objetivos no deben ser tan abstractos que nadie, ni usted mismo, sepa si los ha logrado. De ser posible, para evitar ambigüedades, cuantifíquelos.

Si va a vender su casa, no es un buen objetivo decir, por ejemplo, "Quiero tanto como pueda obtener". Seguramente eso es cierto, pero no le ayudará a lograr lo que busca. Un objetivo bien formulado en materia de precios debe incluir una cifra exacta, como $125.000 dólares. Si no puede ser tan específico, prepárese mejor. Vaya al capítulo 2 y lea un poco sobre la preparación para la negociación.

Exigentes pero posibles

Es seguro que nunca logrará más que los objetivos que se proponga. Se han hecho experimentos que comprueban esta tesis. ¡Sorpresa! Al mismo tiempo, además, debe mantener sus objetivos dentro de la realidad. De no hacerlo así, sólo estaría soñando despierto.

Si está pidiendo $125.000 dólares por su casa, y ninguna casa en su vecindario ha sido vendida por ese monto, ojalá tenga buenas razones para fijar una meta tan alta. Talvez hay un alza en el mercado de finca raíz. O talvez su casa es más grande y hermosa que las demás casas del vecindario. Talvez se está construyendo un importante complejo comercial cerca, que favorece la casa. Cualquiera de estos factores puede hacer factible un precio récord por su casa. Sin factores especiales como estos, estará perdiendo el tiempo si inicia la negociación con metas tan altas.

De la misma manera, asegúrese de que la meta de $125.000 represente un reto. Si todas las casas de la cuadra se venden por $125.000, ese precio no es una buena meta, a no ser que la suya esté en peor estado que las demás (en cuyo caso, considere algunas refacciones antes de negociar). Debe investigar un poco para justificar la solicitud de un precio superior al de las otras casas del vecindario. Por ejemplo, si se entera de que pronto se proyectan construcciones importantes en el vecindario, incorpore esa información en su estrategia de venta.

Muchas personas fijan objetivos personales demasiado modestos. Apunte alto o no apunte en absoluto. Tenga la seguridad de que la parte contraria en la negociación nunca le pedirá que eleve sus metas. Pero recuerde también que no tiene que volverse rico y famoso antes del desayuno. Los objetivos demasiado altos conducen a frustraciones y al fracaso de las negociaciones. Para la negociación específica que lo ocupa, considere el mercado, los precios actuales y las opciones que tiene a su disposición.

Ya puede ver que fijar un objetivo desafiante pero alcanzable exige contar con una buena cantidad de información — información que necesitará siempre antes de comenzar a negociar. Fijar objetivos le ayuda a comprobar si está preparado para la próxima negociación.

Clasificación según el nivel de importancia

Asegúrese de clasificar los objetivos en orden de importancia. Sería ideal lograr un consenso al clasificarlos, pero cada persona tiene intereses particulares. En esos casos, deje que la mayoría prevalezca y anote explícitamente el punto de vista de la minoría. Desde el principio, deje constancia del criterio de la minoría. Más tarde podrá permitir un nuevo debate del asunto, pero recuérdeles a los defensores de la opinión minoritaria que ya antes perdieron en la votación.

Es rara la negociación en que se logran todos los objetivos propuestos. Por eso es preciso decidir cuáles son los más importantes. Esta

Mimi dice • Mimi dice • Mimi dice • Mimi dice • Mimi dice • Mimi dice • Mimi dice • Mimi dice • Mimi • Mimi dice •

Fijar objetivos hasta que la muerte los separe

Michael y yo nos conocimos y nos casamos hace sólo unos años. Era mi primer matrimonio y yo tenía algo más de 40 años. Michael tenía algo más de 50. Discutimos nuestros objetivos a largo y a corto plazo pronto y detalladamente. La noche en que nos conocimos él me dijo que tenía hijas adolescentes. Yo le dije que no quería hijos propios. Entonces, aun antes de iniciar una relación, nos aseguramos de que nuestros objetivos a corto plazo no incluyeran tener y criar niños pequeños; nos interesaba más educar a las adolescentes de él para que se convirtieran en personas adultas, productivas y felices.

Me asombra ver cuántas parejas esperan que la decisión de tener hijos se resuelva por sí sola. Muchas personas asumen que su compañero pensará de igual manera que ellas.

Mi hermana sabía qué hacer. Ella y su esposo negociaron intensamente durante diez años antes de casarse. La negociación se centró en si iban a tener hijos y en qué religión los educarían, pues era un matrimonio de dos religiones. Los dos aclararon sus objetivos, y sus hijos son felices y están libres de confusiones. Mi hermana y mi cuñado han orientado grupos de parejas de religiones diferentes que necesitan negociar objetivos consensuados.

Nuestros objetivos a largo plazo para la jubilación también eran importantes en esta fase de la vida de Michael y mía. Estábamos de acuerdo con las ideas generales: íbamos a viajar un año y a instalarnos por fuera de Estados Unidos, cerca del agua y las montañas, en un país menos desarrollado y con clima tropical. Teníamos que negociar los detalles: qué íbamos a hacer en ese escenario ideal. Michael quería comprar y administrar una pequeña pensión. Después de capacitar gerentes durante tantos años, yo sabía que no quería administrar personal durante mi jubilación. Mi idea era tumbarme en una playa, meditar y escribir más libros. A lo largo de los últimos años hemos llegado a un arreglo. Tendremos primero nuestra casa propia, y después la ampliaremos y veremos cómo funciona eso. Ambos podemos aceptar ese objetivo. Como vamos, vamos bien.

Mimi dice • Mimi dice • Mimi dice • Mimi dice • Mimi dice • Mimi dice • Mimi dice • Mimi dice • Mimi • Mimi dice • Mimi dice

decisión puede ser controvertida. Las partes con frecuencia renuncian al paso crítico de establecer prioridades en aras de la conservación de la paz. Al hacer esto, sin embargo, sólo están postergando la controversia para un momento posterior, probablemente peor, cuando se necesite, por ejemplo, que el equipo permanezca unido, cuando no haya tiempo suficiente para tratar un asunto lateral, cuando lo que esté en juego parezca mejor porque es más inmediato, y cuando una distracción en la negociación sea más nociva. ¡Qué desastre! Agarre el toro por los cuernos y aglutine al equipo en torno a este importante tema cuando haya acuerdo sobre la lista de objetivos.

Objetivos a largo y a corto plazo

Fije sus objetivos para una determinada negociación sin perder de vista los objetivos a largo plazo que se ha trazado para la vida, pero mantenga los pies puestos sobre la tierra. Usted quiere lograr el objetivo inmediato de la negociación en curso, pero también desea que cada negociación que haga lo acerque al logro de los objetivos fundamentales para su vida. Sus objetivos en cualquier negociación deben ayudarle a avanzar por la senda que se ha trazado en la vida.

Por ejemplo, nosotros teníamos el objetivo a largo plazo de publicar un libro muy completo sobre la negociación. Cuando iniciamos las conversaciones con los editores de la serie ...para Dummies, había otras alternativas. Esta se convirtió en una negociación específica con un objetivo específico a corto plazo: ¡selecciónennos a nosotros! Y así lo hicieron. Nuestro objetivo a largo plazo todavía estaba pendiente. La resolución exitosa de la negociación a corto plazo nos acercó un paso hacia él.

Una vez que se resolvió esta negociación, vino la negociación del contrato de publicación. Para ese fin contratamos a un abogado de Nueva York, quien obró su magia rápida y eficazmente. En lo fundamental, el contrato fue aceptado tal como fue presentado, con algunas aclaraciones pero muy pocos cambios de fondo. Al remitir el manuscrito final, nos enfrentamos a toda una ronda de negociaciones específicas con diversas librerías, revistas y tertulias televisivas que nos ayudarían a promover y vender el libro.

La oferta de apertura

La *oferta de apertura* no es ni más ni menos que la primera enunciación específica de lo que se está buscando en una negociación. Una vez que haya formulado sus objetivos para la negociación, puede pensar en la oferta de apertura. No espere reglas irrevocables o fórmulas mágicas. Para determinar la oferta de apertura debe basarse en los objetivos y límites que se ha fijado y en la información que ha reunido durante la etapa de preparación para la negociación. Evidentemente, su oferta de apertura debe ser más alta que la meta que se haya fijado. Pero no debe ser tan alta que resulte chocante para la parte contraria en la negociación, ni que lo haga parecer tonto o carente de experiencia. La figura 5-1 describe esta relación.

Que la suma que usted declara en la oferta de apertura sea más alta o más baja que la suma que usted pretende obtener en la negociación depende de si es comprador o vendedor (una buena preparación le permite determinar qué tan alta o tan baja es):

✔ Si usted es el vendedor, su oferta de apertura nunca debe ser más baja que el objetivo que se ha fijado.

✔ Si usted es el comprador, su oferta de apertura nunca debe ser más alta que el objetivo que se ha fijado.

A lo largo de los años hemos visto que a la gente le preocupa mucho la oferta de apertura. Temen arruinar a negociación si precipitan una exigencia demasiado modesta o demasiado ambiciosa. Su nivel de ansiedad es un indicador de qué tan bien preparado está. Parte de estar bien preparado es conocer los valores relativos. Si conoce el valor de lo que ofrece, la oferta de apertura es fácil de establecer; simplemente decida cuánto margen quiere permitirse para negociar.

Tome en consideración su oferta de apertura aun si no proyecta expresarla abiertamente. Este enfoque acelera su reacción ante cualquier oferta que le haga la otra parte.

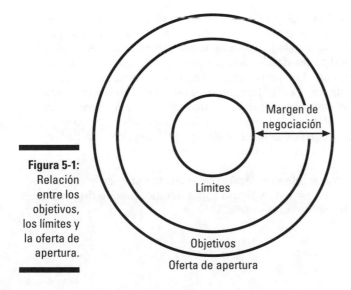

Figura 5-1:
Relación
entre los
objetivos,
los límites y
la oferta de
apertura.

Margen de
negociación

Límites

Objetivos

Oferta de apertura

Michael dice • Michael dice • Michael dice • Michael dice • Michael dice • Michael dice • Michael dice • Michael dice • Michael

Abrir con una cifra alta o una cifra baja

Hay un agente en la ciudad que siempre abre las negociaciones con cifras mucho más altas que aquellas con las cuales piensa terminar. Yo siempre le ofrezco cifras escandalosamente bajas, sabiendo que a él le agrada este proceso.

Por otra parte, vendí exitosa y rápidamente mi casa en Beverly Hills durante un período de crisis en el mercado de finca raíz, fijando el precio sólo $5.000 dólares por encima del que pensé que sería el precio de venta

final. Basé el monto en el precio de una casa cercana que había sido vendida dos meses antes. Esa casa era casi del mismo tamaño que la mía, pero sin la piscina. Entonces yo añadí una suma pequeña por la piscina y planté flores a lo largo de la entrada. ¡La atención que se generó hizo que la casa se vendiera exactamente al precio solicitado! Cerré el negocio durante un bajón sin antecedentes en el mercado de finca raíz en California del Sur.

Michael dice • Michael dice • Michael dice • Michael dice • Michael dice • Michael dice • Michael dice • Michael dice • Michael

Las ofertas de apertura y el estilo con que se presentan varían en todo el mundo. Dos ejemplos completamente opuestos son Japón y casi cualquier lugar en el Medio Oriente.

Japón

En una negociación en Japón, nadie se concentra inmediatamente en el mínimo precio aceptable. Al contrario, se produce una larga discusión. Con frecuencia la negociación incluye una o dos comidas más. Entrar en detalles demasiado pronto en una negociación no se considera prudente. Los japoneses saben que las cosas cambian, que nadie puede predecir el futuro con exactitud, y dejan un margen para acomodar cambios en sus contratos escritos. No intentan prever todas las contingencias legales cuando preparan un contrato. Minimizan los riesgos de esta flexibilidad legal negándose a hacer negocios con personas en quienes no confían.

Para negociar con alguien de Japón, se necesita establecer primero una base de confianza. Este vínculo toma tiempo: tiempo durante la cena, tiempo tomando unas copas.

Medio Oriente

La gente del Medio Oriente a menudo hace una oferta rápida y (según les parece a los estadounidenses, por lo menos) estrafalariamente alta. Este es el distintivo de las negociaciones en el Medio Oriente. La tradición es lanzar cifras exageradamente más altas que el nivel en el que se espera terminar. Se presume que la reacción será de gran agitación, pero sin ira ni ataques personales. Tales manifestaciones significarían el fin inmediato de la discusión.

Sigue entonces un vaivén ceremonial, de aquí para allá, con cifras que tienden a mantenerse muy apartadas entre sí. Ambas partes se mueven alrededor del precio objetivo con todo tipo de pavoneos. Es como si estuvieran probando la temperatura del agua para ver si el trato resulta seguro. Si la prueba es satisfactoria, revelan el precio real. Si no lo es, este nunca se divulga. O usted paga el precio exorbitante o sigue su camino.

Infortunadamente, muchos occidentales no entienden la diferencia entre el ritual inicial y la verdadera oferta y aceptación que vienen mucho más tarde. Si se encuentra en el Medio Oriente, participe con entusiasmo en la ceremonia. Tal participación es esencial para desarrollar una relación apropiada. Cada país tiene matices propios, pero el aspecto primordial en las negociaciones en los países del Medio Oriente es la gran diferencia entre el precio que se pide al inicio de la negociación y el precio real.

No tallar los objetivos en piedra

Fije sus objetivos, pero no los talle en piedra. Los objetivos pueden cambiar en el curso de la negociación y a lo largo de la vida.

En las negociaciones hay que enunciar los objetivos que se tienen. Si se formulan como exigencias inalterables, se genera una terrible dinámica. Los objetivos son objetivos. Hemos discutido los límites en el capítulo 4 y las ofertas de apertura en la sección precedente. Si logra mantener separados en la mente estos tres conceptos, sus negociaciones comenzarán y se cerrarán más satisfactoriamente.

Aunque no cambie de objetivos, debe revisarlos antes de cerrar el negocio. También debe revisarlos después de haber cerrado el negocio. Si los encuentra demasiado altos, o muy bajos, piense qué información le faltaba antes de trazarlos e impidió que diera en el blanco. No se atormente si concluye que sus metas hubieran debido ser más altas. Recuerde por qué cerró el trato que cerró y aprenda de la experiencia.

Parte III

Cómo mantener la distancia emocional

"¡Contrólate por favor! ¡Estamos a punto de conseguir la miniserie Godzilla y no puedes darte el lujo de perder la distancia emocional de esta manera!"

En esta parte...

*E*stá ansioso por negociar… ¿entonces por qué le decimos que se calme? Porque interponer cierta distancia emocional entre usted y la negociación le da una posición de ventaja. Lea esta parte para aprender cómo las emociones pueden beneficiar o perjudicar una negociación, y cómo encontrar su botón de pausa para poner las emociones en espera.

Capítulo 6

El botón mágico de pausa

En este capítulo

▶ Descubra su botón de pausa

▶ Cuándo y cómo oprimir "pausa"

▶ La pausa durante las negociaciones con carga emocional

*T*odos los negociadores expertos poseen una cierta habilidad que intimida, que inspira asombro o que simplemente deja a los demás por el suelo. No es fácil identificar esa destreza esencial para la negociación mientras se está en presencia del negociador experto, pero a lo largo de los años hemos descubierto que la capacidad de conservar la distancia emocional de lo que sea que se esté discutiendo constituye la diferencia entre un magnífico negociador y un simple negociador con suerte.

La mejor manera que conocemos de mantener esa distancia emocional en una negociación es la técnica que llamamos *oprimir el botón de pausa*. Saber cuándo y cómo oprimir el botón de pausa no sólo le confiere un aire de serenidad y confianza sino que también le da el control sobre todos los puntos críticos de la negociación.

Qué es el botón de pausa

Oprimir el botón de pausa no es más que un método para preservar algo de distancia emocional en situaciones de alta tensión en la casa, en el trabajo y en cualquier lugar donde necesite un poco de espacio. Enseñamos este método en nuestros cursos de negociación para explicar que la espera es positiva, que a veces no hacer nada es hacer lo correcto. Les decimos a nuestros estudiantes: "Si se están sintiendo tensos, no hagan nada… quédense ahí sentados".

Oprimir el botón de pausa significa simplemente poner las negociaciones en espera un momento, una hora o una noche, mientras se organiza. Todo el mundo tiene un botón de pausa, por así decirlo, y cada cual lo oprime de una manera diferente.

Cuando usted oprime su botón de pausa, congela la negociación — de la misma manera como congela un video en la pantalla del televisor con el control remoto. Usted se aleja física o psicológicamente para revisar el trabajo que ha hecho hasta ese momento y para verificar su plan para lo que resta de la negociación. Se toma un descanso. Puede ser puramente mental, puede ser imperceptible para la otra parte, pero se da el tiempo que necesita para estudiar las cosas antes de continuar.

Esta revisión minuciosa es una actividad independiente de los demás elementos básicos de la negociación. Le da la oportunidad para recuperar el control, recobrar el aliento y asegurarse de que no le falta nada. El botón de pausa le da ese poquito de distancia emocional que le permite tomar las decisiones que desea tomar en sus negocios y en la vida.

Oprimir el botón de pausa le permite revisar todo el proceso de negociación y asegurarse de que no está pasando nada por alto. Le ayuda a no sentirse acorralado. Al oprimir el botón de pausa evita que sus emociones dominen (y dañen) la negociación.

Cómo decirle a la otra persona que usted necesita una pausa

Cada persona tiene una manera diferente de oprimir el botón de pausa. Cómo lo hace depende a veces de la situación:

✔ Pida que le concedan una noche para repensar la negociación. La mayoría de las personas respetarán su solicitud para hacer esa consulta con la almohada.

✔ Discúlpese para ir al baño. ¿Quién le va a negar semejante solicitud?

✔ Para hacer una pausa corta, reclínese en la silla y diga: "Un momento, tengo que pensarlo bien". Para añadir un toque dramático, cierre los ojos o frótese la barbilla.

✔ En una situación de negocios, tener que consultar con alguien antes de dar una respuesta definitiva es una excusa práctica para oprimir el botón de pausa. Diga simplemente: "Tengo que discutir esto con mi socio (o familia, o consultores, o lo que sea) y le avisaré mañana a las 9 de la mañana".

Michael dice • Michael dice • Michael dice • Michael dice • Michael dice • Michael dice • Michael dice • Michael dice • Michael

Experiencias de un chico de 9 años con el botón de pausa

Mi madre me envió una vez a pasar un verano con mi tío, que vivía en Georgia. Rápidamente noté con cuánta cautela respondía él preguntas que mi madre hubiera contestado rápidamente. Con frecuencia, cuando yo le hacía alguna solicitud, él me hacía algunas preguntas. Si aún no estaba listo para responder, ¡encendía la pipa!

Apisonaba ceremoniosamente el tabaco en la pipa, lo encendía con una larga cerilla de madera y después inhalaba profundamente y contenía la respiración durante lo que parecía una eternidad, antes de exhalar lentamente el tenue humo azul hacia el espacio silencioso y expectante. Ocasionalmente repetía todos los movimientos, aunque yo estaba seguro de que la pipa estaba encendida.

Todo lo que seguía parecía sabiduría pura. ¡Qué ingenioso era mi tío! Su sabiduría no estaba tanto en la decisión que anunciaba, sino en la cómoda y discreta manera en que oprimía el botón de pausa.

La diferencia entre el negociador experto y el simple buen negociador está en darse un poco de tiempo para evaluar la negociación y distanciarse de ella.

Michael dice • Michael dice • Michael dice • Michael dice • Michael dice • Michael dice • Michael dice • Michael dice • Michael

A veces es recomendable admitir desde el principio de la negociación que no se cuenta con todo el poder de decisión. Aclare que hay alguien en una posición superior que debe aprobar cualquier decisión que se tome. De esa manera, la parte contraria en la negociación no se enojará con usted. Mencionar eso al comienzo de la negociación establece formalmente el botón de pausa y da el tono para una discusión reflexiva y ponderada.

Tomar apuntes es útil en diferentes momentos de la negociación. Uno de los mejores momentos para sacar el bolígrafo es cuando se necesita una pausa. Anotar declaraciones confusas o molestas es una excelente manera de oprimir el botón de pausa. En lugar de dejar escapar una respuesta inadecuada o airada, dígale a su interlocutor que espere un momento mientras usted anota el comentario. Pedirle a la parte opuesta en la negociación que le permita verificar si entendió correctamente el mensaje puede ser muy eficaz si sospecha parcialidad hacia usted o hacia su empresa. El proceso de poner por escrito esas palabras por lo general hace dar marcha atrás al otro, o mejor aún, lo incita a retirar sus palabras. Verá que la mayoría de la gente no desea que sus prejuicios aparezcan por escrito, a la vista de todo el mundo.

Saber cuándo hacer una pausa

Haga uso del botón de pausa en todo momento crítico para evaluar la negociación o para decidir cuándo cerrar el negocio. No dude en usarlo cuando se esté sintiendo bajo presión.

Desde luego, el valor de la pausa depende de cómo la aprovecha. Hágase preguntas específicas durante esos breves descansos. Las circunstancias son diferentes en cada negociación. Normalmente necesita reflexionar sobre un punto específico. Talvez quiera revisar las otras cinco destrezas esenciales en una negociación:

✔ **Preparación:** ¿Necesita algún elemento adicional de información?

✔ **Fijar límites:** Considerando la información adicional que ha adquirido durante la negociación, ¿siguen siendo viables los límites que había fijado anteriormente?

✔ **Escuchar:** ¿Oyó todo lo que dijo la otra persona? ¿Lo dicho era coherente con su lenguaje corporal y con todo lo demás que ocurrió durante la negociación?

✔ **Ser claro:** ¿Hay algo que usted quisiera haber expresado más claramente o en forma más directa?

✔ **Saber cuándo cerrar el trato:** ¿Ha tenido el suficiente tiempo para considerar la propuesta final antes de aceptarla?

Una vez que tiene conciencia de la existencia del botón de pausa y de qué hacer durante la pausa, una rápida revisión, como la que se describió arriba, se vuelve casi automática. A veces simplemente permite darle un descanso a la mente. Otras veces estará oprimiendo el botón de pausa para todos los involucrados en la negociación, especialmente si el ambiente está algo caldeado.

Las partes pueden dejarse llevar por las emociones durante la negociación. Temen perder autoridad. Se enojan o desconfían del otro. Se enamoran del negocio y pasan por alto información importante para la toma de decisiones, especialmente si la mejor decisión es olvidarse del negocio. Permiten que su estado de ánimo, o el del otro, domine las sesiones, haciendo que las negociaciones pierdan el rumbo. Estos problemas desaparecen con el uso del botón de pausa.

Si quiere observar a un negociador con la mano firme sobre el botón de pausa, vea la película de HBO, *Barbarians at the Gate*. El protagonista de la película es James Garner, en el papel del presidente de la empresa de alimentos Nabisco, y describe sus esfuerzos por adquirir la compañía. Infortunadamente para él, otro comprador, representado por Jonathan Pryce, está mejor preparado y lleva consigo a todas partes un botón de pausa. Obsérvelo ganarse millones de dólares postergando una hora el cierre de un negocio. No es una película para toda la familia. El vocabulario soez y las referencias sexuales innecesarias hicieron que le pusieran una calificación res-

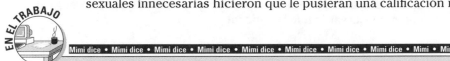

Mimi dice • Mimi dice • Mimi dice • Mimi dice • Mimi dice • Mimi dice • Mimi dice • Mimi dice • Mimi • Mimi dice •

No sea animal, ¡acuérdese de su botón de pausa!

El botón de pausa es una de las cosas que nos diferencian de los animales. Mi gato Linguini no tenía botón de pausa. Se enloquecía cada vez que oía el sonido del abrelatas eléctrico: maullaba, saltaba, me arañaba las piernas. No era capaz de oprimir el botón de pausa y pensar, antes de gastar toda esa energía: "¿Es eso mi atún, o es el tuyo?"

Desde luego, a veces la gente olvida que tiene un botón de pausa —especialmente cuando alguien está apretando nuestros botones. Por ejemplo, usted le pide a un colega que haga un trabajo, y esa persona responde: "Eso no me corresponde a mí". Mientras a usted se le sube la presión arterial, puede sentirse tentado a contestarle en los mismos términos: "¡Pues tampoco a mí, idiota!"

Esa respuesta puede pasar por su mente, pero no debe pasar por sus labios. Tiene un botón de pausa. Cuando lo oprime, es consciente de que si pronuncia esas palabras, no logrará terminar la tarea y ofenderá a su colega. Mejor diga algo así: "Ya entiendo".

Y si entiende. Sabe que su colega se siente abrumado de trabajo y mal remunerado. ¿No nos sentimos así todos? Usted puede decirle: "Sé que estás agobiado, pero hay que terminar esta tarea a tiempo. ¿Puedes dedicarle unos minutos?" Y comienza la negociación. Ahora es posible que obtenga lo que desea. ¡Me gustaría ver un gato lograr algo así!

Mimi dice • Mimi dice • Mimi dice • Mimi dice • Mimi dice • Mimi dice • Mimi dice • Mimi dice • Mimi • Mimi dice • Mimi dice

tringida (R). La película es una lección rápida y emocionante en la negociación de alto riesgo. Los aspectos principales que separan al ganador del perdedor son la preparación y el uso eficaz del botón de pausa.

Hacer un alto antes de ceder

Cada concesión que se hace exige oprimir el botón de pausa. Ese momento de reflexión le da significado a la concesión. Debe tratarla como algo significativo, o no se notará que cedió y la otra parte no sentirá que ganó algo. Ninguna concesión carece de importancia. Si se detiene a reflexionar sobre cada concesión, esta no habrá sido en balde.

Lo anterior no es mero teatro. Hacer una pausa antes de ceder, por breve que sea, le otorga cierta importancia al hecho. Desde luego, usted querrá asegurarse de tener siempre algo en qué ceder para así poder conservar lo que le importa.

El ejemplo más obvio y más fácil es ceder demasiado rápido en el precio. Con mucha frecuencia, una concesión rápida priva a la parte contraria de la placentera sensación que cualquiera se merece después de un buen regateo. Le deja la idea de que fijó un precio demasiado bajo y de que hubiera podido obtener más si hubiera sido más sagaz. Aunque puede ser cierto, ¿qué ventaja representa eso para usted? Ninguna. Peor aún, ahora la parte contraria va a intentar evitar cometer el mismo error en la próxima negociación, o querrá compensarlo adoptando una línea dura en otros aspectos del negocio.

Hacer un alto bajo presión

Algunos negociadores utilizan la presión para obtener lo que quieren. No ceda ante este tipo de presiones. Dígales a quienes lo estén acosando para que tome una decisión que si no le permiten utilizar su botón de pausa, no va a continuar negociando. A veces su botón de pausa es la única defensa que tiene contra la presión de que tome una decisión a la velocidad que requieren otras personas.

Las decisiones que se toman bajo presiones artificiales —especialmente presiones de tiempo impuestas por la otra parte en la negociación— con frecuencia salen mal, simplemente porque quien toma la decisión no tiene suficiente tiempo para consultar con su consejero más allegado, su voz interior. (El capítulo 10 puede ayudarle a ponerse en contacto con su voz interior.)

Es lamentable que muchas mujeres todavía toman decisiones antes de sentirse listas para ello. A muchas les han enseñado que deben responder las preguntas cuando se las formulan y pueden llegar a olvidar que tienen el derecho de tomarse el tiempo que necesitan para hacerlo. Cualquiera que intente impedir que utilicen el botón de pausa está, de hecho, intentando interferir en su toma de decisiones. Si usted llega a encontrarse en una situación así, dése permiso para hacer un alto. No diga "No soy capaz de decidir". Diga "Voy a pensar en lo que usted me ha dicho y le avisaré mañana".

Si siente presión para que decida algo de inmediato, tómese unos minutos para considerar si es razonable la urgencia. Ciertas circunstancias externas sí requieren decisiones inmediatas; pero son pocas y son poco frecuentes.

Si usted no es el único que hace pausa

Ser consciente de la existencia del botón de pausa lo distingue a usted de otros negociadores. Pero no se preocupe si la parte contraria en la negociación también conoce esta técnica. No perciba el botón de pausa como su arma supersecreta, pues si su contraparte tiene un botón de pausa, las conversaciones proceden aún con mayor fluidez y se llega a una resolución más satisfactoria.

A veces usted puede tener la sensación de que la persona con quien está negociando necesita oprimir el botón de pausa. Nunca se lo diga directamente. En lugar de eso, exprese su propia necesidad de hacer un alto. No ahorre palabras. Diga "Necesito un descanso" o "Me parece que los ánimos se están caldeando un poquito. ¿Puedo tomarme cinco minutos?" o "Dejémoslo así por un rato. ¿Podemos volver a reunirnos mañana por la mañana y retomar el tema?"

Si alguien solicita una pausa, evite a toda costa rechazarla. Si una persona requiere tiempo para pensar o para poner en orden sus ideas, permítaselo. Es más, haga una pausa usted también. Pero permanezca alerta: si tras una o dos pausas llega a la conclusión de que la otra persona está dispersa o no está prestando atención, puede decidir alargar una sesión. Debe aclarar si está haciendo uso del botón de pausa o si simplemente está intranquila o cansada.

Hacer uso del botón de pausa para salvar vidas

El ejemplo más dramático de un buen uso del botón de pausa ocurre durante una toma de rehenes. Habitualmente, una situación de toma de rehenes surge cuando un robo sale mal. Con los rápidos sistemas de comunicaciones de hoy en día, la policía llega a la escena del crimen cuando el malhechor está saliendo por la puerta principal, lo que lo obliga a devolverse corriendo al interior del edificio. Cuando eso ocurre, el criminal, asustado, se siente atrapado y tiene un nuevo problema entre manos: la captura no planeada de las personas que están dentro del banco o la tienda.

Los agentes de policía tienen ahora que negociar la liberación de los rehenes. La misión de la policía es sencilla: no hacer nada que pueda poner en peligro a los rehenes o que impida que salgan sanos y salvos.

Las cámaras de televisión suelen enfocar a un policía sereno, entrenado como negociador principal. ¿De dónde viene tanta serenidad? La verdad es que nadie puede garantizar serenidad constante.

Por eso, un miembro del equipo de apoyo está a cargo del botón de pausa. Su tarea principal es evaluar permanentemente la situación para asegurarse de que los agentes mantengan la serenidad, sin aspiraciones de figuración y sin heroísmos. El negociador principal insiste en tomarse el tiempo necesario para entender en detalle las exigencias del captor. Sin esa pausa, el captor rara vez reflexiona con cuidado o expresa sus exigencias con tanta precisión. Si las demandas se expresan claramente y sin emociones, la mayoría de las veces la negociación se cierra exitosamente. El captor suele salir con las manos en alto.

La próxima vez que vea una situación como esta en la televisión, intente ubicar al agente que permanece cerca del negociador principal. Esa persona probablemente es el guardián del botón de pausa. ¿No sería maravilloso tener a una persona encargada de hacer que usted mantenga la calma en su vida? Pero usted está solo; tiene que encargarse del botón por sí mismo.

Temas candentes

Cuando esté negociando algo con lo cual tiene vínculos emocionales, debe asegurarse de tener a la mano el botón de pausa. Úselo en todo momento para evitar que su lado emocional provoque una decisión precipitada. Asegúrese de recordar los límites que fijó antes de sentarse a negociar, de tal manera que no haga un mal negocio movido por sus emociones.

Ninguna destreza es tan útil como el botón de pausa en una situación cargada de emociones. Casi por definición, uno no se puede preparar de antemano totalmente para tales situaciones. Un uso sensato del botón de pausa puede equilibrar la situación. Oprimir el botón de pausa produce mejores resultados... o por lo menos resultados con los cuales va a sentirse mejor.

Divorcio

Puesto que el botón de pausa es tan importante cuando se negocia un tema de alto contenido emocional, por lo general se recurre a un tercero durante un proceso de divorcio: un abogado o un consejero familiar, por ejemplo. La pareja le asigna a esa persona la tarea de hacer seguimiento a la situación; esa persona verifica una y otra vez que las emociones no obstaculicen una buena toma de decisiones, y oprime el botón de pausa cuando lo considera necesario.

Un hombre que le grita al abogado "De acuerdo, ¡que ella se quede con todo!", casi con toda seguridad se arrepentirá de haber dicho eso. Una mujer que suspira "De acuerdo, por el bien de los niños", seguramente va a sentir resentimiento con esa decisión... y a veces también con los niños que la motivaron.

El abogado de divorcios inteligente no finaliza el acuerdo sin dejar que pase algún tiempo. Si alguna vez usted se encuentra en tal situación, acuérdese del botón de pausa. Asegúrese de que su abogado también tenga uno a la mano. No es el momento de cometer imprudencias.

Enfermedad

Cuando uno de los padres va a fallecer, suele ocurrir que cada uno de los hijos tenga una idea diferente de lo que ese ser querido quiere (la idea depende en gran medida de lo que quiere el hijo). El tiempo parece tan precioso. Las decisiones son abrumadoras.

La oración o la meditación pueden ser excelentes botones de pausa, hasta para los no creyentes. Las respuestas surgen de los momentos de tranquilidad y no de las consultas angustiosas con los profesiona-

Un alto para evaluar los daños

Aun en el caso de pérdida total de un objeto cuyo precio usted conoce, debe oprimir el botón de pausa. Cuando me robaron el computador de la oficina, declaré de inmediato el precio del equipo. El seguro ofreció reembolsar ese valor, con una pequeñísima reducción. Agregó incluso una pequeña suma por el software. Le dije al asegurador: "Está bien, mándeme los papeles". Cuando salía de la oficina, mi secretaria explotó: "¿Van a mandar a alguien que vuelva a capturar toda la información?" Teníamos algunas copias de seguridad, pero no estaban completas.

Volví a mi oficina, llamé al asegurador y le dije que necesitaría uno o dos días para poder darle la cifra definitiva. Él protestó: "Yo creí que acabábamos de resolver esto". Le respondí que aún no conocía la envergadura de la pérdida y que lo llamaría en un par de días. Cuando se trata del botón de pausa, más vale tarde que nunca.

les de la medicina, aunque esta sea parte importante de la preparación para tomar tales decisiones.

Incendios, terremotos y otros desastres

Los reclamos al seguro —por incendio, accidente, terremoto o enfermedad— son situaciones angustiosas. El asegurador que se presenta inmediatamente después de la tragedia no sólo está brindando un buen servicio sino que está aprovechando la oportunidad de atender el reclamo en las circunstancias más favorables para la compañía de seguros. Inmediatamente después de un desastre es más probable que usted haya extraviado su botón de pausa. La probabilidad de obtener una respuesta positiva de usted es más alta que nunca en ese momento porque usted no tiene tiempo de pensar en una serie de cosas. El tiempo es su amigo. Úselo.

Si se encuentra en una de estas tristes circunstancias, escuche al agente de la compañía de seguros y trate de que la aseguradora le haga un pago parcial, pero no ceda todos sus derechos. En los meses siguientes podría encontrar nuevos elementos de daño o pérdida.

Vender un objeto que ama

Hasta el acto de vender requiere cierto grado de distancia emocional. Si decide vender un objeto con el cual tiene un vínculo afectivo especial, oprima el botón de pausa. Aclare muy bien por qué va a vender el objeto.

A veces parece más fácil evitar pensar en la venta. Si alguien le dice que piense con cuidado por qué va a vender algo que ama, su primera reacción puede ser: "No quiero ni pensarlo". Pero esa es precisamente la razón por la cual tiene que pensarlo. Con el tiempo, y pensando, talvez pueda llegar a un arreglo especial. Por ejemplo, podría encontrar a alguien amistoso que haga las veces de casa de empeños, compre su bote, caballo u obra de arte, y le otorgue el derecho de recompra cuando vuelva a estar solvente. O un miembro de su familia podría comprar ese objeto, de modo que al menos usted podría verlo de vez en cuando.

Si tiene que separarse de un bien personal muy preciado, es posible que nunca se recupere del todo del sentimiento de pérdida. Pero si reflexiona con calma por qué y a quién le va a vender el objeto, a menudo puede suavizar el golpe.

Capítulo 7

El manejo de puntos críticos

En este capítulo

▶ Manejar puntos críticos en una negociación

▶ Conservar la calma en presencia de personas difíciles

▶ El reto de las relaciones de vieja data

Todo el mundo experimenta emociones y reacciones. Sólo por el hecho de estar involucrado en una negociación, eso no significa que usted vaya a permanecer sereno durante todo el proceso. De hecho, cuanto más importante a nivel personal es para usted la negociación, más probable es que le suscite emociones.

La capacidad de tener una respuesta emotiva es parte integral de todo ser humano saludable. Cuando siente que las emociones se le están acumulando por dentro, asumir el control consiste en utilizar a su favor esas emociones, en lugar de permitir que ellas lo conduzcan a la derrota o lo hagan explotar. Este capítulo presenta las emociones que suelen surgir en cualquier tipo de negociación —familiar o laboral— y sugiere maneras de controlarlas tanto en usted como en los demás.

Cómo mantener el control de los puntos críticos

Para negociar magistralmente es preciso mantener bajo control las emociones. Esto significa, en primer lugar, tener confianza para asumir el control y habilidad para canalizar las emociones eficazmente en la medida en que progresa la negociación. Normalmente consigue hacerlo, excepto cuando le tocan sus puntos críticos. Los *puntos críticos* son estímulos que desencadenan una respuesta de resistencia y hacen que la persona tienda a perder el control.

Los negociadores (y, de hecho, la gente en general) enfrentan muchas emociones diferentes todo el tiempo. En este capítulo discutimos los puntos críticos que surgen más comúnmente durante una negociación.

Oprimir el botón de pausa en casos de ira

Las negociaciones implican el riesgo de alterarse. Cuando la gente no obtiene lo que desea, la respuesta natural es sentir enojo. Todo el mundo sabe lo que se siente: la presión aumenta dentro del cuerpo. Uno cree que va a explotar, y a veces explota. No obstante, tiene la capacidad de expresar la ira con calma pero con firmeza. A veces la ira es útil para ayudar a definir los propios límites (de hecho, uno se enoja porque ha permitido que alguien los transgreda).

Cuando esté genuinamente enojado por algo que ha ocurrido en una negociación, lo mejor suele ser comunicarlo a la parte contraria en la negociación. He aquí nuestro consejo: Hable en primera persona; diga, por ejemplo, "Estoy enojado porque…". Evite hacer afirmaciones en segunda persona, como "Te equivocas porque…". Tales comentarios aumentan la carga emocional de la situación.

Recuerde que un factor clave en las negociaciones eficaces es la comunicación honesta entre las partes. Si usted está enojado por algo que ocurrió, debe manifestarlo. Las personas no son adivinas. No saben cuándo han transgredido los límites. Deje que pase algún tiempo después del incidente, pero no permita que se olvide el asunto, especialmente si su relación con la otra parte es importante para usted.

Expresar entusiasmo

No creemos en secretos ni trucos en las negociaciones. De hecho, en este libro insistimos en que ambas partes de la negociación deben estar igualmente bien preparadas. Así es más divertido.

Las siguientes son pautas para la expresión de entusiasmo durante una negociación:

✔ No tema demostrar que desea algo realmente… que le gusta… que le parece maravilloso… que haría cualquier cosa para poseerlo, etc., etc.

Aprovechar la ira para redefinir límites

No hace mucho tiempo yo estaba negociando los detalles de una importante presentación en uno de los teatros más destacados de Los Ángeles. El productor y yo habíamos llegado a un acuerdo sobre los aspectos generales: las fechas, el precio de los tiquetes y temas similares. Pero estábamos teniendo enormes dificultades con los detalles.

Mi cliente había estado discutiendo algunos aspectos técnicos directamente con el productor. Los ánimos se caldearon. Alzando la voz, y en un tono de "le enseñaremos una lección", el productor le dijo a mi cliente que entonces el espectáculo no se presentaría en Los Ángeles.

Un par de semanas después los ánimos se tranquilizaron. Mi cliente no quería armar un lío por eso. Yo le hice ver la utilidad de los comentarios constructivos, y cuando tuve la oportunidad de hablar con la abogada del productor, le dije cuán errado me parecía el enfoque de su cliente. Con toda tranquilidad, le expresé que las amenazas de incumplir nuestro acuerdo escrito me disgustaban mucho, que no tenían cabida en nuestra relación y que mi cliente también estaba enojado.

Su reacción inicial fue la misma de mi cliente: "Oh, eso ya pasó. En realidad no era en serio". Reiteré mi posición con firmeza. Cuando ella trató de restarle importancia al asunto, le dije que no estaba esperando disculpas suyas, pero que debía asegurarme de que ella comprendía. Al minimizar la situación me hacía sentir que no había entendido que todas nuestras conversaciones debían basarse en la premisa de que ambas partes respetarían los compromisos contenidos en el acuerdo escrito (y firmado). Hizo una pausa y me dijo: "Ya entiendo".

Nunca más escuchamos una amenaza parecida. Hemos negociado más espectáculos con la misma empresa y esperamos seguir trabajando con ellos en el futuro.

Note que el primer arrebato (cuando el productor amenazó excluir a Los Angeles) casi hundió la negociación y perjudicó la relación. Mi comentario sobre el disgusto de mi cliente y mío por la manera como habíamos sido tratados contribuyó positivamente a despejar el ambiente. Aunque nadie pidió excusas, llegamos a un entendimiento y hasta la fecha no se han producido más amenazas.

✔ Resista la tentación de tener un arrebato de dicha cuando crea haberse anotado un punto. El regodeo es la expresión excesiva de satisfacción y tiende a comunicarle a la otra persona que ha sido vencida y que le habría convenido más no concluir ese trato con usted. Es mejor ser humilde (y no arrogante), aunque se haya anotado todos los puntos. La otra persona no debe sentirse explotada; sólo diga cuánto disfrutó que trabajaran juntos.

La pasión vale la pena

Cuando a un distribuidor le interesa una película independiente, es importante que exprese entusiasmo. Harvey Weinstein, que dirige Miramax Films con su hermano Bob, es un experto en esta técnica. La primera cosa que hace cuando ve una película que le interesa distribuir es convencer al productor de que la película le encanta, que sabe cómo distribuirla y, además, que no se le ocurriría cambiarle ni un solo cuadro.

Ese enfoque funciona.

La habilidad de Harvey para obtener los derechos de distribución de las mejores películas en el mundo del cine independiente no tiene igual. Las películas que ha distribuido —*The Crying Game; The Postman; The Piano; Sex, Lies and Videotape,* y muchas, muchas más— son clásicos del cine independiente. Nadie es más hábil que él para convencer a los productores de que depositen sus películas en sus tiernas y amorosas manos. Los persigue, los adula y los persuade con tenacidad. Es incansable.

Casi todos los corredores de finca raíz con quienes hemos trabajado hacen la siguiente recomendación: "No permita que los vendedores sepan que le interesa mucho una casa". No obstante, nosotros nunca hemos comprado o vendido una casa sin expresar cuán maravillosa nos parece. (Vea el recuadro "Vale la pena conocer al vendedor", en el capítulo 2, para comprender el valor de revelar cuánto le interesa lo que la otra persona le está vendiendo.)

Muchas personas creen que si dejan ver cuánto desean que la negociación se resuelva a su favor, la otra parte se aprovechará de ellas. Pero si usted se prepara adecuadamente (capítulo 2) y establece sus límites (capítulo 4), su oponente no puede explotarlo. De hecho, hacer saber cuánto desea lo que le están vendiendo puede darle una gran ventaja; hasta puede que el vendedor se muestre comprensivo con su posición.

Demostrar cuánto desea algo es particularmente importante cuando se trata de una casa. La mayoría de los vendedores de viviendas se encariñan con las casas que están vendiendo. Sienten remordimiento de venderlas. La gente no vende su casa simplemente porque sí; a menudo se ve obligada a hacerlo a causa de un acontecimiento traumático, como un divorcio, un cambio de trabajo, una muerte, la partida de los hijos, etc. En esos casos, es mejor que el vendedor sepa que usted realmente desea la casa, que le encanta y que no cambiaría nada en ella. Aun si es positiva la razón de la mudanza a otra casa, al vendedor no le agrada oír comentarios despectivos sobre su antiguo hogar.

No estamos diciendo que deba fingir una adoración que no existe, o que no deba expresar con honestidad sus sentimientos. Simplemente queremos eliminar cualquier temor que pueda tener en cuanto a expresar su entusiasmo en una negociación. Si se ha preparado y ha fijado límites, no existe prácticamente ningún riesgo en demostrar aprecio honesto por el objeto de la negociación. Siempre podrá abandonar el negocio si las condiciones de venta no son las adecuadas.

Actuar con confianza

¿Le cuesta trabajo expresarle a su jefe lo que desea y necesita? ¿Es incapaz de responder en ciertos momentos, cuando cree que debería hacerlo? ¿Tiene una frustrante sensación de impotencia en las negociaciones cotidianas? No necesita cambiar su estilo de comunicación básico para hacer conocer sus necesidades. Puede ser directo aun actuando con suavidad, pero de la manera adecuada.

El arte de mostrarse confiado es una habilidad crucial que implica expresar con seguridad y tranquilidad los propios deseos y necesidades sin lastimar ni ser lastimado. Mucha gente no aprende este arte durante la infancia. El resultado es que esas personas están mal preparadas para enfrentar los retos en el lugar de trabajo, donde hay que lograr resultados con el apoyo de otras personas.

La vida implica hacer frente a retos, defender ideas y, sobre todo, tener el coraje de expresar claramente lo que uno necesita y desea.

En la vida se enfrentan las mismas opciones una y otra vez. Hay que escoger entre decirle la verdad a quien debe oírla o quedarse callado. Toca escoger entre sentirse cómodo o arriesgar esa comodidad e incluso perder parte de la aparente popularidad que se tiene para fijar límites y obtener lo que uno desea. La recompensa de asumir el riesgo son unas mejores relaciones basadas en la confianza y la honestidad.

Enfrentar el desánimo

Muchos negociadores profesionales trabajan en el sector de las ventas. Vender, aun si se hace bien, implica muchos rechazos que pueden producir frustración y desaliento.

Nuestro yerno está iniciando su carrera en ventas y nos alegra ver que su compañía lo está preparando para esos momentos en que siente que nadie le va a volver a comprar nada, que no va a poder proveer para su familia, que es un fracasado. Las ventas son una actividad difícil.

Tom Hopkins es un experto en la capacitación de vendedores. En su libro *Ventas para Dummies* discute detalladamente estos sentimientos. Su consejo para cuando el desánimo se hace sentir en las negociaciones es el mejor en este campo. Él recomienda considerar el fracaso como una experiencia de aprendizaje; es decir, el fracaso es en realidad retroalimentación que permite cambiar de dirección. Como solemos decir nosotros, "Cada 'no' acerca un paso hacia el 'sí'. Cosechar los 'no' conduce al 'sí' final".

En una negociación prolongada hay que estar dispuesto a hacerle frente a la frustración una y otra vez. Todo lo que vale la pena tiene el potencial de ocasionar mucha frustración. Nada de valor llega en bandeja de plata. Buscar los retos es parte de la condición humana.

Michael dice • Michael dice • Michael dice • Michael dice • Michael dice • Michael dice • Michael dice • Michael dice • Michael

No son fracasos: son pasos hacia el éxito

Mi abuelo era amigo de Thomas Edison. Escribió la biografía de Edison en 1929 tras escribir dos libros sobre la historia de la electricidad y su proliferación por Estados Unidos. Cuenta cómo Edison inventó la bombilla eléctrica. Antes de tener éxito, Edison intentó 2.386 veces mantener la luz usando la electricidad. Con frecuencia le preguntaban: "¿No se desanimaba?" "No", respondía siempre. "Cada vez que algo funcionaba mal, yo sabía que estaba un paso más cerca del éxito".

Nadie pudo usar esta nueva invención hasta que Edison ideó un sistema de distribución — contadores para medir el uso de la electricidad y dispositivos para asegurarse de que los clientes recibieran corriente eléctrica con la misma potencia, sin importar cuán lejos estuvieran de la fuente. Edison tuvo muchos más fracasos que éxitos, a no ser que cada supuesto fracaso se considere un paso hacia la culminación exitosa.

Edison consiguió lo que quería porque siempre mantuvo presente el objetivo final. En cuanto a la bombilla eléctrica, su objetivo era encontrar la difícil combinación de filamento y contenedores que preservara la luz. No le importaba cuál fuera esa combinación, seguía buscando cada vez que una fallaba. Sabía que encontraría la respuesta tarde o temprano. De igual modo, es posible hacerles frente a los pequeños reveses personales concentrándose en los objetivos más amplios.

Michael dice • Michael dice • Michael dice • Michael dice • Michael dice • Michael dice • Michael dice • Michael dice • Michael

Lidiar con personas difíciles en el lugar de trabajo

A menudo no es un suceso específico lo que produce frustración o enojo en una negociación, sino cierto tipo de individuo. Ya sabe a quiénes nos referimos: a las personas que tienen el potencial de hacernos perder los estribos y dar pie a que se desvíe la negociación.

Cómo manejar al idiota de la oficina

A algunas personas no parece importarles herir a otra persona o hacer una broma a costa de alguien. Si usted es el blanco de tales comportamientos, no suele ser fácil recordar que el causante de ellos casi siempre actúa por inseguridad. Aunque quiera ignorar esa situación, y a veces lo logre, con mayor frecuencia requerirá de la ayuda o el aporte de esa persona en algún aspecto laboral. Y es normal que su reacción sea de ira o resentimiento.

A veces se le ocurre la respuesta perfecta después de un ataque, cuando ya es demasiado tarde. A continuación le damos algunos consejos para que pueda responder bien de inmediato, desorientar a la persona y mantener el control:

✔ **No oponga resistencia a los comentarios de esa persona.** Al contrario, valídelos. Por ejemplo, si alguien le dice "Se te vive olvidando ese precio. ¿Qué te pasa?", usted responde: "Eso crees tú, ¿no?" Negarse a contraatacar hará que, con el tiempo, su atacante se aburra. Si no hay combustible para el fuego, no hay fuego.

✔ **Reconozca la verdad.** Los comentarios que más duelen son los que tienen algún elemento de verdad. Por ejemplo, si usted sabe que no es la persona más rápida para devolver llamadas, le molestará especialmente que alguien lo acuse de negligencia en ese campo. Cuanto mejor se conozca a sí mismo y sea conciente de sus defectos, mejor preparado estará para contestar cuando alguien se los señale. Podrá reconocer entonces más fácilmente la parte real en la afirmación, sin que esté de acuerdo con la manera como fue dicha. Puede decir: "Sí, a veces no devuelvo las llamadas tan rápidamente como quisiera". Puede decidir entonces cuáles ataques merecen disculpas y explicaciones de su parte y cuáles no.

✔ **Ponga en evidencia esa persona.** Si alguien le hace un comentario desdeñoso en presencia de otros, dirija la atención de los demás hacia esa persona. Es decir, con un gesto que abarque al idiota, diríjase al grupo. Diga algo como "Eso no nos pareció muy agradable, ¿no?" o "Caramba, estas personas no se van a llevar una buena imprcsión de ti". Haga una pausa y espere a que la presión de grupo haga lo suyo. Con toda seguridad, alguien en el grupo dirá: "Sí, Jorge, déjate de bobadas".

Si utiliza estas técnicas para demostrar que usted no se siente víctima, el idiota tendrá que buscar otra persona a quien mortificar.

Cómo hacer frente al colega pasivo-agresivo

Le presento la personalidad pasiva-agresiva: *pasiva* porque tales personas no se expresan directamente ni actúan abiertamente, y *agresiva* porque se esfuerzan por obtener lo que desean aun a expensas de otras personas. Pueden ser hostiles, y la ira sale a la superficie de otras maneras, tarde o temprano. Las personas pasivo-agresivas tienden a ajustar cuentas en modos tan indirectos que a veces es difícil definirlos. Por ejemplo, pueden dejar una tarea inclusa, demorarse en entregarla o no hacerla bien. Algunas de sus excusas más comunes son: "Lo olvidé", "No sabía que el plazo se vencía en ese momento", "No sabía que debía incluir todo esto".

La persona pasivo-agresiva parece tener una actitud de colaboración, con frecuencia se muestra calmada y dispuesta a ayudar y puede no quejarse nunca. Pero de alguna manera el trabajo con el que usted contaba o la tarea prometida no se realiza. El comportamiento agresivo puede manifestarse de muchas otras formas en esas personas. Hablar mal de usted a sus espaldas o dejar mensajes agresivos son otras dos maneras de expresar oposición.

¿Cómo entenderse con gente así? Mantenga en mente estas dos reglas generales cuando tenga que lidiar con personas pasivo-agresivas:

✔ No cuente con ellas para hacer algo importante. No son el tipo de persona que debería contratar para trabajar con usted, o con quien debería casarse, o a quienes debería permitirles administrar sus seguros. Nunca se sabe cómo van a desquitarse, descargando emociones contra usted. Esas personas no son sinceras y podrían hacerle llegar a sentir tanto enojo como el que sienten ellas.

✔ No reaccione de manera exagerada frente a las tácticas de esas personas. Acepte que de esa manera tratan a todo el mundo.

No le recomendamos que se involucre con personas pasivo-agresivas si puede evitarlo. No obstante, si debe trabajar con alguien así, siga estas indicaciones para mantenerse tranquilo y ecuánime.

1. Póngalo en blanco y negro.

Haga que esa persona anote todas sus expectativas (las suyas), o mejor aún, anótelas usted mismo y guarde una copia. Sea muy preciso en sus apuntes. Así esa persona no podrá decir: "Yo no sabía".

2. Exprese claramente las consecuencias de que ciertas acciones no se ejecuten, y haga que esa persona las anote.

Aun si usted no es el jefe de esa persona, puede señalarle cuál será su actitud si no satisface las expectativas. Por ejemplo, puede decirle: "Si no presentas las cifras dentro del plazo, en el futuro no estaré dispuesto a agilizar mi programación para ayudarte".

3. Haga seguimiento.

No deje que pase mucho tiempo sin hacer seguimiento a esa persona. Anote siempre lo que usted le dice y las respuestas que obtiene.

4. Déle a esa persona el beneficio de la duda.

Sea positivo. Evite a toda costa ponerse agresivo. Permanezca tranquilo.

¿Qué tal si usted a veces es una persona pasivo-agresiva? ¿Cómo sabe si lo es? Responda las siguientes preguntas con un sí o un no:

✔ ¿Dice usted "tsk" y suspira tan fuerte que cualquiera puede oírlo?

✔ ¿Murmura entre dientes lo suficientemente alto para que alguien le pregunte "¿Qué dijo?", y entonces responde "Nada"?

✔ ¿Olvida hacer cosas que en realidad no quiere hacer?

✔ ¿Recuerda por lo menos tres cosas que hizo recientemente aparte de sus obligaciones, por las cuales hubiera debido recibir reconocimiento, pero no lo recibió?

✔ ¿Califica a las personas de lentas si no le pueden leer la mente?

Si respondió "sí" a por lo menos tres de las cinco preguntas anteriores, usted demuestra ciertas tendencias pasivo-agresivas. ¡Elimínelas! Comience a hablar en primera persona, diciendo "Yo quiero…" y

"Yo necesito…". ¿Por qué? La gente con frecuencia ignora las señales poco claras y prefiere la comunicación directa. Cuanto más pase por alto esas señales la gente, más frustrado y molesto se sentirá usted.

Mantener el control durante una reunión

Las reuniones intensas pueden ser experiencias muy emotivas para todos los participantes. Sin embargo, si usted no mantiene sus emociones y las de los demás bajo control, poniendo freno a ciertos comportamientos, no logrará nada. Los siguientes son cuatro tipos de personas que pueden descarrilar una reunión, a no ser que usted mantenga el control.

Los dominadores

Los dominadores son personas que interrumpen la negociación porque necesitan tener el control de la conversación. Usted debe ser firme en sus tratos con ese tipo de personas. Las siguientes son algunas sugerencias.

✔ Déle crédito al participante por su conocimiento del tema y sus aportes constructivos.

✔ Exprese la necesidad de escuchar las opiniones de otros participantes.

✔ Solicítele al grupo o a otro participante su opinión.

✔ Intervenga en cualquier ataque personal que se produzca parafraseando parcialmente la información objetiva.

✔ Aproveche un intervalo o una pausa e intervenga.

Los divagadores

Los divagadores son personas que se salen por la tangente y aburren a los demás. A menudo esas personas simplemente necesitan atención. Usted debe tomar el control y no sacrificar la atención de muchos por satisfacer las necesidades de una sola persona.

✔ Confirme que ha comprendido lo esencial de la historia.

✔ Reitere la urgencia de cumplir los objetivos propuestos y mencione las limitaciones de tiempo que hay.

✔ Diríjale una pregunta a otro participante o a todo el grupo, y vuelva a concentrarse en los objetivos propuestos.

Los conversadores simultáneos

A veces las personas sostienen conversaciones paralelas mientras usted está intentando avanzar en el orden del día de la negociación. Eso genera varios problemas: usted pierde la atención de las personas involucradas en la conversación paralela y pierde el control de la reunión. Las conversaciones paralelas tienden a multiplicarse. Por esa razón, es preciso cortar de raíz la desatención y retomar el control.

✔ Haga una pausa y mire directamente a los conversadores.

✔ Pídales que compartan sus ideas con el grupo.

✔ Reitere la importancia de cumplir los objetivos propuestos y manifieste que el grupo logrará más si cada persona pide el turno para hablar.

Los argumentadores

Ciertas personas sienten la necesidad de objetar todo. No importa cuál sea el tema de la discusión, levantan la mano y lo que sale de su boca es una visión ligeramente contraria del tema. Identifique a esas personas y utilice las siguientes pautas con ellas:

✔ Diríjase a la persona que está argumentando. Utilice la *paráfrasis* (reformular en sus propias palabras lo que esa persona dijo) para indicar que comprende el argumento. Si hay más de una persona involucrada, haga lo mismo con cada una.

✔ Vuelva a presentar el orden del día acordado para volver a encauzar la discusión. Resuma los puntos en que hay acuerdo para restablecer el tono positivo.

Consejos para manejar las situaciones agobiantes

Ahí está usted, en la misma negociación, otra vez. Algunas personas están reiterando tercamente lo que dijeron la semana pasada, y usted no percibe ningún progreso. "Odio estar aquí", comienza a pensar. Empieza a preocuparle que va a llegar tarde a su próxima cita. Está colorado y las sienes comienzan a palpitarle. En ese momento alguien dice que el sistema se cayó otra vez, y que por eso las nuevas cifras no están listas todavía. Como si fuera poco, hace calor en el salón y, claro, no conviene que lo vean sudar. "Esta gente no sabe controlar la temperatura", piensa, mirando con furia a los extraños que se encuentran al otro lado de la mesa. Tiene rígidos el cuello y los hombros y las punzadas en la sien derecha se intensifican y se extienden a toda la frente. "Se echó a perder mi día", declara su voz interior. Y así podría ser.

El *estrés* es una reacción interna motivada por un hecho externo. Todas las personas y las situaciones en una negociación forman parte del hecho externo, y todas sus reacciones mentales y físicas (incluido el estrés) son respuestas internas. Puesto que los hechos externos rara vez están bajo nuestro completo control, ¿cómo cambiar la respuesta interna? ¿Fingiendo estar contento cuando tiene el ánimo por los suelos? ¿Aparentando que le gustan esas personas, siendo que no las soporta? Es poco probable.

Diferenciar los sentimientos de los hechos

El estrés se origina en la resistencia al entorno. Cuando enfrenta una negociación estancada, una persona grosera o una situación incómoda, usted reacciona de tres maneras: con preocupación, con ira y con resentimiento.

Estas tres palabras describen a la perfección la respuesta al estrés. Si analiza una situación estresante, notará que la preocupación, la ira y el resentimiento no hacen parte de la situación en sí; la situación simplemente desencadena en su interior esas tres emociones. Vuelva a leer el ejemplo al inicio de esta sección sobre cómo hacerle frente al estrés e intente diferenciar los sentimientos de los hechos:

✔ **Preocupación:** Le preocupa llegar tarde. ¿Se dirige a un lugar agradable y alegre, o a un sitio a donde preferiría no ir y que le produce ansiedad? Cuál es la verdadera causa de su preocupación: ¿el temor a las consecuencias de llegar tarde, o desagrado por no tener más alternativas?

✔ **Ira:** Siente ira con personas que sospecha que no lo están escuchando. ¿Es una sospecha recurrente? ¿Con frecuencia desconfía de la gente y de usted mismo? ¿O siente ira porque considera que hace más que los demás y no le reconocen ese esfuerzo? ¿Siente que las tareas están repartidas equitativamente, o considera que usted hace más de lo que le corresponde? Muchas situaciones externas pueden hacer que aflore la ira.

✔ **Resentimiento:** ¡Siente resentimiento hacia esas personas que no saben controlar la temperatura en la propia oficina! ¿Con

| frecuencia se impacienta con quienes no hacen las cosas igual que usted?

Estos sentimientos son humanos y normales. Usted logra el control cuando es consciente de sus emociones. Si ignora esas emociones, el estrés y la tensión se acumulan en su interior. Tomar conciencia le devuelve el control de sus reacciones.

Hacer un alto, mirar y escuchar... antes de subirse por las paredes

¿Usted siempre parece estar estresado? Por ejemplo, ¿en el supermercado le molesta que otra gente esté siempre en la fila que avanza más rápido? ¿Cómo puede dejar de echar humo en la fila del supermercado y convertirse en el individuo que charla agradablemente con el cliente que está delante suyo?

Observe su primera reacción: resistencia. Considere la reacción opuesta: aceptación. Aprenda a aceptar. No estamos sugiriendo que piense "¡Qué maravilla, una negociación estancada!" Pero hablamos de admitir la situación: "Ajá, una negociación estancada. Es una de las cosas que me vuelven loco, pero tendré que lidiar con ella". Utilice el humor para aceptar las circunstancias. Sólo si acepta la situación podrá actuar eficazmente para cambiarla. Si sólo se resiste, estará paralizado.

La aceptación implica tres pasos: hacer un alto, mirar y escuchar.

✔ **Hacer un alto:** Oprima el botón de pausa (hay más información sobre el botón de pausa en el capítulo 6. Puede usarlo para lograr el control sobre una respuesta emotiva automática).

✔ **Mirar:** Admita que está experimentando una situación que le produce estrés. Enseguida, reconozca que tiene dos alternativas a su disposición; dejarse afectar por la situación, o no dejarse afectar. *Mirar* significa también contemplar lo que realmente desea, y preguntarse: "¿Exaltarme me ayudará a lograrlo?" Normalmente la respuesta es no.

✔ **Escuche:** Preste atención a lo que su fuero interno le dice que haga. (En el capítulo 10 le indicamos cómo entrar en contacto con su voz interior.) Generalmente, si en una negociación le ofrecen un arreglo que no le gusta, tiene tres alternativas: adaptarse, cambiar o evitar.

    • *Adaptarse* significa adaptarse usted a la situación. Escuche lo que la otra persona está diciendo. Talvez usted tenga expectativas poco realistas sobre el tiempo que les toma a algunas personas llegar a una solución, y tendrá que adaptarse a esa demora.

- *Cambiar* significa modificar la situación. Encuentre vías alternativas para llegar a su objetivo; prepárese mejor antes de que comience la negociación.

- *Evitar* es una alternativa que casi siempre puede descartarse de inmediato. A no ser que evite la negociación por completo, no podrá eludir personas y situaciones que lo exaltan.

Su voz interior le dirá si debe adaptarse, cambiar o evitar. Hágale caso y dejará de sentirse ansioso.

La mejor herramienta para tratar con personas demasiado emotivas es manifestarles empatía. A menudo estas personas se exaltan para hacerse escuchar, y una manifestación sincera de empatía les demuestra que usted las ha estado escuchando, y las apacigua. Una buena manifestación de empatía toma sólo seis segundos: "Entiendo cuán frustrante es para usted no obtener la información cuando la necesita". Seis segundos. "Comprendo que es fácil impacientarse con esa máquina". Seis segundos. "Me da la impresión de que está muy molesto. Parece que necesita nuestra colaboración". Seis segundos. No sólo tranquiliza a la otra persona, sino que ahora usted tiene tiempo para pensar en una respuesta adecuada para lograr su objetivo, al tiempo que se mantiene dentro de sus límites.

Negocios con gente conocida

Negociar en el marco de una relación existente se distingue de tres maneras importantes de un acuerdo único:

✔ **Usted conoce a la persona.** Conoce los puntos críticos de la persona, así que sabe cómo darle un empujoncito.

✔ **No puede alejarse.** No es como comprar un vehículo usado. Si no obtiene lo que desea, no puede simplemente seguir por la misma calle y encontrar otra venta de autos.

✔ **Usted lleva a cuestas cierta trayectoria.** Si su cónyuge, su fiel colaborador o su jefe utiliza una expresión que le recuerda a uno de sus padres, de repente ustedes dos pueden resultar involucrados en una pelea a gritos por cualquier tontería. No reacciona a lo que dice la otra persona, sino al recuerdo de infancia que desencadenó alguna palabra, gesto o tono.

Dadas estas circunstancias especiales, ¿cómo mantener la calma en una negociación acalorada con un ser querido? Tiene que comenzar acordando que todo es negociable y que *sí* van a solucionar el problema. Comience por establecer ciertas reglas para una pelea justa. Preferimos llamarla *negociación*, pero cuando el tono sube por encima de los 50 decibeles, admitimos que es una pelea. Nos hace reír el hecho de que, aunque enseñamos a no exaltarse, nosotros entramos en la gresca al igual que cualquiera. ¿Cómo ocurre tal cosa? Uno enseña lo que más necesita aprender.

Consejos a la hora de pelear

Odiamos la palabra *disputarse,* pero la usamos como un gesto de deferencia con quienes creen que *pelear* es demasiado fuerte y *negociar* es demasiado impersonal. Presentamos aquí algunos consejos para eliminar el trauma de la disputa.

Elabore un conjunto de reglas para encarar las diferencias. En el trabajo esto puede resultar difícil, pero en el seno de la familia estas reglas son esenciales. Las siguientes son algunas de las nuestras:

✔ La "regla de las diez de la noche": No traiga a colación ningún tema delicado después de las 10 de la noche.

✔ Apártese temporalmente: Tómese un descanso avisado cuando las cosas se pongan delicadas. (Vea el Juego Sin Respuesta en el capítulo 9.)

✔ Resista la tentación de probarle al otro que está equivocado citando nombres de expertos.

✔ No tema acudir a un consejero. Un profesional puede ayudar a guiar a una pareja hacia aguas calmas y darle las herramientas que necesita. Un buen consejero puede ayudarle a desarrollar un estilo propio de resolución de conflictos.

✔ Encuentre algo de qué reírse después: Esta actividad es difícil si no le resulta natural, pero los resultados valen la pena. Si no logra ver cuán ridículos son muchos de sus argumentos, está predestinado a seguir repitiéndolos siempre.

✔ Exprese abiertamente las cosas que le molestan antes de que se acumulen hasta el punto de que usted se convierta en un volcán ambulante: Con las personas queridas, la gente tiende a no atreverse a pedir lo que desea por temor a una confrontación emocional, con frecuencia imaginaria. Sin embargo, al reprimir estos temas prolonga (e intensifica) lo inevitable.

No se rinda. ¡Negocie!

Este principio me quedó claro en la zona de comidas de un aeropuerto durante un viaje de negocios. Escogí el mostrador de comida china y compré una porción de *lo mein* (tallarines chinos). Estaba disfrutando mi comida y leyendo una novela cuando sentí a alguien parado junto a mí. Levanté la mirada y vi a una mujer joven mirando mi *lo mein* con codicia.

—Tiene buen aspecto —me dijo.

—Está bueno —le contesté.

—Voy a comer pizza —me dijo.

—No me gusta la pizza —le contesté.

—A mí tampoco —me dijo. Entonces miró por encima del hombro hacia el mostrador de las pizzas y yo seguí su mirada. El esposo y sus dos pequeños e inquietos hijos estaban en la fila.

Me dieron ganas de sacudir a la mujer ahí mismo y gritarle: "¡No tiene que comer pizza, puede comer *lo mein*!" Al mismo tiempo, quería abrazarla y decirle: "Ellos pueden comer pizza, usted puede comer *lo mein*. Cada cual puede comer lo que quiera, y todos estarán contentos". Reprimí el impulso. Ella estaba resignada a aceptar cosas que no quería.

Si esa mujer hubiera estado en uno de mis cursos y no en el aeropuerto, le hubiera explicado que podía utilizar las seis destrezas básicas de la negociación en menos de dos minutos para ponerse de acuerdo con el esposo. He aquí lo que le hubiera dicho:

✔ **Prepárese:** Eche un vistazo a la zona de comidas y decida que quiere comida china. Después, prepárese para cualquier objeción de su marido. Usted tiene una ventaja: lo conoce muy bien.

¿Qué es importante para él? ¿Seguir en la fila sin los chicos tendría valor para él? ¿Pedir la comida rápidamente es una prioridad para él?

✔ **Ponga límites:** A usted no le gusta la pizza. Su límite puede ser no comer lo que no le gusta. Si su esposo no respeta sus límites, tal vez debería reevaluar su relación con él.

✔ **Oprima el botón de pausa:** Dése tiempo para planear su estrategia y lo que va a decir. Muéstrese respetuosa ante la capacidad de procesamiento de la información que demuestre su esposo, aun si a él le toma tiempo darle vueltas a su propuesta. Recuerde que le está permitido satisfacer sus necesidades. Rechace la idea de que no le está permitido hacer algo que pueda molestar a alguien.

✔ **Escuche:** Escuche lo que él le responda cuando usted le diga que quiere comida china aunque él y los chicos coman pizza. Después, escuche otra vez cuando usted ofrezca llevarse a los chicos o le dé algún tipo de motivación.

✔ **Sea clara:** Usted lo ama; dígaselo. Dígale que la relación entre ustedes mejorará si cada uno obtiene lo que desea. Asegúrele que satisfacer sus deseos no tomará más tiempo ni costará más dinero.

✔ **Cierre el trato:** Este paso será sencillo si usted ha seguido los otros pasos. Déle un beso. Acéptelo. Agradézcale. Haga que el trato valga la pena para él. Todo el mundo necesita que le den muestras de aprecio.

Preparativos especiales

Una razón por la cual la gente se exalta tan rápidamente en algunas relaciones personales de vieja data es que no se prepara adecuadamente. Es menos probable que las emociones estallen si ambos miembros de la pareja se preparan. Una buena preparación hace el proceso más lógico. La preparación permite concebir soluciones alternativas. Le dedicamos especial atención a este aspecto porque a mucha gente ni siquiera se le ocurre prepararse para las negociaciones personales.

Así como la preparación es importante en las negociaciones en general, es especialmente importante en cualquier negociación que se lleva a cabo en el contexto de una relación duradera. Puesto que vive o trabaja de cerca con una persona, usted puede asumir que la conoce. La familiaridad, sin embargo, no debe impedirle hacer preguntas sobre las necesidades y los deseos que tiene esa persona. Recuerde que las personas cambian. La curiosidad es respetuosa, las suposiciones no.

Como mínimo, hágale preguntas a su ser querido para decidir si es un buen momento para negociar. Lo más probable es que esa persona no se vaya a ir a ninguna parte, así que tranquilícese. Averigüe qué tan preparada está. Después, cuando el momento sea propicio, negocie.

Parte IV

¿Oye lo que yo oigo?

La 5ª ola   **por Rich Tennant**

"Sólo porque su oficina es más grande que la mía no es razón
para decir palabrotas".

En esta parte...

E scuchar es una de las destrezas más subestimadas en la negociación. La mayoría de la gente cree que hablando obtiene lo que desea, no escuchando. Pero la verdad es que los negociadores exitosos pasan más tiempo escuchando que hablando. Esta sección le brinda sugerencias sobre cómo escuchar más eficazmente y cómo utilizar lo que oye. Aprenda a escuchar su voz interior y también lo que dicen los demás. Descubra que la gente dice muchas cosas sin siquiera abrir la boca. Aun si considera que sabe escuchar, esta sección puede ayudarle a perfeccionar sus habilidades y abrirle la puerta a una nueva dimensión en la negociación.

Capítulo 8

Escuchar, el camino hacia la cima

En este capítulo

▶ Comprobar si sabe escuchar

▶ Reconocer las barreras que impiden escuchar

▶ Reconocer cómo escuchar conduce al éxito

▶ Descubrir cómo varía en diferentes culturas la acción de escuchar

*E*scuche con los oídos, los ojos y con todos los poros. Absolutamente fundamental en todas las actividades interpersonales, escuchar es una destreza esencial en las negociaciones y aporta grandes ventajas en todo tipo de situaciones.

Saber escuchar puede cambiar la vida profesional y personal. ¿Cuántas mujeres no han dejado a sus esposos por la misma queja: "Nunca me escuchaba"? En la vida personal, quien no escucha hace que su pareja se sienta poco importante, excluida y carente de amor. En la vida profesional, no escuchar conduce a malos negocios, a fracasos en los negocios o a ningún negocio.

Escuchar es fundamental en cualquier negociación. A menudo es la primera destreza que se invoca en una negociación. Cuando una persona lo aborda, ya sea a nivel personal o profesional, y comienza a negociar, esa persona está buscando su conformidad, aprobación o una acción suya. Puede que usted no haya anticipado la negociación, pero ahora ya no tiene opción: debe escuchar.

Escuchar de manera activa

Escuchar es más difícil de lo que la gente supone. Parece un acto pasivo, pero en realidad es una tarea activa. Hay que estar alerta para escuchar. Escuchar es algo que hace, no algo que le hacen. Para algunas personas escuchar es como un masaje de cuerpo entero: se relajan, se dejan llevar por las palabras y al final se despiertan y expresan cuánto lo han disfrutado. ¿Disfrutado? Sí. Pero, ¿escucharon eficazmente? Probablemente no. Escuchar requiere trabajo y energía. Puede ser agotador, especialmente escuchar a ciertas personas.

En su versión más simple, *escuchar* es absorber todo lo que la otra persona está comunicando. *Escuchar activamente* involucra todos los sentidos y muchos mecanismos de filtración. En su máximo grado de refinamiento, significa lograr que la otra persona se abra, que comunique más información y que exprese sus ideas más claramente de que lo que suele hacerlo. La otra persona puede mostrarse más abierta sólo porque siente que alguien la está escuchando de verdad.

A menudo, las personas que describen su ruptura matrimonial como algo que "no esperaban", que "no veían venir" o de lo cual "no tenían idea que iba a ocurrir" simplemente no estaban escuchando activamente. Si usted ha tenido ese tipo de experiencias en una relación, debe saber que escuchar activamente es algo que se aprende. Comience a practicar ya mismo.

En su próxima conversación, utilice dos herramientas que contribuyen a escuchar activamente: la reiteración y la paráfrasis. Ambas herramientas buscan verificar con su interlocutor si lo que usted escuchó corresponde a lo que esa persona dijo.

- ✔ **Reiteración:** Repetir, palabra por palabra, una breve afirmación que la otra persona acaba de hacer.

- ✔ **Paráfrasis:** Relatar, con sus propias palabras, afirmaciones más largas que la otra persona hizo.

En cualquiera de los dos casos, explique lo que está haciendo con respeto y buen humor. Intente comenzar con una frase así: "Permítame comprobar si entendí bien…".

¿Usted sabe escuchar?

Mucha gente no escucha eficazmente porque no quiere escuchar. Sólo quiere hablar. Usted debe decidir si vale la pena escuchar; y después, debe hacerlo.

La mayoría de la gente considera que sabe escuchar. No saber escuchar es visto como una falla en la personalidad. El hecho de que nuestra cultura universalmente valore el hecho de saber escuchar como un rasgo positivo hace que parezca extraño que la gente no se esfuerce más por aprender a escuchar.

Como regla general, se debe escuchar más del 50 por ciento del tiempo. Si usted habla el 50 por ciento del tiempo o más, está hablando demasiado y no está escuchando lo suficiente. Si ambos interlocutores en una conversación observaran esa regla, sería una situación muy grata. Cada interlocutor intentando escuchar al otro más tiempo del que habla él, cada interlocutor dispuesto a dejar que el otro hable: una negociación así puede tomar un poco más de tiempo, pero sería un proceso maravilloso (y eficaz).

Diversos indicadores en la vida personal señalan qué tan desarrollada está la capacidad para escuchar. Las próximas secciones pueden ayudarle a realizar un inventario de escucha. No importa cuál sea su nivel actual, lo puede mejorar. Pero el nivel no mejora de un día al otro por muy motivado que usted esté. Escuchar es una destreza que se desarrolla lentamente.

El índice de interrupción

Por experiencia sabemos que las personas que interrumpen mucho en general no saben escuchar. Cuando aquí hablamos de interrupción, no nos referimos a la afectuosa terminación de las frases por quienes mantienen una relación — enfatice la palabra *afectuosa* para entender la diferencia.

Para determinar si usted suele interrumpir, pregúntese simplemente con cuánta frecuencia los demás le dicen "Por favor, no interrumpa" o palabras similares.

A la inversa, ser objeto de una interrupción les molesta más a los que saben escuchar que a los que no saben hacerlo. ¿Le molesta que alguien lo interrumpa cuando está contando un chiste o exponiendo un razonamiento? Si la respuesta es no, lo más probable es que necesite perfeccionar su capacidad de escucha.

Las investigaciones demuestran que los hombres interrumpen a las mujeres con mucha mayor frecuencia que las mujeres a los hombres. Parte de esta discrepancia nace de lo que se percibe como una diferencia en el uso del poder. Las interrupciones representan poder. Quien interrumpe le quita al otro el poder de hablar. Evidentemente, tal comportamiento elimina cualquier posibilidad de escuchar.

Pregúntele a un amigo

Pregúntele a un ser querido o a un subordinado si usted sabe escuchar. Debe hacer la pregunta con seriedad. Busque un momento tranquilo y sin interrupciones. Este no es el tipo de interrogante que se puede hacer a la ligera si espera recibir una respuesta concienzuda.

Escuche con atención durante esa conversación. No acepte la primera respuesta superficial que reciba. Pida ejemplos que ilustren en qué momentos no supo escuchar y en qué momentos sí. Tome notas. Reflexione. No se defienda. Esta conversación no tiene nada que ver con el bien ni con el mal. No está ahí para convencer a nadie de que sabe escuchar, sino para aprender a escuchar mejor; poco importa si ya sabe escuchar. Está ahí para escuchar.

Si logra hacer que la otra persona hable, podría enterarse de algunas opiniones bastante molestas sobre su capacidad de escuchar. Puede sorprenderse, pero no se ofenda: nadie escucha tan bien como cree.

Cuando haya escuchado lo suficiente, dé las gracias. Dígale a esa persona que le gustaría volver a hablar sobre su capacidad comunicativa, y hágalo cuando realmente esté listo para ello. Nunca rechace las impresiones o la información que le dé la otra persona, no importa cuán equivocada crea que es su opinión. Este mecanismo de defensa sólo le impide crecer.

El papel del repetidor

Ponga un reloj de cocina sobre la mesa. Cuando timbre, cada una de las personas que están sentadas a la mesa tiene que repetir la última frase que pronunció, antes de que timbrara el reloj, la persona que está sentada a su izquierda. Haga una ronda. Cuanta más gente haya en la mesa, mejor. Con frecuencia surge una gran confusión sobre lo que se dijo.

Se pueden reforzar las reglas del juego en la medida en que va mejorando la capacidad de escucha de todos. Por ejemplo, que repitan las últimas dos frases, después tres, y así sucesivamente. O puede asignarle a una persona la tarea de leer un poema o un cuento en voz alta. Esa persona interrumpe la lectura sin previo aviso y le pide a alguien al azar que repita la última frase que leyó. Los resultados pueden determinar quién tiene que recoger las cosas de la mesa.

Seis barreras que impiden escuchar adecuadamente

La mayoría de las personas intenta escuchar bien, y la mayoría considera que lo logra. Sin embargo, cunden acusaciones como "¡No me estás escuchando!" Infortunadamente, hay barreras para escuchar que afectan más o menos a todo el mundo en un momento u otro.

Naturalmente, usted es una de las pocas afortunadas personas que han superado esas barreras. Pero si quiere saber por qué algunos de sus amigos no escuchan eficazmente, lea las siguientes secciones.

El mecanismo de defensa

Una de las razones por las cuales las personas no escuchan con atención durante una negociación es puramente sicológica. En general, la gente no quiere escuchar malas noticias. Algunas personas expresan esto socarronamente, diciendo, por ejemplo: "Él sólo oye lo que quiere oír". Frases de cajón como esa casi siempre contienen algo de verdad. De hecho, hasta cierto punto, todo el mundo filtra las malas noticias.

Los animales tienen asombrosos mecanismos de supervivencia. Uno de los más importantes es oír el peligro que acecha. Un predador, un incendio, hasta una tormenta, todo emite señales de aviso que deben oír y evaluar para evitar el peligro.

Aunque los seres humanos conservamos muchos mecanismos útiles de defensa, como parpadear, esquivar cosas y sobrecogernos en presencia del peligro, parecemos haber perdido uno muy importante: la capacidad de oír el peligro que se acerca. Talvez hemos decidido que no oír el peligro es mejor que oírlo y luego tener que enfrentarlo. Pero no es así. Este es uno de esos casos en que otros animales están más desarrollados que el hombre. Sólo si oye y puede evaluar con precisión el peligro que enfrenta, estará en capacidad de evitarlo o neutralizarlo. De hecho, uno debería forzarse a sondear aún más el terreno si sospecha que acechan malas noticias.

Los nervios a flor de piel

Muchas de las personas que hablan demasiado cuando deberían estar escuchando actúan así por nerviosismo. Hablar demasiado a menudo es una manera de disfrazar los nervios.

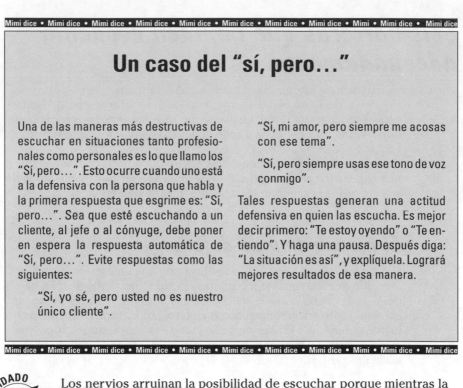

Mimi dice • Mimi dice • Mimi dice • Mimi dice • Mimi dice • Mimi dice • Mimi dice • Mimi dice • Mimi • Mimi dice • Mimi dice

Un caso del "sí, pero…"

Una de las maneras más destructivas de escuchar en situaciones tanto profesionales como personales es lo que llamo los "Sí, pero…". Esto ocurre cuando uno está a la defensiva con la persona que habla y la primera respuesta que esgrime es: "Sí, pero…". Sea que esté escuchando a un cliente, al jefe o al cónyuge, debe poner en espera la respuesta automática de "Sí, pero…". Evite respuestas como las siguientes:

"Sí, yo sé, pero usted no es nuestro único cliente".

"Sí, mi amor, pero siempre me acosas con ese tema".

"Sí, pero siempre usas ese tono de voz conmigo".

Tales respuestas generan una actitud defensiva en quien las escucha. Es mejor decir primero: "Te estoy oyendo" o "Te entiendo". Y haga una pausa. Después diga: "La situación es así", y explíquela. Logrará mejores resultados de esa manera.

Mimi dice • Mimi dice • Mimi dice • Mimi dice • Mimi dice • Mimi dice • Mimi dice • Mimi dice • Mimi • Mimi dice • Mimi dice

Los nervios arruinan la posibilidad de escuchar porque mientras la otra persona está hablando, la mente del que la escucha está ocupada buscando desesperadamente una respuesta, un comentario o una anécdota. Una mente en movimiento bloquea la posibilidad de escuchar tanto como una boca en movimiento.

Por lo general, las personas que hablan demasiado ni siquiera se escuchan a sí mismas. Interrúmpalas y pídales que repitan algo que acaban de decir; verá que no son capaces. Hablan, pero no escuchan, ni siquiera se escuchan a sí mismas.

Cuando la mente de una persona divaga en medio de una conversación, a menudo surge un efecto secundario infortunado: la persona que está hablando asume que el silencio de su interlocutor indica que la está escuchando, no que está preocupado pensando en otra cosa. Entonces, cuando da una respuesta inadecuada a una pregunta, o peor aun, cuando exclama "¿Qué?" si no comprende algo, la persona que está hablando termina por menospreciar la capacidad intelectual de quien la escucha.

Hay que saber que los nervios cuestan caro. Si lo hacen perder el control de lo que dice cuando debería estar escuchando, pueden costarle un empleo, un contrato o una cita.

Existen cursos que enseñan a dominar los nervios. Hay varias técnicas útiles para canalizar la energía por buen camino. Nuestra técnica favorita es hacer un par de flexiones rápidas antes de subir al podio. Otros ejercicios útiles son algunas inhalaciones profundas de aire, o estirar el cuerpo, los brazos o las manos. Ayuda cualquier cosa que haga para liberar energía. Recuerde que los nervios no son más que energía que no ha sido canalizada de manera positiva.

Convertir la ansiedad en energía positiva le permite mostrarse seguro y en control de la situación cuando escucha y también cuando habla. Se puede liberar energía voluntariamente por cinco vías:

✔ Los ojos

✔ Las manos

✔ Los pies

✔ El cuerpo

✔ La voz

Liberar energía mediante el contacto visual es mejor que hablar demasiado. Inclinarse hacia adelante y escuchar atentamente es mejor que hablar demasiado. La clave es reconocer que estos sentimientos de ansiedad son en realidad energía que el cuerpo está generando para ayudarle a afrontar una situación peligrosa. Cuanto más afinadas estén sus destrezas de negociación, menos ansioso se sentirá y su cuerpo tendrá que enfrentar menos descargas de energía nerviosa.

Los bajonazos de energía

A veces las personas se sienten demasiado cansadas o demasiado perezosas como para escuchar. Escuchar requiere energía. Escuchar puede ser estimulante para el pensamiento. Pensar también requiere energía. Considere cómo escucha usted a sus hijos o a su cónyuge por la mañana y cómo los escucha después de un largo día de trabajo. Cualquiera que sea su estilo, los resultados en ambos momentos del día varían.

Si su nivel de energía decae, le cuesta más esfuerzo escuchar. Tome conciencia de ese hecho. Probablemente ha escuchado o ha pronunciado esta frase: "Más despacio, que tuve un día fatal". Así habla un buen negociador, alguien que sabe que no siempre se puede escuchar a la máxima velocidad. Si la persona que habla debe aminorar la velocidad para que usted pueda participar plenamente y ponerle atención, dígaselo.

El hábito

Es posible que a lo largo de los años haya desarrollado el hábito de hablar o pensar cuando debería estar escuchando. Si este es el caso, puede hacer con este hábito lo mismo que con el del cigarrillo: puede dejarlo.

Cambiar este patrón de conducta es difícil porque es un trabajo individual. No existe el equivalente de un parche de nicotina para conseguir ser un buen escucha. Cuanto mayor sea su prestigio y poder, menos posible es que la gente le diga que usted no escucha. La gente lo nota y reacciona, pero no se lo dice. Es como el mal aliento: muchos lo sienten y pocos lo mencionan.

Un paso intermedio en el proceso de aprender a escuchar es dejar de hablar en voz alta y comenzar a hablar mentalmente. Esta técnica no es tan buena como escuchar con atención, pero hablará menos. Y con el tiempo podrá aprender a escuchar de verdad.

Pensar sin hablar no es fácil para mucha gente. Se puede pensar en mucho menos tiempo del que se necesita para hablar. La velocidad para hablar es de 100 a 150 palabras por minuto, la de escuchar es de más de 500 palabras por minuto. Por eso es natural que la mente se anticipe a las palabras que está oyendo e incluso sea capaz de asimilar varias conversaciones simultáneamente. Cuando esto ocurra, tiene que concentrarse en su interlocutor.

Las ideas preconcebidas

Cuidado con las ideas preconcebidas. Una *idea preconcebida* es una expectativa que impide que la mente se mantenga abierta y receptiva. Como su pariente, la suposición, la idea preconcebida es enemiga de la escucha. Ambos problemas parecen asediar a las personas que se conocen desde hace mucho tiempo.

Una idea preconcebida es una suposición que invita a pensar que porque una persona se comportó de determinada manera antes, volverá a hacerlo igual otra vez. Si, por ejemplo, alguien se enfada una vez, usted puede llegar a la conclusión de que tendrá el mismo comportamiento en la próxima negociación. "Es que él es así", puede ser una afirmación correcta. Pero si esa conclusión se utiliza como explicación de cada arrebato de ira, se puede ocultar el hecho de que el bravucón está muy enojado por algún aspecto del comportamiento suyo. El colérico personaje puede estar genuinamente frustrado esta vez por no haber logrado llegar a un arreglo, o puede estar reaccionando por presiones que emanan de fuentes ajenas a la negociación.

No esperar aportes valiosos de los demás

Muchas personas no escuchan porque no creen que los demás tengan algo valioso que decir. Sin embargo, todo ser humano tiene alguna contribución que hacer. A veces hay que hurgar un poco, pero toda persona tiene algún conocimiento especial. En una negociación, el equipo contrario tiene mucha información útil. Pero si se tiende a pensar que la gente con quien se habla tiene poco con qué contribuir, puede resultar difícil escuchar eficazmente.

Escuchar puede ser como esparcir arena en la playa. Esto es más cierto en un cóctel que en una sesión programada de negociación. Para llegar a escuchar de la mejor manera posible en una sesión de negociación, sepuede practicar en los cócteles. La próxima vez que vaya a una fiesta, repita sin cesar: "Escondido entre todo este cotorreo hay algo de valor". Si quiere encontrarlo, puede buscarlo.

Cuando ciertas personas hablan, lo que dicen y cómo lo dicen resulta, francamente, aburridor. Puede pensar que no vale la pena invertir energía escuchándolas, pero aun ellas tienen información e ideas valiosas. Su tarea es sonsacarles algo. Interróguelas hasta que encuentre información interesante.

De hecho, las personas que saben escuchar tienden a atraer hacia sí la compañía de personas interesantes. También es cierto que escuchando atentamente a las personas en cuya compañía está, usted puede aprender mucho de los temas que las hacen interesantes.

Saber escuchar para subir en la escala corporativa

En una negociación, el silencio es oro; de hecho, es dinero en el banco.

Recuerde que es imposible escuchar (ni a usted mismo ni a nadie más) y hablar al mismo tiempo. Muchas negociaciones han fracasado y muchas ventas se han perdido porque alguien siguió hablando cuando ya no era necesario o deseable. Y al contrario, se han perdido muchas oportunidades de obtener información valiosa porque se dejó de escuchar demasiado pronto.

Una de las mejores maneras de mantener el control de una reunión es escuchar e insistir en que los demás escuchen. Si alguien está monopolizando la negociación, es muy posible que esa persona ni siquiera se dé cuenta de que los demás también quieren contribuir a la discusión. Contenga el impulso de tomar la palabra. En lugar de eso, señale a alguien que parezca estar intentando hablar: "Juana, parece que quieres comentar algo". Juana aprecia el gesto, igual que todo el mundo, y de repente usted tiene el control de la reunión. A veces, otros pueden expresar el punto de vista suyo. Si aún quiere añadir algo, el grupo probablemente le permitirá hacerlo. Ahora usted es un héroe, aun para los miembros del equipo contrario en la negociación. Verá que cuando diga algo, todo el mundo lo escuchará, por aprecio o por admiración.

Diversos estudios han demostrado que las personas exitosas escuchan mejor que sus contendores, especialmente en el camino hacia el éxito. Paradójicamente, sin embargo, a veces el éxito hace que una persona se vuelva menos buena para escuchar, con frecuencia en detrimento de sí misma. Ejemplo de esto es el presidente de un país, quien debe saber escuchar atentamente durante el ascenso al poder político pero puede aislarse de las personas que lo ayudaron a ascender cuando se encuentra en ejercicio.

Para tener éxito en el mundo corporativo y conservarlo es preciso saber escuchar. Los siguientes son algunos ejemplos de la importancia que saber escuchar tiene en el trabajo:

✔ Muchos gerentes tienen tropiezos en su carrera profesional porque juzgan a un empleado antes de haber escuchado diversas versiones de una misma historia. Si quiere ganarse el respeto de la gente, reúna información de todas las partes antes de actuar.

✔ Los empleados nuevos deben escuchar cuando ingresan en un departamento o participan por primera vez en una reunión. Resista el impulso de hacer esa primera contribución verbal hasta que esté seguro de que vale la pena, pues esa será la primera impresión que todos tengan de usted.

✔ Los vendedores pierden ventas cuando hablan más de lo que escuchan. Los vendedores exitosos demuestran con sus comentarios que entienden lo que el cliente dice y siente.

Saber escuchar — patrones de comunicación alrededor del mundo

Los patrones de comunicación varían alrededor del mundo. En algunas culturas saber escuchar es más importante que en otras. Hasta la manera como las personas escuchan varía de un país al otro. La primera regla de la negociación internacional es mantenerse a tono con las costumbres del sitio donde uno se encuentra.

Tan pronto como domine las generalidades del país o de la cultura en donde va a negociar, recuerde la segunda regla de la negociación internacional: las cosas no son necesariamente lo que parecen. Las generalizaciones son precisamente eso; no todo el mundo se ajusta a las normas. Usted está negociando con un individuo, no con una nación, de modo que debe averiguar sobre el individuo además de averiguar sobre su nacionalidad.

Escuchar en Bali

En ningún lugar del mundo la gente escucha como en Bali. La práctica puede ser desconcertante para los visitantes de las áreas rurales. Los nativos se quedan parados en silencio y dirigen la mirada a algún punto justo detrás de los ojos de su interlocutor. Uno se siente como si le estuvieran mirando el alma. No ejercen presión para que termine de hablar. Y cuando lo hace, hay una breve pausa antes de que el otro comience a hablar, en caso de que a uno se le ocurra una idea de último momento.

Pasamos una semana en una aldea que ni siquiera se encuentra en el mapa. El teléfono más cercano estaba en la aldea siguiente. De todos los bellos sonidos, olores e imágenes que nos invadieron esa semana, nada nos impresionó tanto como la manera como los nativos absorben cada una de las palabras de una persona.

Escuchar en Estados Unidos

Los estadounidenses ocupan el extremo contrario del espectro de escucha con respecto a los nativos de Bali. Evelyn Waugh, el famoso escritor satírico inglés, comentó alguna vez que "Los estadounidenses no escuchan tanto como permanecen parados ahí, esperando su turno para hablar".

El comentario de Waugh es correcto, pero es interesante también porque buena parte del estilo de los estadounidenses es herencia del imperio británico. Todo parece indicar que los británicos tampoco saben escuchar muy bien; simplemente son más corteses.

Escuchar en Japón

En Japón, escuchar es más que ceremonial. Especialmente en las fases iniciales de una negociación, se escucha mucho. Muchos escritores comentan sobre el tiempo que los japoneses quieren invertir en conocer a la otra persona antes de hacer negocios con ella. Eso es cierto. Quieren escuchar lo que usted tenga que decir: sobre sí mismo, sobre otros negocios que haya hecho, sobre las personas que admira y por qué, y sobre las personas que no admira y por qué no. El proceso de escuchar se alarga tanto que en últimas todo el que hace negocios en Japón lo comenta.

Si usted negocia en Japón, debe escuchar con particular cuidado atendiendo a los "No". Los japoneses rara vez expresan el rechazo de manera directa o rápida; una respuesta más probable sería "Es difícil". En Japón, esa frase significa que la puerta probablemente está cerrada con llave.

Capítulo 9

Ayudas para aprender a escuchar

● ●

En este capítulo

▶ Aprender a escuchar

▶ Mejorar la comunicación entre hombres y mujeres

▶ Adquirir la información necesaria

● ●

*H*ay veces en que usted tal vez sólo querrá decir: "¡Bueno, ya basta! Ya estoy cansado de que la gente me diga que no sé escuchar. Lo intento, pero me enredo una y otra vez en malas comunicaciones. Sólo dígame qué estoy haciendo mal".

Este capítulo le dice cómo aprender a escuchar. Olvídese de la teoría. Olvídese de los modelos. Siga las sencillas sugerencias de este capítulo para convertirse inmediatamente en una persona que sabe escuchar mejor.

Consejos para aprender a escuchar

Las siguientes son cuatro cosas que puede hacer ya mismo para mejorar su capacidad de escucha. Estas técnicas son fáciles de utilizar y traen resultados inmediatos.

Organizar el desorden

Para escuchar bien, debe organizar el desorden. No es sólo cuestión de buenos modales sino que es una necesidad absoluta si quiere concentrarse en la persona con la que está hablando. Desorden de ruido, desorden en el escritorio, hasta desorden mental, todo esto impide escuchar bien.

Piense en el peor escucha que jamás haya conocido en su vida. Si tiene un adolescente en casa, probablemente no tendrá que buscar muy lejos. Piense en el dormitorio típico de ese chico: el equipo de sonido a todo volumen, objetos regados por todas partes. Con razón su adolescente no lo oye. Sus palabras pueden penetrar el caos temporalmente, pero el contenido pleno de su mensaje no llega.

¿Por qué no aprender de los errores de su hijo adolescente?

✔ Cuando le hable a alguien, no le quite el sonido al televisor solamente, apáguelo.

✔ Si tiene algo más en mente, anótelo antes de iniciar la conversación. Así no tendrá que preocuparse de que se le olvide tocar ese tema y su mente quedará libre para concentrarse en el resto de la conversación.

✔ Despeje su escritorio, o lo que esté entre usted y su interlocutor, para que pueda concentrarse en lo que le están diciendo.

✔ No acepte llamadas telefónicas mientras está hablando con otra persona. Interrumpir una conversación para contestar una llamada hace sentir insignificante a la persona que está con usted.

Cuando un colega entra en su oficina, usted no tiene que involucrarse en una conversación con él inmediatamente. Si el hecho de saber que tiene que terminar una tarea puede distraerlo e impedirle prestarle suficiente atención, es mejor posponer la charla. Si concluir el proyecto que lo ocupa le tomará sólo un momento, puede decir: "Un momento, permíteme terminar esto para luego sí poder atenderte". Si le va a tomar más tiempo, programe una reunión para más tarde ese mismo día. Sus colegas preferirán esperar hasta que usted pueda escucharlos que verlo dedicado a otro asunto mientras intentan hablarle.

Lo mismo es cierto para las conversaciones telefónicas. Nunca trate de negociar por teléfono mientras lee una nota de su secretaria, se pone al día con el archivo o juega con el computador. Realizar dos tareas simultáneamente simplemente no funciona. Cierto, sus oídos pueden ocuparse escuchando mientras sus ojos hacen otra cosa. No obstante, su cerebro no puede procesar simultáneamente la información contradictoria que le llega de los ojos y de los oídos. Ambos mensajes pierden importancia.

Para escuchar mejor, elimine el desorden: de sus oídos, de su escritorio y de su mente. Nada estorba más que la basura. Bótela.

Contar hasta tres

He aquí un mecanismo extraordinariamente simple que puede ayudarle a escuchar mejor. Sencillamente, cuente hasta tres antes de hablar. Esos minutos le permitirán asimilar y comprender el último comentario que escuchó, antes de responder.

Si practica esta táctica durante un tiempo, contar puede dejar de ser necesario, aunque la pausa siempre vale la pena. Usted asimila el mensaje y le da a su interlocutor una última oportunidad de modificar el comentario o la pregunta que hizo. Aun si su respuesta es sólo que tiene que consultar con su cliente, su cónyuge o su jefe, esa pausa de tres compases le ayudará a comprender mejor y a recordar lo que le dijo la otra persona.

Despertarse

Si está verdaderamente interesado en lo que dice la otra persona, debe demostrarlo. Si se siente adormilado, no se rinda. Siéntese más erguido. Párese. Como pueda, haga que la sangre fluya. No piense que puede esconder eficazmente que su interés está decayendo sin cambiar la postura física.

La próxima vez que converse con alguien, como diversión, asuma la postura más atenta que le sea posible. Observe cómo ese cambio de comportamiento mejora su capacidad de escucha. Siga estos pasos para conversar mejor en el futuro:

- ✔ Descruce los brazos y las piernas.
- ✔ Siéntese derecho en la silla.
- ✔ Mire de frente a la persona que habla.
- ✔ Inclínese hacia adelante.
- ✔ Establezca tanto contacto visual como pueda.

Tomar apuntes es de gran ayuda para escuchar mejor. Así no consulte sus apuntes en el futuro, el solo hecho de anotar los puntos sobresalientes en una conversación refuerza todo el proceso de escuchar. Anotar la información involucra en el proceso de escuchar a otras partes del cerebro, así como a los ojos y los dedos. Es casi imposible asimilar una conversación completa sólo escuchando.

También es importante tomar notas a lo largo de cada paso del proceso de negociación. Inmediatamente después de una sesión de negociación, revise sus apuntes para asegurarse de que anotó todo

Michael dice • Michael dice • Michael dice • Michael dice • Michael dice • Michael dice • Michael dice • Michael dice

El borde del asiento

Tanto Mimi como yo amamos el cine y el teatro y asistimos a muchos espectáculos en Los Angeles. Pero aun durante una actividad que disfruto tanto, a veces mi atención comienza a divagar. Si siento que estoy perdiendo el interés en la función, me inclino hacia adelante en la silla. A veces hasta me resbalo un poco hacia adelante.

Cuando me siento en el borde del asiento, mi interés parece revivir. Si me muestro despierto y rebosante de energía, realmente me pongo más alerta. Mis amigos confirman que han tenido la misma experiencia. Pruebe esta técnica la próxima vez que la naturaleza parezca dominar su capacidad de mantener la concentración.

Michael dice • Michael dice • Michael dice • Michael dice • Michael dice • Michael dice • Michael dice • Michael dice • Michael

lo que quiere recordar, y de que entiende las notas que tomó. Recuerde sus días de estudiante y cuán confusos pueden ser los viejos apuntes: extrañas abreviaturas, garabatos ininteligibles, grandes manchas de café.

Una vez revisadas las notas, considere la posibilidad de preparar un informe para el otro equipo en la negociación. Un memorando de confirmación es una excelente manera de asegurarse de que escuchó bien. Escribir lo que cree haber escuchado y verificar ese material con el otro equipo es una experiencia positiva para ambas partes.

Sin embargo, si su contraparte cree que usted registró la conversación erróneamente, él o ella puede enojarse y rechazar su versión. En ese caso, usted también gana. Su memorando servirá un propósito excelente si la reacción revela que usted y el otro equipo tienen una visión diferente del proceso. Agradezca el comentario y señale que escribió el memorando para asegurarse de haber interpretado correctamente la discusión.

Puede no haber escuchado atentamente, pero también es posible que la otra parte esté corrigiendo una comunicación descuidada. Las personas con frecuencia cambian o perfeccionan su posición una vez que la ven en negro y blanco. Permita que la modificación se haga con dignidad. Cuando su interlocutor aporte una nueva versión de la negociación, cambie sus notas sin discutir. Pelear sobre quién dijo qué no permite avanzar en las negociaciones; identificar la posición de la parte opuesta sí. Recuerde: escribe para que todo resulte bien.

Hacer un registro de los acuerdos en las reuniones familiares es tan importante como hacerlo en las reuniones de negocios. Adquiera la costumbre de anotar las reglas de conducta para los niños más jóvenes, las tareas de los niños mayores, y hasta los acuerdos con su pareja. De esa manera todos tienen claridad sobre las respectivas expectativas.

Conversaciones entre hombres y mujeres

En nuestros seminarios de negociación siempre hacemos un intervalo para presentar algún material sobre las diferentes maneras en que hombres y mujeres se comunican. Evidentemente, existen muchas excepciones en cualquier generalización. No nos preocupan las teorías en cuanto a si estas diferencias son el resultado de la cultura, del entorno, de las presiones sociales o de las estructuras de poder. Les dejamos eso a los académicos. Sólo informamos sobre la situación tal como es hoy y lo que usted puede hacer como individuo para lograr más de lo que desea de la vida — incluida una mejor comunicación con aquellos a quienes ama y con quienes trabaja.

Consejos para las mujeres

Los siguientes son tres consejos para las mujeres cuando escuchen a un hombre:

✔ **No hablen cuando él esté hablando.** Muchas mujeres creen que pueden hablarles a sus esposos de la misma manera que si estuvieran hablando con sus mejores amigas. Mientras el esposo les habla, ellas interponen comentarios. Por lo general, el esposo deja de hablar abruptamente. Las mujeres, confundidas por semejante reacción, preguntan qué pasa y él las acusa de interrumpir.

Las mujeres no creen que estén interrumpiendo, creen que están añadiendo. Entre mujeres es aceptable que la una añada a las frases de la otra. Sin embargo, la mayoría de los hombres necesitan un espacio para entablar una conversación y quieren preservar ese espacio hasta que terminan de hablar.

Escuche en silencio en lugar de hacer pequeños comentarios afirmativos como "ajá", "sí, sí" o "sí, claro". Las mujeres utilizan esas frases para animar a la persona que habla a que continúe. Una mujer interpreta esos comentarios así; un hombre puede percibirlos como una interrupción.

Otro problema es que a veces, cuando se hacen comentarios afirmativos, el hombre cree que la mujer está expresando su acuerdo con lo que él está diciendo, no que le está comunicando que entiende lo que le quiere decir.

✔ **Crean lo que él esté diciendo.** Si nos dieran un dólar por cada vez que una mujer nos dice "Me dijo tal cosa, pero lo que yo creo que quiso decir es que...", estaríamos ricos. Muchas mujeres creen que los hombres hablan en niveles diversos, y tratan de encontrar significados ocultos. Según nuestra experiencia, los hombres suelen decir lo que piensan y pensar lo que dicen, y esperan que las mujeres hagan lo mismo. No pasan ni dos minutos de su tiempo llamando a otro tipo a decirle: "Esto es lo que me dijo esta mañana al desayuno. ¿Qué crees que quiso decir?"

✔ **Sean pacientes.** El ritmo de un hombre puede ser distinto del suyo. Él puede hablar más despacio o hacer pausas con mayor frecuencia que usted. Deje que fluyan sus ideas. No hable durante esas pausas.

Consejos para los hombres

Los siguientes son tres consejos para los hombres cuando escuchen a las mujeres:

✔ **Escuchen todo lo que ellas dicen hasta el final.** A veces las mujeres hablan para procesar la información o para decidir qué quieren hacer, en lugar de pensar en silencio y después formular una conclusión. Si cree que está ocurriendo eso, deje que los pensamientos de ella avancen. No la presione — empujarla interrumpe su flujo de pensamiento y hace que sienta que la ha desairado.

✔ **Présteles toda su atención.** No basta con quitarle el volumen al televisor; apáguelo. No basta con desviar la mirada de la página de deportes; ponga el periódico a un lado. Diríjase a ella, mírela a los ojos. Esa respuesta demuestra que le importa lo que la mujer está diciendo.

✔ **Sean pacientes.** El ritmo de ella puede ser distinto del suyo. Ella puede querer cubrir más temas que usted en una misma conversación. Recuerde que los hombres y las mujeres se comunican de manera diferente. Haga un esfuerzo por tomar en consideración esas diferencias.

HOMBRES & MUJERES

Los tiempos están cambiando

Yo dicto conferencias a lo largo y ancho de mi país sobre las diferencias en la comunicación entre hombres y mujeres. Hace 15 años, cuando comencé a hacer estos recorridos, siempre había alguien en el auditorio que negaba que exista tal diferencia. Sólo admitían que se dijera que las mujeres no han tenido igual poder en el mundo del trabajo.

Como feminista ferviente, he trabajado por combatir el desequilibrio de poder que existe entre los sexos. Pero hoy en día la mayoría de la gente admite que existen diferencias entre hombres y mujeres y quiere saber qué hacer con esa información. Las librerías están llenas de libros sobre el tema.

Mientras lee sobre las diferentes maneras en que escuchan los hombres y las mujeres, no olvide que no todos los hombres ni todas las mujeres escuchan y hablan del mismo modo. Jefes y empleados, esposos y esposas, y amigos, todos están intentando cerrar las brechas existentes. Al poner en práctica las sugerencias de esta sección, es importante evaluar la capacidad de aceptación de cada individuo.

Sonsacar información

Saber escuchar exige hacer sondeos. Nadie le dice todo lo que usted quiere escuchar en el orden preciso ni con la profundidad y el detalle que usted prefiere. Tiene que preguntar. No hay palabra que describa mejor la tarea de interrogar que *sonsacar*. Las preguntas son un medio para extraer la información que desea o necesita.

En un juicio, el formato de pregunta y respuesta domina el proceso. Si bien los abogados y el juez hablan haciendo declaraciones entre ellos, todo el testimonio se presenta en el formato más o menos artificial de preguntas y respuestas. En un juicio, como en una negociación, el objetivo de cada pregunta debería ser el de obtener información específica. Si la pregunta no obtiene una respuesta directa, debe preguntarse de otra manera. Las reglas de un juzgado son bastante específicas; es cuestión de cortesía aplicar esas mismas reglas a una junta de negocios. Por ejemplo, la cortesía prohíbe asediar a la otra parte con preguntas rápidas e insistentes; las reglas del juzgado también lo prohíben.

Desarrollar la capacidad de formular buenas preguntas es un esfuerzo de toda la vida. Si tiene la oportunidad de observar un juicio, note que la diferencia más importante entre un abogado experimentado y otro con menos experiencia es la capacidad del primero de hacer las preguntas correctas en el momento correcto. Casi sin falla, la pregunta clave no es un interrogante pretencioso y agresivo sino una pregunta simple y fácil de entender, diseñada para extraer información específica.

Un excelente ejemplo de cómo sonsacar información ocurrió en el juicio de O. J. Simpson por homicidio durante el interrogatorio del agente de policía Mark Fuhrman. Largas preguntas, expresadas con suavidad, condujeron a un simple interrogante: "En los últimos diez años, ¿ha usado alguna vez esa palabra que comienza con 'n'?"[1] "No", respondió el policía. "¿Está seguro?", insistió el abogado. "Sí, señor", contestó el policía. No hubo fuegos artificiales ni bailes de celebración en ese momento, pero ese tranquilo intercambio cambió el rumbo del juicio de manera permanente. Finalmente, la verdad sobre el comportamiento de Fuhrman chocó contra esa declaración de forma tan explosiva que todas las demás pruebas perdieron fuerza. Fuhrman y todos sus colegas se perjudicaron con esas breves palabras sonsacadas con tanta delicadeza durante el interrogatorio.

Luchar contra la jerga

No se cohíba ni se avergüence si tiene que pedirle a alguien que aclare un comentario. Muchas personas usan jerga o un lenguaje taquigráfico cuando hablan, de modo que no siempre se puede estar seguro de lo que quieren decir. Por ejemplo, cuando nos reunimos con la encargada de mercadeo de la serie ...para Dummies, comenzó a hablarnos de AMC. Nos mofamos de ella por la jerga, pues para nosotros AMC quería decir *American Multi Cinema,* una gran cadena de salas de cine. Rápidamente ella identificó AMC como *advanced marketing chapter* (capítulo anticipado para mercadeo), que se envía a diversos compradores antes de que el libro completo esté listo para la imprenta. Esta situación fue fácil de manejar porque Stacy, la gerente de marcas, nos la explicó gustosamente. Sólo tuvimos que preguntarle.

Una situación ligeramente más difícil surge cuando usted y la otra persona trabajan en la misma industria y esa persona asume que usted sabe el significado de las palabras que ella utiliza. En esas

---

1 "Negro", en inglés, es una palabra peyorativa para referirse a un afroestadounidense. *(N. del T.)*

condiciones, usted puede sentirse avergonzado de preguntarle el significado, pues cree que debería saberlo. Hay algunas buenas maneras de manejar esa situación. Nuestra favorita es hacer el siguiente comentario: "Sólo para estar seguros de que estamos usando las siglas de la misma manera, díganos exactamente cómo define XYZ". Cuando la otra persona le dé su definición, úsela. Las siguientes son tres respuestas útiles cuando su interlocutor defina un término:

✔ ¡Qué bien! Utilizamos esa frase de la misma manera.

✔ Me alegra haberle preguntado; nosotros utilizamos esa frase de manera un poquito diferente, pero aceptamos su definición.

✔ Gracias, acabamos de aprender algo nuevo.

Si usted cree realmente que la otra persona está fuera de base y piensa que incurrirán en dificultades si se utiliza el término a la manera de ellos en lugar de hacerlo a su manera, dígale: "Deberíamos definir ese término en el acuerdo escrito para que los demás no se confundan. Usted y yo sabemos de qué estamos hablando, pero vale la pena asegurarnos de que todo el mundo lo sepa también". No hay que involucrarse en una batalla de definiciones.

Hay una tercera situación en que puede encontrarse con la jerga. Algunas personas usan la jerga para impresionar a otras con sus conocimientos, su poder o su posición. Hemos visto ese tipo de personas entre los médicos, los abogados y los contadores. Con frecuencia utilizan ese mecanismo con sus propios clientes. Utilice las técnicas mencionadas para aclarar la conversación, pero si el problema es crónico, busque otro profesional que satisfaga mejor sus necesidades.

Aclarar los términos relativos

Tan importante como pedirles a los demás que expliquen expresiones específicas en jerga es solicitarles que definan términos relativos. Las *palabras relativas* son palabras descriptivas no específicas que sólo tienen significado en relación con otra cosa.

Los siguientes son algunos ejemplos de términos relativos que pueden generar mucha confusión:

✔ Barato

✔ Buena calidad

✔ Grande

✔ Muchos

✔ Pronto

✔ Sustancial

No tema pedir aclaraciones cuando alguien utilice uno de estos términos al hablar con usted. Si la persona insiste en usar generalidades, como suelen hacer algunos, insista a su vez en que le dé parámetros. Si aun así no obtiene una respuesta específica, aporte

Un pequeño malentendido

Quisiera poder decir que siempre he eliminado las confusiones que se generan cuando se utilizan términos vagos. Pero la verdad es que no siempre hay tiempo para eso. A veces uno quiere zafarse de una conversación y lo último que desea es prolongarla buscando asegurarse de haber entendido correctamente cada detalle. Otras veces, especificar no parece importante.

Hace poco me reuní con un acaudalado inversionista. Cuando habíamos acabado de discutir el tema de nuestra reunión, mencionó que le había dado "dinero de bolsillo" a uno de mis clientes. Yo entendí el comentario, muy literalmente, como un pequeño reembolso por gastos no especificados. "Qué bien", pensé, y lo dije. En el sur llamamos ese tipo de sumas de dinero "plata para el diario".

Más tarde me enteré de que el inversionista le había dado a mi cliente un cheque por $100.000 dólares y estaba molesto por la manera como él se estaba gastando el dinero. También estaba descontento conmigo por no haber rectificado la situación cuando me había informado lo que ocurría. Sobra decir que yo me sentí

conmocionado al enterarme de todo esto por intermedio de un amigo que teníamos en común. Por fortuna pudimos remediar el problema inmediatamente.

Si ese comentario hubiera sido el tema de nuestra reunión, hubiera pedido aclaraciones en ese momento. Pero en las circunstancias en que surgió, no le di mucha importancia, y el malestar del inversionista continuó bullendo bajo la superficie hasta que escuché su queja dos semanas después y pude remediarla. Esta historia terminó bien porque me enteré rápidamente de los detalles. Pero la situación hubiera podido seguir enconándose y perjudicar la relación de mi cliente y la mía (injustamente) con ese inversionista. ¿Por qué? Por falta de claridad. Cuando mi cliente explicó con todo detalle cómo se estaba gastando el dinero, el inversionista no sólo quedó satisfecho sino que le hizo otro adelanto de fondos.

La mejor inversión de tiempo que se puede hacer en cualquier situación es ese tiempo adicional que se dedica a asegurarse de que cada persona se exprese claramente.

dos o tres parámetros y exija que la persona escoja uno de ellos. Por ejemplo, puede decirle: "¿Quiere decir unos diez, o talvez cien, o se acercaría a mil?"

Hacer preguntas: una herramienta muy útil

Cuando uno escucha atentamente, descubre algo increíble. A veces la persona que está hablando con uno no brinda la información que uno necesita. La herramienta principal del buen oyente es formular una buena pregunta.

Las preguntas son un instrumento maravilloso para estimular la comunicación, ahondar en ella y guiarla.

Formular una buena pregunta es una habilidad que requiere años de entrenamiento. La base de una acertada formulación de preguntas es saber qué información desea obtener. Las siguientes son ocho indicaciones prácticas para formular mejores preguntas — preguntas que pueden llegar al meollo de las cosas:

✔ **Prepare sus preguntas con anticipación.** Prepare los temas de las preguntas pero no se aprenda de memoria la formulación exacta, pues resultaría artificial. Un guión es demasiado restrictivo e impide el flujo natural de la conversación. No obstante, vale la pena hacer un esquema en donde se exprese la finalidad y la secuencia de las preguntas. Si planea con anticipación, podrá seguir el hilo del pensamiento de quien habla y obtener mucha información. Muy pronto esa persona estará revelándole tranquilamente mucha información.

✔ **Haga preguntas con un propósito definido.** Cada pregunta que formule debe tener uno de dos objetivos fundamentales: conseguir información u obtener opiniones (ver ejemplos de cada uno en la tabla 9-1). Identifique su objetivo y persígalo, pero no confunda los dos conceptos.

✔ **Adapte su pregunta a quien lo escucha.** En sus preguntas, tome en consideración el marco de referencia y los antecedentes de quien lo escucha. Si su interlocutor es un agricultor, use ejemplos de la agricultura. Si es un adolescente, haga referencia a la vida escolar, a las citas con amigos o a otros temas que den en el blanco. Y asegúrese de utilizar palabras y frases que esa persona entienda. No intente impresionar a un niño de cinco años con su vasto vocabulario ni introduzca términos de informática cuando hable con un jefe que no sabe nada de tecnología.

✔ **Tras las preguntas generales, siga con preguntas más específicas.** Estos interrogantes específicos, llamados *preguntas de seguimiento,* generalmente van más allá de las trivialidades y abordan la información fundamental. Esa progresión corresponde también a la manera como piensa la mayoría de la gente, por lo que usted está conduciendo a su interlocutor por un camino natural.

✔ **Asegúrese de que sus peguntas sean cortas y claras — aborde un solo tema.** De nuevo, esta sugerencia le ayuda a adaptar su técnica de interrogar a la manera como funciona la mente. El interlocutor tiene que asimilar su pregunta. No es momento para presumir, así que formule preguntas simples. Las preguntas son tan sólo la vía para que la gente le diga las cosas que usted quiere saber. Si en realidad quiere saber dos cosas, formule dos preguntas distintas. Es usted quien requiere la información, es usted quien debe hacer el trabajo. Hacer preguntas cortas requiere más energía pero vale la pena. Muy pronto su interlocutor estará hablándole libremente y usted podrá prescindir por completo de las preguntas.

✔ **Incorpore transiciones entre las respuestas y sus preguntas.** Escuche la respuesta a su primera pregunta. Utilice algún elemento de la respuesta para formular la siguiente pregunta. Aun si este procedimiento lo desvía ligeramente del tema, produce buenos resultados porque hace sentir cómodo a su interlocutor. Este enfoque semeja además una conversación y es, por ende, más amable. Por esta razón lo alentamos a planear sus preguntas, no a memorizarlas.

✔ **No interrumpa. ¡Permita que la otra persona responda la pregunta!**

Tabla 9-1   Los dos objetivos de hacer preguntas

Para obtener información objetiva	*Para obtener opiniones*
"¿Cuándo comenzó a elaborar el plan?"	"¿Qué tan bueno es este plan?"
"¿Cuántos empleados están disponibles?"	"¿Funcionará la programación?"
"¿Cuáles son las dimensiones de la casa?"	"¿Cómo le parece el diseño?"
"¿Cuál vehículo llegó primero a la intersección?"	"¿Quién causó el accidente?"

Un negociador sagaz puede intentar utilizar una serie de preguntas para obligarlo a llegar a una conclusión específica. Cada pregunta está diseñada para provocar una respuesta positiva — un "sí". Esta secuencia de preguntas conduce a un interrogante final formulado en el mismo modo. Si usted responde afirmativamente a esta pregunta final, la negociación ha concluido y usted habrá aceptado los términos de la parte contraria. El capítulo 17 le demuestra cómo pueden servirle las preguntas para cerrar un negocio.

Algunas personas utilizan las preguntas para intimidar o atacar. Talvez alguien le haya preguntado: "¿Por qué diablos usa un sombrero así?" Usted podría sentir la tentación de quitarse el sombrero y usarlo para darle duro a esa persona. La mejor respuesta en esos casos es no responder. Deje que pasen unos segundos y después siga sin responder ni admitir la pregunta. Algunos comportamientos no merecen que se les dedique tiempo o energía. No intente inculcarle a esa persona el valor de vivir en una sociedad civilizada. No funcionará. Mantenga la mirada en su objetivo y no se distraiga.

Evitar las preguntas capciosas

Para obtener las respuestas más reveladoras y la información más objetiva, evite hacer preguntas capciosas. Las _preguntas capciosas_ contienen el germen de la respuesta que usted está buscando.

El siguiente es un ejemplo típico de una pregunta capciosa:

> LOP (La Otra Persona): "Sólo he utilizado ese palo de golf un par de veces".

> Usted: "¿Cómo le pareció el excelente peso y equilibrio del palo?"

Puesto que su pregunta contiene un comentario elogioso sobre el palo de golf, la otra persona encontrará difícil decir algo negativo, aunque no tenga un buen concepto del palo de golf. Una pregunta no capciosa, tal como "¿Cómo le parece?" es neutral y es más probable que conduzca a la verdad.

Estos son otros ejemplos de preguntas capciosas:

✔ "¿No cree que tal y tal cosa es cierta?"

✔ "¿El precio habitual no es XYZ?"

✔ "Todo el mundo dice que este cachivache es el mejor. ¿Usted no?"

Si se expresan de una manera no capciosa, es más probable que estas preguntas suministren información precisa y opiniones honestas. Estas son las mismas tres preguntas, reformuladas:

✔ "¿Qué le parece tal y tal cosa?"

✔ "¿Cuál es el precio habitual de XYZ?"

✔ "¿Cuál cachivache le parece mejor?"

Las preguntas capciosas no contribuyen a mejorar su capacidad de escucha ni a obtener información de la mejor calidad. Como herramienta de ventas, sin embargo, usted puede desear que la otra persona adquiera un objeto en condiciones favorables para usted. Cuando esté cerrando un negocio, la pregunta capciosa puede ayudarle a conducir a la persona al cierre. En esta sección, sin embargo, estamos tratando las preguntas que se formulan para averiguar qué está pensando la otra parte y no las que se usan para favorecer sus intereses económicos.

En los tribunales no se permiten las preguntas capciosas. Los testigos están obligados a dar su opinión, no a seguir insinuaciones. Eso es así porque en los tribunales, como en esta sección, el objetivo es averiguar qué información basada en los hechos puede aportar el testigo.

No asumir nada

Cuando las personas hacen suposiciones flagrantes y evidentes, tienden a bromear sobre ellas. Lo que la gente pasa por alto es cuántas veces al día hace suposiciones rutinarias sobre las intenciones de otra persona sin verificar con esa persona qué piensa realmente.

Saber escuchar implica no suponer nada sobre las intenciones de quien habla. Esta regla es especialmente válida en las conversaciones con la familia, los amigos y los colegas de trabajo. Usted aprende cómo utilizan las palabras y con frecuencia conoce su taquigrafía verbal. Esta familiaridad puede llevarlo a asumir que entiende lo expresado por un amigo, un miembro de la familia o un colega, sin pensar detenidamente en lo que en realidad le está diciendo. Tenga cuidado de no sacar conclusiones precipitadas sobre las intenciones de una persona, especialmente si forma parte de ese importante círculo íntimo de sus personas más allegadas.

Los abogados dicen: "No asuma hechos que no se pueden comprobar". Este principio legal se aplica a un grupo de preguntas que no se permiten en un tribunal. El ejemplo más famoso de ese tipo de preguntas es

> "¿Cuándo dejó de golpear a su esposa?"

En realidad esta pregunta es una trampa porque su formulación implica que usted ha golpeado a su esposa en el pasado. Este famoso ejemplo demuestra por qué las preguntas de ese tipo impiden una buena comunicación. La pregunta pone inmediatamente a alguien en una posición defensiva, y resulta imposible responder con exactitud si la suposición que subyace a la pregunta es errónea. Si el propósito del que pregunta es averiguar la verdad, las siguientes tres preguntas son más objetivas:

✔ "¿Alguna vez ha golpeado a su esposa?"

✔ (Si es el caso) "¿Dejó de golpear a su esposa?"

✔ (Si es el caso) "¿Cuándo dejó de golpear a su esposa?"

En los negocios, las preguntas capciosas se consideran inadecuadas. Como mínimo son desafiantes, con frecuencia son hostiles. Este es un ejemplo:

> "¿Por qué insiste su empresa en cobrar más por este artículo?"

Ahora desglosemos la pregunta para no asumir hechos que no sean comprobables. Una vez más, llegar a la información en forma objetiva requiere tres preguntas. También se elimina la hostilidad:

✔ "¿Cuánto cobra su empresa por este artículo?"

✔ "¿Cuánto cobran otras empresas por este artículo?"

✔ "¿Por qué cree usted que existe esa diferencia en los precios?"

Observe que, en este ejemplo, usted y la otra persona pueden tener diferente información sobre los precios. Descomponer la pregunta en tres partes ofrece la oportunidad de aclarar la diferencia sin entrar en una discusión.

En el hogar, las preguntas capciosas a menudo se perciben como acusaciones. A causa de los vínculos emocionales existentes, tales preguntas resultan aun más desagradables que en el trabajo y pueden generar desacuerdos muy rápidamente. Piense en la siguiente pregunta, que con frecuencia surge en el frente doméstico:

> "¿Por qué no hablas nunca del tema?"

Este ejemplo demuestra cómo tales preguntas parecen suponer mala voluntad para comunicarse. Intente descomponer la pregunta de tal manera que no contenga suposiciones. Adivine — se requieren tres preguntas otra vez. Mientras lee estas preguntas, imagínese cómo reaccionaría a ellas una persona cercana:

✔ "Si no estás dispuesto a hablar de eso ahora, ¿estarías dispuesto a hacerlo en circunstancias diferentes?"

✔ "¿En qué circunstancias?"

✔ "¿Cómo puedo contribuir a crear tales circunstancias?"

Formular preguntas abiertas

Al contrario de las preguntas que se responden con un sí o un no, las *preguntas abiertas* hacen posible que quien las contesta hable, permitiéndole a usted obtener mucha más información. En el capítulo 15 se discute el uso de preguntas que se responden con un sí o un no para cerrar un negocio. Las preguntas de sí o no limitan las opciones y obligan a tomar una decisión. Por el contrario, si desea averiguar la opinión de alguien o reunir información objetiva durante una negociación, cuanto más pueda lograr que la otra persona hable, más información obtendrá.

Esta es una pregunta cerrada simple que requiere una respuesta de sí o no:

> "¿Le gusta este automóvil?"

Las preguntas abiertas, por el contrario, animan a la persona a comenzar a hablar:

> "¿Qué es lo que más le gusta de este automóvil?"

Pruebe algunas preguntas abiertas clásicas cuando necesite obtener información. Estas preguntas incitan a la otra parte a abrirse y decirlo todo:

> "¿Qué pasó después?"

> "¿Y eso cómo lo hizo sentir?"

> "Cuénteme más sobre eso".

El último ejemplo muestra que es posible hacer preguntas a modo de afirmaciones (en lugar de formular una pregunta). Esa técnica puede ser muy útil si se trata de un interlocutor renuente. Las personas que no responden preguntas a veces responden una orden directa.

Preguntar de nuevo

Cuando alguien no responde su pregunta, usted tiene dos opciones, según la situación:

✔ Suspender todo hasta obtener una respuesta o un reconocimiento claro de que su pregunta no va a recibir una respuesta. El silencio es valiosísimo en oportunidades como esta. La mayoría de la gente se siente incómoda frente al silencio. Una persona puede sentirse obligada a contestar una pregunta difícil si usted permanece callado después de formularla. "El próximo en hablar, pierde".

✔ Esperar un rato y hacer la pregunta más tarde. Si la pregunta merecía hacerse inicialmente, merece que se vuelva a formular.

Cuál de estas dos técnicas utiliza es algo que depende de la situación. Si la situación evoluciona rápidamente y la información que usted solicitó es fundamental para la toma de decisiones, use la primera. Puede usar la segunda técnica (esperar el momento propicio) cuando sepa que tendrá otra oportunidad de acceder a la información, y cuando no necesite la información inmediatamente. Esperar cierto tiempo siempre resulta más fácil y menos conflictivo; pero si realmente necesita un elemento de información, no tema decir: "Un momento, necesito saber...".

Una buena manera de tratar a alguien que no responde su pregunta es hacer una pequeña broma, con una observación como esta: "Me está dejando en el aire", o "Necesito ponerme al día". No importa qué tan serio sea el tema de la negociación, nunca hace daño un poquito de humor, especialmente si no se excluye usted mismo como sujeto de ese humor.

Si su interlocutor también hace una pequeña broma para evitar la pregunta, tal vez usted deba regresar a la modalidad seria. Persevere hasta que obtenga una respuesta a su pregunta o se dé cuenta de que tiene que buscarla en otra parte. Si la otra persona no va a responder su pregunta, tome nota del hecho y así no olvidará utilizar otros recursos para obtener la respuesta que requiere.

No derrochar preguntas

Si tiene suerte, su interlocutor responderá la mayoría de sus preguntas antes de que usted las formule. Por eso no debe dispararlas como una ametralladora. Tenga paciencia. Haga sólo las preguntas esenciales. Si le es igual la respuesta, no pregunte. En este mundo sólo se le permite un número limitado de preguntas. No las utilice indiscriminadamente.

Todo niño aprende cuán fútil resulta repetir la pregunta "¿Ya llegamos?" En la mesa de negociaciones usted puede no "llegar" nunca si se pasa de la raya en materia de preguntas. Las consecuencias: quien escucha puede ponerse demasiado susceptible ante su demanda, lo que con frecuencia se traduce en una actitud defensiva y resistencia a responder sus interrogantes. Cuando alguien adopta una actitud defensiva en un área, lo hace igualmente en otras áreas y por tanto difícilmente acepta su posición general. Es un precio muy alto por hacer demasiadas preguntas.

No hacer demasiadas preguntas es particularmente importante cuando se está negociando en otras culturas. La parte contraria sabe tan bien como usted que los antecedentes culturales diferentes pueden ser motivo de problemas. Por otra parte, hacer demasiadas preguntas puede poner a la otra persona a la defensiva. Se agudizan artificialmente las preocupaciones sobre la comunicación, la claridad y la camaradería, y una pregunta suya puede poner a la otra persona en aprietos. Si alguien no comprende su pregunta, esa persona manifestará su desconcierto y puede sentirse estúpida. El corolario es que una pregunta bien formulada a veces puede ayudarle a evaluar qué tan bien le están entendiendo.

Para convertirse en un interrogador verdaderamente bueno, tras una sesión de negociación le conviene dedicar cierto tiempo a reflexionar sobre las preguntas que formuló. Identifique las preguntas superfluas. Recuerde que toda pregunta debe cumplir un cometido. No está examinando los daños causados en esa negociación específica, está evaluando la calidad de las preguntas.

No aceptar sustitutos

Está escuchando. Está haciendo las preguntas adecuadas en el momento adecuado. Es paciente. Entonces, ¿por qué no está obteniendo la información que necesita? La razón puede ser que:

- ✔ Su interlocutor simplemente no desea responder sus preguntas. Talvez la política de su empresa impide revelar la información. Talvez su interlocutor se siente incómodo discutiendo un tema específico.

- ✔ Su interlocutor no sabe responder preguntas. La resistencia no es deliberada ni de mala fe; se debe a malos hábitos, indolencia o pereza.

✔ Su interlocutor es un mentiroso patológico.

En cada uno de estos casos, el resultado es el mismo: usted no logra acceder a un elemento valioso de información. La pregunta es: "¿Qué va a hacer al respecto?"

✔ En el primer caso, tome nota y averigüe la información en otro lugar.

✔ En el segundo caso, use las mismas técnicas que utilizaría en caso de una evasión deliberada. Vea la próxima sección.

✔ En el tercer caso, huya. Nunca negocie con un mentiroso. No podrá ganar.

Las próximas tres secciones abordan las estratagemas que las personas utilizan para evitar dar respuestas precisas. Si usted se man-

Michael dice • Michael dice • Michael dice • Michael dice • Michael dice • Michael dice • Michael dice • Michael dice • Michael

La persistencia paga

Una vez participé en una negociación que se prolongó durante meses porque mi interlocutor no quería darme un elemento específico de información sobre salarios, ¡a pesar de que inicialmente había prometido proveer la cifra el primer día! Yo representaba a alguien que un estudio iba a contratar para asumir un cargo que se acababa de crear, por lo que no había historia salarial. No quería negociar a partir del salario anterior de mi cliente, pues ella había estado trabajando por fuera del sector con una organización que pagaba salarios bajos. Entonces yo formulé una pregunta simple: ¿Cuánto se le paga a la persona inmediatamente superior a ella, y cuánto se les paga a los dos hombres que están en cargos al mismo nivel en el organigrama, aunque sus funciones sean diferentes?

Cuanto más tiempo pasaba, más me daba cuenta de la importancia de la información que buscaba. Al final hice llamadas a personas en toda la ciudad y logré ubicar esa información trascendental, pero no dije nada al respecto. Di el monto que aceptaría, pero sólo cuando supe que esa cifra se ubicaba en el límite superior de la escala de salarios del estudio cinematográfico. Poco tiempo después llegamos a un acuerdo.

El deseo del estudio de no revelar lo que creía era información confidencial hizo que tuviera que pagar más de lo que había calculado. Durante dos años ese deseo impidió también que admitiera cuán favorable había sido el arreglo logrado para mi cliente. Pero, desde luego, yo ya lo sabía.

Si no logra obtener la información fácilmente mediante preguntas directas, emprenda una investigación. Investigue hasta que consiga la información que necesita.

Michael dice • Michael dice • Michael dice • Michael dice • Michael dice • Michael dice • Michael dice • Michael dice • Michael

tiene alerta ante estos sucedáneos de la información honesta, puede exigir el original.

No tolerar evasivas

Los políticos, como grupo, parecen especialmente entrenados para proveer cualquier cosa menos una respuesta cuando se les interroga. Por ejemplo, si se le pregunta a un representante sobre el estado de la educación pública, este puede lanzarse en una disertación sobre los valores familiares. No acepte la evasiva cuando haga una pregunta. Reconozca esta táctica por lo que es, y repita la pregunta, insistiendo la segunda vez en que le den una verdadera respuesta o que le indiquen exactamente cuándo recibirá una respuesta.

Cuando alguien le dice que va a tener que buscar la información y que volverá a contactarlo, casi lo único que usted puede hacer (sin atacar la honestidad de la persona de manera evidente y frontal) es esperar. Sin embargo, sí puede exigir que le concreten la fecha y hora en que recibirá la respuesta. Si la pregunta es lo suficientemente importante para que la otra parte demore la respuesta (o se niegue a responder), el tema es también lo suficientemente importante para que usted insista. Preguntar "¿Cuándo puedo esperar una respuesta?" es una manera directa de obtener esa información. Asegúrese de anotar la respuesta.

No aceptar una afirmación como respuesta

Una persona que no desea responder su pregunta puede intentar, en lugar de ello, hacer una declaración enfática de algo parecido a lo que usted busca. Esta técnica es común cuando usted solicita un compromiso que la otra parte no está preparada a asumir.

El solterón empedernido, cuando se le pide un compromiso emocional, puede pronunciar un discursito sobre cuán importantes son para él la monogamia y tener una familia. Estas son palabras tranquilizadoras, pero no constituyen un compromiso. Asegúrese de obtener la respuesta que busca y no generalidades sobre el tema.

A veces una aseveración sobre el pasado sustituye una respuesta sobre el futuro. Por ejemplo, usted pregunta si una empresa está planeando gastar $50.000 en publicidad el próximo año. Usted recibe una declaración enfática: la compañía ha gastado $50.000 cada año durante los últimos cuatro años, las ventas están aumentando y cualquier empresa que recortara el gasto en publicidad en ese momento cometería un error. No acepte tales aseveraciones; insista en una respuesta. Diga algo como: "¿Quiere decir que su empresa se ha comprometido definitivamente a gastar $50.000 en publicidad este año?"

Puesto que las aseveraciones a veces se presentan con mucha vehemencia, usted puede sentirse incómodo al insistir en obtener en una respuesta a su pregunta. Pero no persistir en el interrogante puede ser fatal para sus intereses.

No admitir demasiados pronombres

Cuidado con los fatales pronombres: él, ella y ellos, especialmente el infame ellos. Los pronombres pueden meterlo en un atolladero de malentendidos. En el curso de una negociación, impóngale al equipo contrario el uso de sustantivos específicos y de nombres propios. Esta medida preventiva evitará problemas de comunicación.

Con los pronombres hay que adivinar de cuál "ellos" se está hablando. No adivine. Sólo haga un gesto de impotencia con las manos y diga con humor: "¿De quién estamos hablando?" Nunca nos hemos topado con alguien que se rehúse a aclarar este tema. De hecho, con frecuencia la solicitud se acoge con risa. La posibilidad de confusión es evidente y todo el mundo aprecia el esfuerzo de mantener la claridad.

Buscar evidencias de que lo están escuchando

Mientras escucha a su interlocutor en una negociación, manténgase alerta ante los indicadores esporádicos de que la otra persona está escuchando. Si la otra persona dice cosas como "Ajá" o "Eso es interesante", averigüe inmediatamente si esa reacción expresa interés genuino, es una manera de posponer la discusión o (lo que es igualmente nefasto para la comunicación) indica que está luchando contra el temido monstruo de la somnolencia. Esos pequeños monstruos que jalan los párpados a media tarde hacen que salgan de los labios extrañas e indeterminadas expresiones.

Si usted sospecha lo último, haga una o dos preguntas incisivas para dar con la verdad. Preguntar "¿'Ajá' que está de acuerdo, o 'Ajá' que

Sin respuestas no hay seguro

En un seminario de negociación que dictamos en Palm Springs, una vendedora de seguros relató apasionadamente un hecho frecuente. Estaba tratando de conseguir un contrato grande de seguros para los empleados de una importante empresa. Encontró cómo proveer exactamente la misma cobertura de seguros por un monto de dinero considerablemente menor que el que la empresa había estado pagando.

Le preguntó directamente al comprador: "¿Puedo obtener este contrato si logro ahorrarle bastante dinero?"

Él la miró a los ojos y le dijo que a su compañía ciertamente le interesaba ahorrar dinero en los seguros. Ella presionó aún más. "El contrato se otorgará a la oferta más baja", dijo él. Ella se sorprendió porque sabía que la compañía le estaba pagando demasiado a un corredor de seguros que había estado manejando esa cuenta durante años. Entonces repitió la pregunta. "Ciertamente", fue la alentadora respuesta. "Vamos a adquirir nuestra próxima póliza basándonos sólo en el precio".

Ella trabajó muy duro y presentó un plan para ahorrarle a la empresa $25.000. El comprador le llevó el cuidadoso trabajo de la vendedora a su viejo amigo, el actual vendedor de seguros a la empresa.

Cuando él propuso el mismo precio, obtuvo el contrato.

La aseveración del comprador era acertada. Nunca dijo que no le daría a su buen amigo la oportunidad de igualar la oferta de la vendedora. La diligente vendedora se sintió lastimada y frustrada.

Había formulado la pregunta correcta al inicio, pero aceptó una simple aseveración en lugar de la respuesta que necesitaba. Debió haber formulado la pregunta clave: "Si puedo mostrarle cómo ahorrarle a su empresa $25.000, ¿me comprará a mí su próxima póliza?"

Para estar aún más segura, hubiera podido decir: "No quiero que le muestre mi oferta a fulano de tal para que él la iguale. Cualquiera puede reducir sus precios una vez para ganarme. Yo le aseguro primas bajas todos los años". Ella hubiera debido obtener una respuesta a su pregunta antes de demostrarle a la compañía cómo ahorrar todo ese dinero.

Si se hubiera tomado el tiempo adicional para hacer esa pregunta, a la larga hubiera podido ahorrar mucho más tiempo, o por lo menos habría podido escoger si quería asumir el riesgo de no ganar ese cliente. Pero tal como se dieron las circunstancias, se sintió estafada.

me está escuchando?" es una buena manera de desatorar ese evasivo "Ajá".

Cuando alguien dice "Eso es interesante", averigüe exactamente qué es interesante. No tema mantener el ambiente animado. Este enfoque es mejor que permitir que la conversación muera en la mesa de negociaciones.

Si usted comprueba que, efectivamente, su interlocutor no está escuchando, haga una pausa. A menudo un breve estiramiento o una caminata breve ayuda a revivirlos a todos. Si una distracción es la causa del desfalleciente interés en lo que usted está diciendo, enfrente la situación. Manifieste su preocupación o pida que la parte distraída haga la llamada crítica que hace falta.

Que comience el silencio

Casi todo el mundo sabe _cómo_ escuchar, pero la mayoría de la gente no está dispuesta a escuchar lo suficiente. No tiene claro _cuándo_ debe escuchar.

Abundan las anécdotas sobre los vendedores que hablan demasiado. Un buen vendedor debe poder presentir cuándo es el momento apropiado para dejar de hablar y esperar una respuesta. Hay un viejo dicho: "La próxima persona que hable, pierde". Ese axioma se utiliza en muchos cursos de capacitación. Descuidar al cliente es probablemente la principal razón de la pérdida de ventas. El vendedor sigue hablando hasta que el comprador se aburre o, por lo menos, controla su impulso de comprar.

Si quiere que otros escuchen lo que usted dice, debe escuchar lo que ellos dicen; es una de las ecuaciones más simples de la vida.

EN CASA

El Juego Sin Respuesta

Sabe que es hora de jugar el Juego Sin Respuesta cuando escucha las voces subir de tono y las puertas golpearse. El Juego Sin Respuesta es especialmente eficaz en la vida privada, cuando usted y su ser querido no se están escuchando mutuamente; el tema es tan candente que ninguno de los dos deja hablar al otro. Nosotros comenzamos a utilizar esta técnica al inicio de nuestro matrimonio.

Cuando la polvareda se asiente tras una discusión, sugiera que su compañero o compañera se tome cinco o diez minutos para decir todo lo que necesita decir sobre el tema en disputa. Usted escucha sin hacer ningún comentario y, en este caso, sin tomar apuntes. Intente escuchar de verdad en lugar de preparar su objeción. Sobre todo, escuche el mensaje subyacente a las palabras.

Debe entonces esperar entre una y tres horas. Durante ese tiempo, proceda con sus ocupaciones habituales sin mencionar la disputa. Después, cada uno, por turnos, expresa sus preocupaciones sin que el que escucha interrumpa. El ciclo se repite cuantas veces sea necesario. Normalmente el proceso se agota rápidamente porque ahora son dos adultos los que se están escuchando, no dos niños peleando. Esta técnica funciona bien.

Capítulo 10

Su voz interior es su mejor amiga

En este capítulo

▶ Descubrir la voz interior

▶ Utilizar la voz interior

▶ Escuchar los mensajes de advertencia

*Sé sincero contigo mismo, y de ello seguirá,
como la noche al día
que no podrás ser falso con nadie.*

—William Shakespeare

Su *voz interior* es su ser intuitivo, hablándole. Llámela corazonada, intuición o sexto sentido, son muchas las personas que tienden a desoír esa voz interior. Cuando uno busca su voz interior, es mayor la probabilidad de que actúe con honestidad y ética en sus relaciones con otras personas. Creemos que eso estaba intentando decir Shakespeare.

Su voz interior le dice cuándo un negocio se ha dañado. Su voz interior le dice que proceda con un acuerdo, aunque el monto de dinero no sea el mejor. Escuche esa voz. Retírese a un sitio tranquilo y entre en contacto con lo que está ocurriendo en su interior. Si quiere, discútalo con un consejero de confianza, pero nada ni nadie puede darle un mensaje tan acertado como su voz interior.

Una razón por la cual las mujeres a menudo son tan buenas negociadoras es que tienden a tener mejores destrezas intuitivas que los hombres. Algunos hombres menosprecian la *intuición femenina*

porque la consideran menos útil que una respuesta cuantificable. Sin embargo, las investigaciones demuestran que las personas exitosas, ya sean hombres o mujeres, confían en gran medida en la intuición. Aprenda a valorar lo que le dice su voz interior; no lo descarte por inseguridad o por el escepticismo de otras personas.

Encontrar nuestra voz interior

La mente de todas las personas funciona en dos niveles: el nivel consciente y el nivel subconsciente. La voz interior es su subconsciente. A quienes les interesa la explicación científica de la voz interior, esta sección les explica la biología de todo ello.

La mente consciente e inconsciente

La mente procesa incesantemente millones de elementos de información con rapidez y eficiencia. El cerebro alimenta con esos resultados un mecanismo de almacenamiento sin equivalente en ningún sistema de archivo en el mundo. La mente consciente usa esa información en el habla, los actos de reconocimiento y demás actividades. El procesamiento de la información propiamente dicho, sin embargo, se ubica totalmente por fuera de nuestra experiencia consciente. Desconocemos este proceso porque es subconsciente.

El ámbito del subconsciente es la fuente de los sueños. No siempre es evidente el significado de los sueños, especialmente para la persona inexperta. A los siquiatras les interesan los sueños porque son ventanas a la mente subconsciente.

Cuando la persona duerme, se calma la mente consciente. Los mensajes, en forma de sueños, asedian desde la mente subconsciente, no porque la mente subconsciente sea más activa sino porque la mente consciente se vuelve menos activa.

Este fenómeno se asemeja mucho al de observar las estrellas en el firmamento. La gente dice: "Hoy el cielo está lleno de estrellas". En realidad, el número de estrellas en el cielo no ha cambiado. Simplemente no se ven cuando el brillo del sol las oculta, las nubes las esconden en la noche o las luces de la ciudad las atenúan. Suprima los obstáculos y millones de estrellas aparecerán a la vista. Hace poco visitamos Death Valley, donde es posible pasear a la luz de las estrellas aun sin que haya luna. Es asombroso: podíamos ver las estrellas porque no había nada que ocultara la vista.

Mientras uno duerme, la mente consciente también descansa y los ruidosos procesos de la mente consciente dejan de silenciar la actividad del subconsciente. Los sueños son el producto de esta actividad; a veces, nuestros propios demonios salen a hacer de las suyas durante el sueño. La actividad de la mente consciente, tanto la que es bienvenida como la que es poco grata, se manifiesta con mucha mayor intensidad durante la noche que durante el día.

El cerebro registra a toda velocidad millones de elementos de información. El resultado se canaliza a los centros del habla y de razonamiento de la mente consciente. Sólo entonces tomamos conciencia del proceso y sólo entonces pueden aprovecharse los resultados.

Al saludar, por ejemplo: "Hola, Julia. ¿Cómo están los chicos?" Para cuando el saludo llega al centro del habla, ha habido todo un procesamiento —evaluación, aceptación y rechazo— sin interferencia de la mente consciente. De hecho, el centro del habla puede estar ocu-

Mimi dice • Mimi dice • Mimi dice • Mimi dice • Mimi dice • Mimi dice • Mimi dice • Mimi dice • Mimi • Mimi dice • Mimi dice

Correr en dirección a nuestra voz interior

Recuerdo la primera vez en que oí mi voz interior. Era una voz diferente del cotorreo de mi juez interno que critica el aspecto de la gente, la ropa que usa y el sonido de sus voces. Era 1982, y yo estaba llegando a la meta en una carrera de entrenamiento para mi primer maratón. Era la carrera más larga que había corrido hasta entonces y alcanzaba a oír cómo mis pensamientos se hacían más lentos. Pensé en un problema complicado con un amigo y en una discusión inminente para negociar con él nuestras opiniones encontradas sobre las vacaciones que habíamos planeado tomar juntos. Oí mi voz interior hablando de manera comprensiva y paciente con mi amigo. De repente supe que estaba escuchando las palabras que debía decirle a él y comprendí que nuestro problema tenía solución.

Algunas personas dicen que esto fue producto de la adrenalina adicional que circulaba por mi cuerpo. Pero ahora oigo mi voz interior incluso estando quieta. Al principio pensé que necesitaba encontrarme en un bello lugar, como la playa o las montañas, y creí que tenía que estar sola. Pero con el paso del tiempo descubrí que puedo oír mi voz interior estando en cualquier lugar (incluso caminando por los pasillos del supermercado). Puedo llamarla si me hago una pregunta y después simplemente escucho la respuesta. A veces mi voz interior me despierta por la mañana. Alcanzo la libreta que mantengo al lado de mi cama y escribo lo que me dice. Y después me vuelvo a dormir. Cuando me despierto y leo mis apuntes, puedo oír mi voz interior otra vez y mis apuntes adquieren sentido.

Mimi dice • Mimi dice • Mimi dice • Mimi dice • Mimi dice • Mimi dice • Mimi dice • Mimi dice • Mimi • Mimi dice • Mimi dice

pado en otra cosa mientras tiene lugar el proceso de reconocimiento. El cerebro da una respuesta final en lugar de suministrar una pieza del rompecabezas. Los centros de procesamiento hacen todo el trabajo sin expresar palabras, sin pensamientos angustiosos. El proceso es casi instantáneo y altamente preciso porque no se pasa por alto ningún elemento de información.

Este rápido procesamiento subconsciente de enormes cantidades de información tiene lugar también cuando resuena en nosotros una corazonada. Muchas personas desarrollan en alto grado este aspecto del cerebro, ya sea de manera voluntaria o no. Sin embargo, el cerebro de todo el mundo funciona de esa manera.

Si no existiera un subconsciente capaz de enviar mensajes así, usted no podría actuar en el mundo. Si es capaz de leer este libro, también puede leer su subconsciente. Lamentablemente, en la escuela no enseñan a leer los mensajes del subconsciente; tales destrezas no figuran en el plan de estudios.

Aunque esta discusión del fenómeno dista de ser completa, le puede ayudar a sentir más confianza la próxima vez que su subconsciente le brinde la respuesta a un problema complicado.

La arquitectura del cerebro

Una imagen vale a veces tanto como mil palabras. Por esa razón, en nuestros seminarios de negociación solemos hacer dibujos para destacar ciertos puntos. La figura 10-1 es un dibujo profesional que muestra de dónde vienen todos esos pensamientos internos.

Observe primero el tronco del encéfalo en la base del cráneo. Los científicos a veces llaman esta parte el *cerebro reptil* porque todos los vertebrados, de los reptiles a los mamíferos, la tienen. Esa parte del cerebro supervisa la reproducción y las funciones vitales del cuerpo.

El *sistema límbico* parece ser la fuente de motivación y de emociones fuertes como el temor y la agresión. Desde el punto de vista de la evolución, el sistema límbico y el tronco son las partes más antiguas del cerebro. Juntas, estas dos áreas del cerebro generan el pensamiento subconsciente.

Recubriendo todo esto está el *córtex cerebral* (como en la expresión "Juan es demasiado cerebral", para indicar que es demasiado lógico o intelectual). El córtex cerebral, a veces llamado "materia gris", es la parte lógica del cerebro y permanece alerta y en contacto con

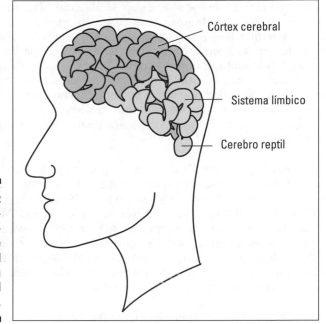

Córtex cerebral

Sistema límbico

Cerebro reptil

Figura 10-1:
El pensa-
miento sub-
consciente
emerge del
sistema
límbico y del
tronco.

el entorno cotidiano. El córtex cerebral es su mente consciente; intenta encontrar una causa para cada efecto y un efecto para cada causa. Hasta cierto punto, el córtex cerebral puede alterar las reacciones instintivas de la mente subconsciente.

Ahí lo tiene. Es el dibujo de un cerebro humano. La prueba de que la mente subconsciente sí existe. No está loco cuando encuentra la solución a un problema sin poder explicar lógicamente cada paso del proceso que se llevó a cabo para ello, pero sabe que tiene razón. La mente subconsciente le dio la respuesta.

Cómo hacer uso de la voz interior

La voz interior nos envía mensajes de advertencia. Este rasgo permanece impreso en cada uno de nosotros desde los tiempos en que la existencia del hombre dependía de la agudeza de los sentidos. Si los cavernícolas querían mantenerse con vida, debían atender esas voces de alerta que los urgían a correr, agachar la cabeza, esconderse, guardar silencio o quedarse quietos. El grito de advertencia es el que emite con más fuerza la voz interior. ¡Qué maravillosa herramienta! Nos ayuda a apartarnos de esas decisiones peligrosas que podríamos tomar.

Recuerde que la voz interior se encubre fácilmente. Si no fuera así, uno se volvería loco con tantas voces en la cabeza. Por consiguiente, se puede hablar, leer, procesar información y llevar a cabo una multitud de tareas mientras el subconsciente está ocupado en sus funciones. Por lo tanto, si quiere tomar contacto con su voz interior, debe apaciguar la mente consciente. Para mucha gente esto implica emprender una actividad que relaje la mente, como correr, caminar o pescar. Otras personas deben sentarse en silencio unos minutos. Haga lo que le resulte eficaz para que esos mensajes interiores salgan a la superficie.

Si esto es nuevo para usted, talvez tenga que practicar. Debe permanecer alerta hasta que se acostumbre a aceptar los completos mensajes que llegan del subconsciente sin explicación alguna. A medida que lo hace, estos llegan con mayor frecuencia y claridad. No se desanime durante el intento, y recuerde que escuchar la voz interior es un proceso personal. El subconsciente es su almacén de información, diferente del de cualquier otra persona. Ahí está depositada su vida entera. Puede disfrutar de mucho éxito si logra utilizar esa información dejándose guiar por su voz interior.

Las respuestas del subconsciente tienen como desventaja que no es posible describir la lógica que se usó para hallar esas respuestas. Usted no fue consciente del proceso mientras ocurría. No puede explicárselo a alguien como explica una trayectoria consciente y lógica que va de un problema a una solución. La lógica ocurre demasiado rápidamente y utiliza demasiados elementos de información como para poder explicarse racionalmente.

¿Cuántas personas pueden cuestionar la manera en que usted toma decisiones? Cuanto más larga es la lista, menos cómodo se siente con las decisiones que no puede explicar racionalmente. Los individuos muy exitosos deben rendir cuentas ante muy pocas personas, razón por la cual consiguen salirse con la suya y resolver los problemas intuitivamente. Cuando el jefe dice "Esto me huele mal", nadie le pide un análisis pormenorizado de las razones que tiene para hacer tal afirmación. Los subordinados aceptan el proceso intuitivo del jefe.

Dos voces

Tenga la seguridad de que no hay dos voces diferentes dentro de usted. Cuando la gente habla de *voces interiores contradictorias,* con frecuencia están experimentando la puesta a prueba por la mente consciente de la solución propuesta por el subconsciente. Casi sin excepción, la solución provista por el subconsciente supera la prueba, pero la solución que provee la parte consciente de la mente es más fácil de racionalizar y explicar. El proceso de pensamiento consciente puede expresarse en palabras.

Otro fenómeno que lo puede hacer pensar que tiene dos voces interiores es el recuerdo que guarda de las voces de su infancia, en especial de su madre o de su padre. Su voz interior le dice que siga adelante. La voz de sus padres, grabada en la memoria de manera indeleble, le dice: "No hagas eso. Es peligroso. Fracasarás". Cuando somos adultos, debemos reconocer el efecto que tienen los mensajes de la memoria. Mire hacia el cielo y diga: "Está bien. Puedo hacerlo. Y si fallo, también está bien. Debo intentarlo por mí mismo".

Si el dueño de esa voz paterna todavía vive, mire hacia el cielo de todas maneras, pero no entable una conversación con esa persona. Lo que menos necesita usted es una discusión prolongada con un juez que cuestiona su decisión en momentos en que se está aprestando para la lucha y necesita salir triunfante de una nueva aventura.

No todos los jueces interiores son malos. Tener un juez interior es bueno cuando se necesita ese tipo de retroalimentación. Decida entre su voz interior y su juez interior y haga lo que le parezca correcto.

Atender mensajes especiales

La voz interior funciona mejor como sistema de alarma. A veces sus advertencias se oyen con claridad. Cuando eso ocurra, hágales caso. Los mensajes fuertes y claros son especiales. Pocas veces se equivocan.

Tipos turbios

Aunque casi nadie lo expresa tan abiertamente, es preciso saber si puede confiar en la información que le brinda la parte contraria en una negociación. ¿Qué clase de reputación tiene esa persona en cuanto a su honestidad y sus escrúpulos? Si está intentando negociar eficientemente, debe evaluar qué tan confiables son las afirmaciones de la contraparte.

A veces uno oye que alguien no es deshonesto pero sí ignorante, incompetente o inexperto. Esas cualidades pueden parecer menos

HOMBRES & MUJERES

A veces uno se siente como si estuviera chiflado, a veces no

Las mujeres solemos tener dificultad para distinguir entre nuestra voz interior y nuestro juez interior. El juez interior femenino no permite con frecuencia dejarse guiar por los instintos si estos van en contravía de los del hombre. A algunas mujeres se les ha educado de modo tal que evitan actuar en contra de las expectativas del hombre, especialmente a nivel personal. El resultado de esto es que con frecuencia evitan involucrarse con hombres en negociaciones que serían potencialmente exitosas para ellas.

Una mujer me contó una historia que ilustra bien este punto. Su novio la llevó al cine y compró una bolsa grande de chocolates M&M con maní "para compartir". La mujer le había dicho previamente que era alérgica a las nueces, pero optó por no recordárselo. En vez de eso, ¡simplemente chupó el chocolate y escupió el maní!

Qué velada tan romántica, ¿no? El cuento puede parecer divertido, pero a mí me parece triste. No es triste desear complacer a un hombre que se quiere, pero sí lo es no desear demostrar independencia. Esta mujer imaginó que expresar su in-dividualidad sería una amenaza para el novio (observe que ella no parecía tener problema en expresarle sus preferencias a otra mujer). De hecho, a la mayoría de los hombres no les molesta ese tipo de expresiones y, por el contrario, aprecian en la mujer la capacidad de expresar preferencias.

Es triste pensar que expresar las necesidades personales creará un problema. Las investigaciones demuestran que los hombres desean ser apreciados. Entonces ¿por qué preferimos las mujeres ceder antes que decirles lo que deseamos? ¿Por qué nos sometemos sin siquiera intentar negociar? Les decimos: "Haz lo que quieras; está bien". El mensaje implícito es: "Lo que yo deseo no tiene importancia".

Gloria Steinem, la influyente feminista estadounidense, señala que somos enfermas de la empatía. Hemos caminado tanto en zapatos ajenos que hemos olvidado cómo calzar los propios. Haga por sí misma lo que haría por los demás. Comience a escuchar su voz interior para saber qué desea, y no lo que cree que los demás esperan de usted.

malas que la deshonestidad, pero acarrean las mismas consecuencias. Como negociador, usted no puede aceptar ciegamente lo que le diga una persona así.

Un tema diferente pero muy relacionado con el anterior es si es posible confiar en el cliente representado por la persona con quien usted está negociando. Aun si confía en el negociador, es posible que sienta que debe tener un cuidado especial en sus tratos con el cliente.

El mejor consejo que podemos ofrecerle es no hacer negocios con una persona en quien no confía. Ningún abogado en el mundo puede protegerlo de alguien que está resuelto a arruinarlo, defraudarlo o robarle. Ningún policía o sistema de seguridad en el mundo puede proteger su casa de un ladrón lo suficientemente decidido. El presidente Kennedy observó una vez de manera profética: "No existe un agente del servicio secreto que pueda garantizar la vida de un presidente si hay alguien que esté dispuesto a entregar su propia vida a cambio".

A veces puede verse obligado a hacer negocios con alguien en quien no confía. En ese caso, asegúrese de concentrarse en las partes del contrato que lo protegerán si algo llegara a salir mal. Decida dónde se entablaría el pleito y en qué tribunal. Su abogado puede serle de gran ayuda en este sentido. Haga previsiones sobre cuándo y cómo controlar la exactitud de los libros. En un caso así, debe preparar un contrato mucho más detallado que el habitual.

Es importante prever cláusulas que lo protejan en caso de encontrarse con discrepancias honestas no previstas. Tales cláusulas son el ámbito especial de un abogado experto. Por ejemplo, si el contrato estipula que alguien le pague dinero, debe pensar en una manera rápida y segura de cobrarlo en caso de mora. El negociador que pasa por alto este aspecto del negocio no está haciendo bien su tarea. Es inútil negociar pagos importantes si, en términos prácticos, resultan imposibles de cobrar. Puede insistir en que todos los fondos que hacen parte de la negociación se depositen en una cuenta especial hasta que se cumpla el contrato.

Si quiere incluir cláusulas que lo protejan pero no logra el acuerdo de la otra parte, debe decidir si quiere hacer negocios con esa persona. Escuche atentamente las razones por las cuales no está dispuesta a prever un mecanismo que le brinde tranquilidad en cuanto al pago. Si esa persona insiste en una salida injusta para usted, piénselo dos veces antes de concluir el acuerdo. Sea claro en cuanto a la importancia de tales previsiones y por qué son imprescindibles para usted.

Si todo lo demás parece correcto, puede ser difícil abandonar el negocio con base en estas prevenciones. El otro lo sabe y a menudo convierte el tema en una prueba de confianza: "Si confía en mí, haga este negocio conmigo". Mire a la persona a los ojos y dígale: "Le tengo la suficiente confianza para hacer el trato. Pero no sé qué le deparará el destino el próximo año, bueno o malo, y yo necesito pagos seguros. Usted puede retirarse de la empresa (o vender su negocio). Puede morirse. Simplemente no sé qué traerá el futuro".

Los negocios dudosos

Si su voz interior le dice que no quiere cerrar el negocio, suspenda la negociación. Despreocúpese. Examine ese mensaje. O su subconsciente le transmitirá un mensaje más detallado, o su mente consciente resolverá la duda por medio de la lógica.

Pregúntese el por qué de tales reservas. ¿Qué razón tiene para no querer comprar ese bote? ¿Es porque no va a usarlo nunca? ¿O porque se va a mudar de casa pronto? ¿O talvez porque no es tan grande como el del vecino? A veces podrá dilucidar sus dudas; otras veces no. No adelante el negocio si su voz interior le dice que no lo haga.

El remordimiento que precede a la compra

Si padece de "remordimiento del comprador" antes de la compra, suspéndalo todo. Preste atención a los mensajes que le advierten que una determinada manera de proceder no es prudente. Actúe de acuerdo con esos mensajes. No tiene que ponerse de pie en medio de una reunión y anunciarle a la asamblea que su voz interior le dice que suspenda la discusión. En realidad, es mejor que guarde para sí la razón de su decisión. Escuche el mensaje y comience a concentrarse en concluir la discusión. Concluya el negocio. Haga uso del mensaje sin anunciarlo en público.

Intente desarrollar la capacidad de escuchar su voz interior. Es talvez la voz más importante que jamás escuchará. Nadie lo conoce mejor que usted mismo. Las personas que aprenden a escuchar su voz interior, sin los filtros de la razón o la justificación, quedan siempre más satisfechas con sus decisiones que aquellas que son incapaces de hacerlo.

Capítulo 11

Escuchar el lenguaje corporal

· ·

En este capítulo

► Descifrar el lenguaje corporal de otras personas

► Hacer uso eficaz del propio lenguaje corporal

► Aplicar los conocimientos que se tienen

► Reconocer la resistencia, el aburrimiento y el nerviosismo

► Demostrar apertura, interés y confianza

· ·

Sin siquiera tener conciencia de estar leyendo el lenguaje corporal de otro ser humano, es posible reconocer en él sentimientos tales como el temor, la tristeza, la alegría, el amor y el odio. Las palabras son innecesarias para expresar tales sentimientos.

Perfeccionar la capacidad para usar y comprender el lenguaje corporal es una de las maneras más agradables de mejorar las destrezas para la negociación. Busque los iconos Actividad en este capítulo. Aun si ya está realizando instintivamente algunas de las actividades propuestas, comience a practicarlas conscientemente. Llevar a cabo estas actividades puede ayudarle a adquirir el dominio del lenguaje corporal de la misma manera como aprende cualquier otro idioma: practicando.

Todo el mundo es bilingüe

Aparte de las palabras, hay otro lenguaje que usted usa, un lenguaje silencioso: el lenguaje corporal. El concepto de *lenguaje corporal* se refiere a todas las formas en que la gente se comunica sin hablar ni escribir. Nacemos con la capacidad de comunicarnos de manera no verbal. De hecho, pasamos los primeros meses de la vida comunicándonos sin palabras.

La gente puede transmitir y recibir los mensajes del lenguaje corporal desde cuatro partes del cuerpo. En orden de expresividad y fiabilidad, estas son:

✔ Las expresiones del rostro y de los ojos

✔ Los brazos y las manos

✔ Las piernas y los pies

✔ Las posiciones del torso y la postura

Los seres humanos recibimos del rostro gran parte de las señales no verbales. Puesto que las personas se miran mayormente al rostro durante la comunicación, hemos llegado a comprender las señales faciales mejor que todas las demás. Los tahúres profesionales dependen en tal grado del control de su expresión facial que el término "cara de póquer" se usa para describir la capacidad de esconder los sentimientos tras una máscara inexpresiva. Interesantemente, estudios fotográficos demuestran que hasta los tahúres más habilidosos no logran evitar que las pupilas de sus ojos se dilaten cuando les sale una buena mano. La regla general en cuanto a los brazos, las manos, las piernas y los pies es que las posiciones cerradas (brazos y piernas cruzados) indican resistencia, mientras que las posiciones abiertas indican receptividad.

La posición del torso puede ser la más difícil de leer porque la posición en que cada persona se sienta es una cuestión de hábito. Además, las personas no siempre tienen la oportunidad de observarse mutuamente el torso completo. No obstante, el torso puede ser una fuente valiosa de significado para el observador con experiencia.

Muchas expresiones del cuerpo humano son iguales en todo el mundo. Las expresiones faciales son especialmente similares. Las sonrisas son un saludo internacional. La risa es una expresión internacional de alegría. Una persona absorta en sus pensamientos en cualquier lugar del mundo se parece a la famosa escultura de Rodin, *El Pensador.* El llanto y la angustia se entienden universalmente y tienen el mismo aspecto en el rostro de cualquier persona sin importar la raza, el sexo o la nacionalidad. Estas formas de lenguaje corporal parecen ser una parte natural de la condición humana. Hay otros gestos que son adquiridos; es decir, algunos gestos son condicionados cultural y socialmente.

La siguiente es una actividad para la próxima vez que se encuentre en un aeropuerto o terminal de buses. Observe a las personas hablar por teléfono. Intente adivinar quién habla al otro lado de la línea sólo observando el lenguaje corporal de las personas que están llamando. Observe la posición del cuerpo. Si la persona está acunando el teléfono afectuosamente con la cabeza ladeada y el cuerpo encorvado, como queriendo hacer que la conversación sea lo más privada posible, es probable que al otro lado de la línea esté el objeto de su interés romántico. Si la persona está pasando el peso del cuerpo de un pie al otro y mirando a su alrededor, es probable que su cónyuge o ser querido esté en la línea (es triste pero es cierto). Si quien llama está parado derecho mirando algunos apuntes o mirando al frente, concentrado, es casi seguro que la llamada está relacionada con los negocios.

No olvide que el lenguaje corporal no reemplaza otras formas de comunicación. El lenguaje corporal es parte del gran paquete de comunicación que todos usamos todo el tiempo. Debe evaluar los mensajes verbales y no verbales en el contexto más amplio de la situación. (Lea la sección "No crea todo lo que ve" al final de este capítulo.)

La próxima vez que vea una película, preste especial atención a los actores cuando no estén hablando. ¿Qué le están diciendo con el cuerpo? Piense conscientemente en el mensaje que están comunicando. Cuanto mejor sea el actor, más capaz será de comunicarse sin palabras. Las películas pueden brindar mucha información so-

Lectura profesional del lenguaje corporal

Durante un juicio, la mayoría de las personas se concentran en los abogados, los testigos, los acusados y las víctimas. En los casos muy sonados, los abogados a menudo contratan consultores que se concentran exclusivamente en los miembros del jurado. Trabajando en la sala de justicia, los consultores estudian el lenguaje corporal de los jurados e interpretan sus reacciones frente a testigos y elementos de prueba específicos. Basándose en esta observación especializada, los consultores intentan establecer hacia dónde tiende el jurado, cuáles testigos tienen aceptación y qué pruebas son las más convincentes.

Cuando usted regresa a Estados Unidos tras un viaje al extranjero, normalmente tiene que llenar algún formulario para declarar qué objetos está trayendo al país. Usted le entrega el formulario al funcionario de inmigración, que está entrenado para mirar al viajero a los ojos al preguntarle: "¿Tiene algo que declarar?" Lo que dicen los ojos es mucho más importante que lo que dice el formulario.

bre el lenguaje corporal, especialmente en las escenas sin diálogo. Anoche vimos a John Malkovich en una película. Lo vimos caminar pensativo, detenerse, darse cuenta de que su esposa podía estar en peligro y, presa del pánico, correr a salvarla. La actuación silenciosa fue fascinante. Busque una secuencia similar en la próxima película que vea.

Lo que puede decir el cuerpo

Las comunicaciones verbales y escritas no son los únicos elementos de comunicación en una negociación, ni tampoco en la vida. Los buenos negociadores mejoran cuando consiguen encontrar sentido a la manera como una persona se para o se sienta, a la manera como se viste o a la gama de expresiones faciales que presenta durante una conversación. Por eso, en nuestros seminarios de negociación decimos: "Escuchen con los oídos, con los ojos y con cada poro que los separa de su interlocutor".

Diferentes comunicaciones no verbales se asocian con diferentes actitudes. Reconocer estas señales puede ponerlo en una posición de ventaja. Como negociador, tiene dos tareas distintas:

✔ Asegurarse de que su lenguaje corporal expresa el mensaje que quiere transmitir. El lenguaje corporal tiene que ser coherente con sus palabras.

✔ Leer las señales no verbales de la persona con quien está negociando. Debe reconocer si está transmitiendo palabras y acciones contradictorias y si los gestos añaden énfasis a las palabras.

Cuando comience a analizar el lenguaje corporal, pronto se dará cuenta de que los gestos vienen en grupos. Rara vez una persona hace un único gesto; eso la haría parecer rígida.

La próxima vez que esté en una presentación escolar, observe al muchacho nervioso que sigue con el dedo la letra de la canción que está interpretando. Compare esa actitud con los movimientos seguros de un cantante exitoso cuyos gestos reflejan el contenido emocional de la letra, no su sentido literal.

Hacer que coincidan el lenguaje corporal y las palabras

La gente espera congruencia entre el lenguaje corporal y los mensajes verbales que lo acompañan. Los mensajes incoherentes confunden a quien los escucha.

Si quiere que le crean lo que dice, cuando esté hablando, asegúrese de que su lenguaje corporal coincida con sus palabras. Si le entusiasma algún proyecto, demuestre con el cuerpo ese entusiasmo. No se recline en el sofá. El mensaje de indiferencia que comunica su cuerpo será recordado durante mucho más tiempo que las palabras de interés que salgan de su boca.

Hay varias razones que explican por qué el lenguaje corporal puede no coincidir con las palabras:

✔ **Está pasando por una fase de agotamiento.** Si usted está cansado, mantener la expresividad apropiada del cuerpo exige energía adicional. Si su energía parece esfumarse a media tarde, lleve consigo una barra de dulce energética. No pierda un negocio porque su cuerpo cansado dice "No me importa qué pase".

✔ **No se está concentrando en la comunicación del momento.** Muchos gestos, movimientos y ademanes indican que una persona está pensando en algún asunto diferente del tema de conversación. Lo mejor en esos casos es hacer una pausa y aclarar el motivo de preocupación. Cuando esté en una sesión de negociación, asegúrese de estar allí con mente, alma y corazón. La presencia física puede ser mucho menos importante que la presencia mental.

✔ **Ha adquirido malos hábitos de comunicación.** Algunos sainetes clásicos ilustran esta idea: El esposo indignado pronuncia un seco "Está bien" con una sonrisita tensa que le deja ver a la compañera que las cosas están lejos de estar bien. O el mujeriego que prepara la conquista protesta: "Pero si yo no hago nada malo". Si sus ademanes transmiten un significado diferente del de sus palabras, haga un esfuerzo por quitarse esa costumbre.

Leer el lenguaje corporal de otra persona

Ser capaz de descifrar correctamente la actitud y los sentimientos verdaderos de su interlocutor en una negociación puede ser de extrema importancia. Es muy raro ver a un adulto taparse las orejas con las manos para evitar oír algo, pero las personas tienen otras maneras de indicar que no están escuchando, como dejar que su mirada se desvíe o atender una tarea ajena a la conversación.

Disney estrenó una maravillosa película llamada *Frank and Ollie* sobre dos de los mejores observadores del lenguaje corporal del mundo: dos de los animadores originales de películas clásicas tales como *La Cenicienta* y *Bambi*. *Frank and Ollie* los muestra imitando diversos aspectos del lenguaje corporal para comunicar sentimientos y después elaborando esbozos de esos movimientos. Vea esta película como una introducción al lenguaje corporal, pues ilustra los puntos tratados en este capítulo mejor que cualquier escrito sobre el tema.

La capacidad de leer el lenguaje corporal de una persona le permite ajustar el modo de abordarla. Basándose en lo que aprenda sobre el estado de ánimo o la actitud de esa persona, puede moderar sus palabras y acciones adecuadamente; por ejemplo, podrá calmar a alguien que esté agitado o animar a alguien que esté aburrido.

Varios estudios concluyen que las mujeres son más hábiles que los hombres para leer el lenguaje corporal. Se podría pensar que esta diferencia se debe a la práctica que adquieren muchas mujeres junto a las cunas de sus hijos intentando descifrar a la madrugada el significado exacto de los brazos que se mueven descontroladamente o del pecho agitado. En realidad, la diferencia tiene que ver con el hecho de que los hombres tienden a absorber la información de manera secuencial (elemento por elemento), mientras que las mujeres suelen captar todo el panorama de una vez, antes de fijarse en los detalles. Si usted es de las personas que suelen pasar por alto el bosque por estar concentrado en los árboles, intente hacerse una idea de conjunto sobre la próxima persona que conozca antes de comenzar una conversación.

Aprender a leer el lenguaje corporal de los demás puede ser muy divertido. Cuanto más practique esta habilidad, mejor será su desempeño como negociador. La próxima vez que asista a un evento relacionado con su trabajo, quédese parado un momento junto a la puerta del salón. En lugar de buscar a algún conocido, dé un vistazo general a todo el salón. Identifique a las personas más influyentes. Intente distinguir quiénes ostentan el poder. ¿Quiénes son los jefes? ¿Quiénes son los empleados? ¿Qué diferencias en el lenguaje corporal indican la posición social? Si está en una reunión social, trate de ubicar a la gente extravertida. ¿Quiénes son tímidos? ¿Hay parejas peleando?

Mensajes contradictorios

Leer el lenguaje corporal de otra persona no es un truco para sacar ventaja sino una herramienta para mejorar la comunicación. Las personas que exhiben un lenguaje corporal incongruente a menudo no se dan cuenta de que sus palabras y sus verdaderos sentimientos, tal como los expresa su lenguaje corporal, son contradictorios. Identificar esas diferencias y conciliarlas presta un enorme servicio a ambas partes en una negociación.

Si capta incongruencias entre lo que dice el cuerpo de una persona y lo que dice su boca, puede asumir que algo está ocurriendo. Normalmente se trata de una las siguientes tres cosas:

- ✔ La persona no es consciente del efecto que ella causa en los demás.

- ✔ El lenguaje corporal de la persona expresa prioridades ocultas.

- ✔ La persona está demasiado cansada o confundida.

En todo caso, debe cerciorarse. Para ello, hágale preguntas a esa persona sobre lo que está pensando y sintiendo.

Uno de los ejemplos más comunes de un lenguaje corporal que no concuerda con la situación es la *risa nerviosa*. Una risa que no es una reacción a nada humorístico apunta a nerviosismo o incomodidad. De hecho, es la señal más reveladora. Si escucha una risa nerviosa, deje que pasen unos segundos y después diríjase a la persona que se está riendo y anímela a que ponga en palabras sus sentimientos. Dependiendo de la situación, puede decirle: "Bernardo, ¿qué piensa de la estructura de precios?", o "Bernardo, ¿qué opina de incluir a Liliana en este equipo?" Con frecuencia esa persona no admite sus preocupaciones. Pero usted sabe que hay algo ahí. Siga explorando. Talvez necesite volver al tema varias veces, reformulando la pregunta hasta obtener la verdad.

Muchos empleados se quejan de que sus jefes transmiten mensajes contradictorios con el lenguaje corporal. Las palabras son positivas pero el lenguaje corporal es negativo. Por ejemplo, su jefe lo convoca a una reunión. Le dice: "Buenos días", y comienza a comentar que usted ha mejorado recientemente en materia de puntualidad. Sin embargo, tiene los brazos puestos en la cintura y la cabeza ladeada, de tal manera que lo mira de reojo. Usted sabe que esas son señales

Leer el lenguaje corporal en casa

Aprendí a conocer a la hija adolescente de Michael bastante bien. Como mi oficina está en casa, con frecuencia yo estaba allí cuando ella llegaba del colegio. Sabía qué clase de día había pasado por la fuerza con que golpeaba la puerta al entrar. Después escuchaba sus pasos. Podían ser pasos felices, con pequeños saltos, o pasos lentos y pesados, según como había sido su día.

Cuando estaba de buen ánimo, o neutral, me saludaba: "Hola, Mim". Cuando estaba descontenta, se iba directamente a su cuarto a descansar o a tranquilizarse antes de entrar en mi oficina a saludarme. Si ella estaba buscando su propio espacio para relajarse, yo la dejaba sola antes de ir a saludarla. Wendy es considerada y reservada. Yo no irrumpiría en su espacio en esas circunstancias. Si ella estaba de buen humor, yo le gritaba invitándola a que entrara.

Lo que yo estaba haciendo no era sólo ser amigable. Esta sensibilidad es, en realidad, una estrategia de negociación: cuando uno respeta los sentimientos de una persona o su necesidad de privacidad, es más probable que esa persona respete los de uno. Yo construí la confianza entre nosotras, y todo negociador debería hacer lo mismo.

negativas. Si tiene el coraje necesario, puede aventurarse a decirle: "Me parece que algo puede estarle molestando". Su jefe puede ser sincero en cuanto a su desagrado o puede golpear la mesa con el puño y negar sus sentimientos con una respuesta seca: "¿Y qué le hace pensar que hay algo que me está molestando?"

Si recibe mensajes verbales y no verbales contradictorios, pero la persona que los transmite niega que exista una discrepancia, usted está siendo testigo de un *punto ciego* — algo que usted sabe sobre la otra persona pero de lo que ella misma no está consciente. Los puntos ciegos generan malentendidos y resentimientos.

Si en una negociación sospecha que su interlocutor tiene un punto ciego, debe revisar repetidamente lo que está ocurriendo. Compare lo que percibe con el lenguaje corporal de esa persona. Hasta puede comenzar afirmando: "Necesito cerciorarme de lo que está pasando". Exprese entonces su interpretación, directamente: "Siento que perdí su atención", o "Me parece que deberíamos hacer una pausa".

Si usted asume la responsabilidad del problema, es más probable que el otro esté menos a la defensiva y que usted obtenga información verídica. Con este enfoque puede que toque los verdaderos sentimientos de su interlocutor; a veces hasta puede descubrir algunos intereses subyacentes.

La mayoría de las personas tiene por lo menos un punto ciego, un área en la que no sabe cómo sus palabras o sus actos afectan a otras personas. Los puntos ciegos son como el mal aliento — todo el mundo es consciente de ellos excepto quienes lo tienen. La mejor manera de encontrar su punto ciego es pedir retroalimentación.

Si el punto ciego es de otra persona, debe preguntarle si desea obtener retroalimentación. Si la respuesta es negativa, acéptelo. Puede ser necesario recurrir a un superior para enfrentar el problema, alguien a quien esa persona tenga que escuchar.

Enfatizar mediante el lenguaje corporal

Golpee la mesa. Agite los brazos. Póngase a saltar. Son algunas de las maneras clásicas como el cuerpo da énfasis a la comunicación. Es el equivalente de garabatear algo en mayúsculas y letras rojas. No obstante, ahorre esas demostraciones hasta que las necesite.

Si es demasiado estridente a lo largo de una negociación, el volumen adicional no tendrá ningún sentido especial cuando realmente lo necesite.

Hace poco fuimos a una imprenta con un proyecto urgente. El propietario le pegó una etiqueta grande y roja a nuestro pedido. Nos sentimos bien. Luego arrojó el proyecto sobre una pila de trabajos. Todo en esa pila tenía la misma etiqueta roja. Se nos cayó el alma a los pies. La etiqueta roja perdió todo su significado. Levantar el tono de la voz a menudo tiene el mismo resultado.

La clave del énfasis es alterar lo normal. El lenguaje corporal siempre implica un conjunto de movimientos; naturalmente, debe coincidir con el tono, el ritmo y la intensidad de la voz. A veces se puede crear un énfasis adicional usando un lenguaje corporal que va en sentido contrario del contenido de la comunicación. Por ejemplo, es posible inclinarse hacia delante suavemente y decir sin prisa alguna que uno está muy enojado. En este caso el énfasis se genera con igual fuerza, talvez más, que si hubiera estado gritando.

En cualquier negociación puede haber sorpresas. En general, sin embargo, al iniciar la sesión de negociación debe saber qué ha de ser importante y qué no. Mantenga bajo el nivel de vehemencia hasta que llegue a los temas que son realmente importantes para usted. Esta estrategia es la razón por la que un buen negociador deja pasar los temas fastidiosos y ahorra el énfasis para los puntos verdaderamente importantes.

Usar los conocimientos que tiene sobre el lenguaje corporal en la próxima negociación

En *My Fair Lady*, la obra musical de Lerner y Lowe, el profesor Henry Higgins sorprende a un libidinoso noble persiguiendo a Eliza Doolittle. Higgins dice del noble que "recorrió el piso con todo tipo de zalamerías, despidiendo encanto por cada uno de los poros de su piel". Higgins puede estar exagerando el lenguaje corporal de su rival, pero algunos hombres y mujeres sí parecen tener ese algo especial. Entran en un salón e inmediatamente atraen la atención de la gente. Esos cautivadores no son necesariamente los más apuestos, pero sí los que mejor manejan el lenguaje corporal. Usan esa habilidad para transmitir su mensaje: "Soy deseable, atractivo y vale la pena conocerme". Y cuando una persona así se concentra en usted, su interés es evidente y puede hacerlo sonrojar. Esa persona utiliza docenas de señales no verbales para transmitir sus intenciones.

Desde el momento en que se dé inicio a una negociación, observe el lenguaje corporal de cada una de las personas en el salón de reuniones. A lo largo de la negociación, siga observando el lenguaje corporal de los miembros del equipo contrario. Concéntrese en las cuatro áreas: el rostro y la cabeza; los brazos y las manos; las piernas y los pies; el torso. Si se concentra en la totalidad de la persona que habla, escuchará mejor. Observar su lenguaje corporal le ayudará a captar matices implícitos, como cuáles son los puntos más importantes y cuáles lo son menos importantes para la parte contraria.

Los cambios radicales en el lenguaje corporal durante una negociación pueden resultar más dicientes que las señales aisladas. Estos cambios revelan que hay un tema de vital importancia o que causa tensión a la otra parte. Durante buena parte de la negociación, el equipo contrario se mantiene en la misma posición general. Advierta cualquier variación en la posición. Esos movimientos indican que la actitud ha cambiado de alguna manera. Identificar ese lenguaje corporal puede ser especialmente importante si la parte opuesta:

> ✔ Siente que usted está abordando un tema delicado
>
> ✔ Está perdiendo interés
>
> ✔ Necesita hacer una pausa o un estiramiento
>
> ✔ No acepta sus argumentos

¡Observe el lenguaje corporal! Puede actuar como una señal de tránsito. Los cambios en el lenguaje corporal pueden ser la luz amarilla que le advierte que debe avanzar despacio, mirar y escuchar. Al extremo hay luces rojas diciéndole que se detenga. ¡Deténgase ya! No siga sin primero hacer una pausa. También pueden ser luces verdes diciéndole que proceda a cerrar el trato.

No pase por alto las señales no verbales. Puede hacer anotaciones sobre esas señales de la misma manera en que toma notas sobre los comentarios de la gente. Ese registro le ayudará a familiarizarse con el vocabulario no verbal del otro. Cada persona utiliza el lenguaje corporal de manera diferente.

Mimi dice • Mimi dice • Mimi dice • Mimi dice • Mimi dice • Mimi dice • Mimi dice • Mimi dice • Mimi • Mimi dice • Mimi dice

Los instintos humanos

Los animales tienen instintos en materia de distancia personal. Mis sobrinos, de tres, seis y diez años de edad, me llevaron a pasear en su barrio cerca de las montañas de Boulder, Colorado. Cuando doblamos una esquina, vimos varios venados: dos ciervas y tres cervatillos. Matthew, de seis años, susurró: "Chit, Tía Mimi, te voy a mostrar cómo podemos acercarnos". Los tres chicos, en punta de pies y con el índice sobre los labios, comenzaron a acercarse lentamente a los venados. Me di cuenta de que mis sobrinos habían hecho esto anteriormente. Cuando estábamos a unos ocho metros de los ciervos, éstos se retiraron ligeramente. Con cada paso nuestro, los venados se alejaban unos cuantos pasos.

"¿Por qué tienen miedo los venados? No les vamos a hacer daño", susurró Mark, de tres años.

"Siempre se alejan", murmuró Adam, el de diez años, sabiamente.

Adam sospechaba en qué consistía: el instinto animal. Nosotros seguimos avanzando, pero los venados nunca permitieron que la distancia entre ellos y nosotros se redujera a menos de ocho metros.

Mimi dice • Mimi dice • Mimi dice • Mimi dice • Mimi dice • Mimi dice • Mimi dice • Mimi dice • Mimi • Mimi dice • Mimi dice

Saber dónde pararse

La más simple e importante observación que es posible hacer en un salón lleno de gente tiene que ver con el espacio personal de cada persona. Mientras conversan, por ejemplo, las personas no se aproximan demasiado al espacio de una persona que ocupa una posición superior a la suya (en términos de riqueza, influencia, poder o posición social). En investigaciones sobre el espacio personal se han tomado fotografías del entorno físico de las personas sin que lo sospechen y más tarde se han analizado. Sin falla, a las personas con más poder se les concede mayor espacio personal en el salón. La figura 11-1 ilustra cómo el uso que usted hace del espacio comunica ciertas señales a los demás.

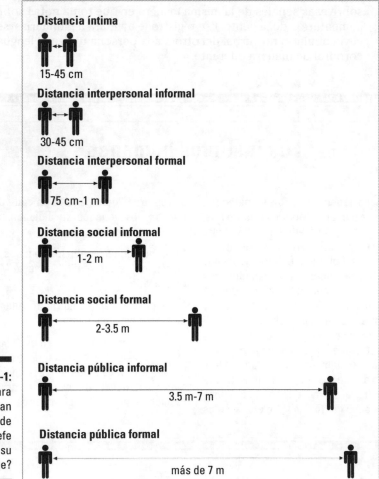

Figura 11-1: ¿Se para usted tan cerca de su jefe como de su cónyuge?

Distancia íntima
15-45 cm

Distancia interpersonal informal
30-45 cm

Distancia interpersonal formal
75 cm-1 m

Distancia social informal
1-2 m

Distancia social formal
2-3.5 m

Distancia pública informal
3.5 m-7 m

Distancia pública formal
más de 7 m

Las relaciones espaciales entran en juego cuando se organiza un salón para una reunión. Casi intuitivamente, la gente sabe que una negociación importante requiere una mesa lo suficientemente grande para mantener una distancia formal entre las personas.

Si alguien debe dominar la reunión, esa persona se sienta a la cabeza de la mesa. El control de la silla dominante puede ser la manifestación de poder más evidente y duradera tanto en el lugar de trabajo como en el hogar.

La disposición de los asientos en una reunión es importante porque una vez que se han establecido relaciones espaciales, estas no son fáciles de cambiar. Antes de su próxima reunión, dedique un momento a pensar qué tipo de relaciones quiere que se establezcan entre los participantes. Coloque las sillas en consecuencia.

El primer contacto

Un buen lenguaje corporal es una de las mejores maneras de comenzar una reunión. Demuestre entusiasmo y energía. Extienda la mano. Mire a la otra persona a los ojos y estréchele la mano con firmeza. Si no sabe dar un buen apretón de manos, aprenda a hacerlo ahora. No es una habilidad difícil, pero nos asombra cuánta gente no sabe estrechar la mano. Haga que la carne entre sus dedos pulgar e índice encuentre la carne entre el pulgar y el índice de la otra persona. Presione (no estruje) la mano. Basta un solo movimiento acompañado de contacto ocular. Uno o dos más pueden expresar gran entusiasmo. Más de eso puede hacer que la otra persona se sienta incómoda.

La costumbre del apretón de manos está lejos de ser igual en todo el mundo. Los alemanes parecen ser una nación donde el apretón de manos tiene un solo movimiento. Los franceses estrechan la mano cuando entran y salen de una habitación. Los japoneses prescinden del apretón de manos y prefieren hacer una venia, pero entienden que los estadounidenses lo usan y ellos también lo han aceptado.

Cómo mostrarse receptivo (y averiguar si los demás no lo son)

Si usted presta atención al lenguaje corporal desde el principio de una negociación, podrá captar señales que indican qué tan receptiva es la parte contraria (es decir, qué tan dispuesta a escuchar y qué tan abierta está a sus ideas). No olvide evaluar los cuatro canales

HOMBRES & MUJERES

Tocarse es diferente

Cuando las mujeres entablan una conversación, con frecuencia se tocan. Cuando no lo hacen, la posición social puede entrar en consideración. Si una de las mujeres está más arriba en la jerarquía social, la subordinada con frecuencia duda antes de tocar primero. Si la persona que está más arriba en la jerarquía toca el brazo o la mano de la subordinada para enfatizar un comentario, en general esa obertura se considera aceptable.

Los hombres también se tocan, mediante codazos amistosos o ligeros golpes con el puño, en los brazos. Antes, en el trabajo, las mujeres podían tocar a los hombres para enfatizar una idea; a los hombres generalmente no se les permitía tocar a las mujeres de esta manera. Ahora las costumbres y políticas corporativas son mucho más estrictas porque existe mayor conciencia sobre el acoso sexual. Si en el lugar del trabajo duda si debe tocar a alguien, nuestro consejo es: si tiene dudas, no toque.

Qué tan cómodo se sienta tocando a la persona con quien está negociando depende, en parte, de sus antecedentes culturales. Cierta vez dirigimos un seminario de negociación en Milán, Italia. Nosotros sugerimos no invadir el espacio personal y no tocar a las personas del sexo opuesto durante las negociaciones. Las manos se levantaron en todo el salón. Los italianos nos hicieron saber que ellos sí se tocan mutuamente y que esa costumbre es aceptada por ambos sexos — no es dominio de los hombres, y nadie lo considera acoso sexual. Una mujer nos dijo que tocarse mutuamente es parte de la conversación y que si ella le dijera a un hombre que no la toque, lo ofendería seriamente. Un hombre dijo dramáticamente: "Sería como si me cortara la mano". Tome en consideración el contexto en el cual está negociando y evalúe las normas aceptables allí.

del lenguaje corporal (ver "Todo el mundo es bilingüe", antes en este capítulo). Considere el contacto ocular, por ejemplo. Las investigaciones demuestran que las personas se miran entre 30 y 60 por ciento del tiempo durante una conversación. Quien escucha sin mirar a los ojos por lo menos 30 por ciento del tiempo probablemente no es receptivo. Si hay contacto visual durante más del 60 por ciento del tiempo, es probable que la persona que escucha tenga una actitud positiva.

La tabla 11-1 describe las señales que se asocian a la actitud receptiva y no receptiva. Si quiere mostrarse dispuesto y atento, o si requiere reconocer esas cualidades en la persona con quien está negociando, observe las señales positivas. Probablemente nunca querrá mostrar desinterés, pero si desea comprobar si las otras personas no tienen una actitud receptiva, debe familiarizarse también con las señales negativas de la tabla 11-1.

Tabla 11-1 Lenguaje corporal de personas que escuchan con actitud receptiva y no receptiva

Parte del cuerpo	Receptiva (señales positivas)	No receptiva (señales negativas)
Expresiones faciales y ojos	Sonrisas, mucho contacto visual, más interés en la persona que en lo que dice	Falta de contacto visual o mirada de reojo, músculos de la quijada tirantes, mejillas contraídas por la tensión, cabeza ladeada apartando la vista (por lo que el contacto visual es de reojo)
Brazos y manos	Brazos extendidos, manos abiertas sobre la mesa o relajadas sobre el regazo o sobre los brazos de una silla, manos tocando el rostro	Las manos cerradas, los brazos encruzados frente al pecho, la mano cubriendo la boca o frotando la nuca
Piernas y pies	Sentado: piernas juntas o una frente a la otra (como en la línea de arranque de una carrera). Parado: el peso del cuerpo uniformemente distribuido, manos en las caderas, cuerpo inclinado hacia el interlocutor	Parado: piernas cruzadas, en dirección opuesta al interlocutor. Sentado o parado: piernas y pies orientados hacia la salida
Torso	Sentado en el borde de la silla, desabotonado el saco, cuerpo inclinado en dirección al interlocutor	Recostado en la silla, el saco permanece abotonado

Las personas receptivas presentan un aspecto relajado, con las manos abiertas, mostrando las palmas, lo que indica apertura a la discusión. Cuanto más visible es la palma, mayor es la receptividad de la persona. Estas personas se inclinan hacia delante, bien sea que estén sentadas o de pie. Los negociadores receptivos se desabotonan el traje.

Por el contrario, las personas que no están dispuestas a escuchar con frecuencia mantienen las manos sobre las caderas, se recuestan en el asiento y suelen cruzar los brazos en el pecho de manera protectora. Las personas no receptivas aprietan el puño cerrado o agarran con fuerza otra parte del cuerpo. Poner una pierna sobre el brazo de la silla a menudo parece indicar una postura abierta, pero ¡cuidado!; más comúnmente esta posición indica falta de consideración. La figura 11-2 muestra el lenguaje corporal típico de alguien receptivo y de alguien que no lo es.

Las investigaciones demuestran que hay mayor posibilidad de que las partes lleguen a un acuerdo si comienzan la negociación exhibiendo un lenguaje corporal receptivo (como se ilustra en el lado izquierdo de la figura 11-2). Este resultado parece ser válido ya sea que la postura haya sido inconsciente o una estrategia artificiosa para comenzar la reunión de manera positiva. Además, las posturas defensivas son también contagiosas. Si una persona asume una postura defensiva y la mantiene durante cierto tiempo, se podrá observar que otras personas en el salón adoptan la misma posición.

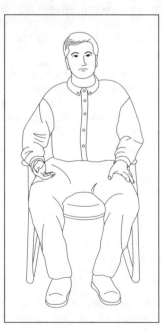
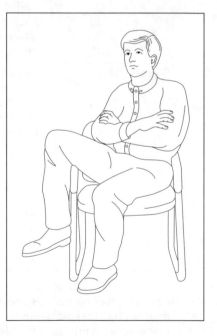

Figura 11-2:
¿Con cuál de estas personas preferiría negociar?

Identificar cambios de parecer

Observar cómo está parada o sentada una persona (como en la tabla 11-1) es sólo el primer paso en la lectura del lenguaje corporal; después de todo, las personas no están congeladas como estatuas. Se mueven, y su posición y sus gestos cambian con sus actitudes y emociones. Observe esos cambios. Son importantes. Pueden significar que la persona se está poniendo inquieta, o pueden significar un aumento o una disminución del nivel de aceptación de esa persona.

En la medida en que crece la aceptación de sus ideas por parte de su interlocutor, usted podrá notar los siguientes indicadores:

- ✔ Ladea la cabeza

- ✔ Entrecierra los ojos levemente

- ✔ Se quita los anteojos o juega con ellos

- ✔ Se aprieta el caballete de la nariz

- ✔ Se inclina hacia adelante, descruza las piernas y se resbala hacia el borde de la silla

- ✔ Aumenta el contacto visual

- ✔ Se lleva las manos al pecho

- ✔ Se toca la frente o la barbilla

- ✔ Toca a su interlocutor (si el movimiento es para tranquilizar, no para interrumpir)

La figura 11 3 muestra una persona receptiva en una negociación

Así como es posible medir el grado de aceptación de sus ideas observando el lenguaje corporal, también se pueden advertir señales de resistencia a sus ideas. Por ejemplo, si alguien se agarra la nuca con la palma de la mano, se puede interpretar ese gesto como "Este mensaje es un dolor de cabeza".

Estos son algunos de los gestos de resistencia:

- ✔ Moverse nerviosamente (la persona no acepta con tranquilidad lo que se le está diciendo)

- ✔ Reducir el contacto ocular (no acepta lo que se le está diciendo)

- ✔ Poner las manos detrás de la espalda (indica el intento de mantener el control de sí mismo resistiendo el impulso de actuar verbal o físicamente)

✔ Taparse la boca con la mano (puede indicar un intento por reprimir un comentario negativo)

✔ Cruzar los tobillos

✔ Agarrarse el brazo o la muñeca

✔ Cruzar los brazos delante del pecho

✔ Entrecerrar mucho los ojos

✔ Hacer gestos con el puño cerrado

✔ Dirigir los pies o todo el cuerpo hacia la puerta

Contra el aburrimiento

Uno de los mensajes más importantes del lenguaje corporal que se debe escudriñar en cualquier conversación, pero especialmente en una negociación, son los indicios de aburrimiento. Mirar por la ventana, apoyar la cabeza en una mano, hacer garabatos que parecen absorber totalmente la atención de quien los hace, tamborear con los dedos sobre la mesa, todo ello indica que quien escucha no está prestando atención.

¿Qué debe hacer si nota que su interlocutor muestra señales de aburrimiento? Las personas que están perdiendo interés pueden estar moviéndose inquietamente en la silla o apuntando los pies en dirección de la puerta. No comience a hablar más fuerte o más rápido, como puede sentirse tentado a hacer. En lugar de eso, diga: "Necesito cerciorarme de lo que está pasando. Me da la impresión de que estoy perdiendo su atención. ¿Qué pasa?" Y después escuche. Podría descubrir lo que impide que esa persona o ese grupo acepte su idea. Confrontar la realidad de esa manera le permite ahorrar mucho tiempo y le otorga respeto como persona perspicaz y dispuesta a escuchar la verdad. Este simple hecho le hará ganar muchos puntos durante una negociación.

Irradiar confianza

Es importante mostrar confianza en el curso de una negociación. La falta de confianza en sí mismo puede producir nerviosismo. Si su lenguaje corporal revela que está nervioso, su interlocutor pensará que usted no está lo suficientemente seguro para mantener una posición fuerte en la negociación. Esa persona estará menos dispuesta a hacer concesiones sobre los términos para lograr un acuerdo.

Además de asegurar que su lenguaje corporal exprese confianza en sí mismo, es beneficioso saber evaluar el nivel de confianza de su in-

El juego de las charadas

Puede modificar el conocido juego de las charadas para captar mejor la importancia y el significado del lenguaje corporal. Estas dos opciones parecen funcionar bien:

✔ Alguien puede imitar un sentimiento (alegría, ira, dolor) y los demás jugadores deben identificarlo. Este juego es sencillo y divertido, y demuestra la variedad de mensajes no verbales disponibles en la comunicación cara a cara.

✔ Los jugadores pueden imitar toda una negociación, ya sea individualmente o en equipos. Los demás tienen que descubrir de qué se trata la negociación y qué posiciones están siendo representadas.

terlocutor. Estar consciente de su fortaleza puede ayudarle a usted a establecer metas, límites, ofertas de apertura y tentativas de concertar el trato. Observar el lenguaje corporal es la clave para evaluar el grado de holgura de un interlocutor durante una negociación.

Igual que los niños, cuando los adultos se ponen nerviosos también tienden a moverse incontroladamente en la silla (aunque este comportamiento también puede indicar aburrimiento o preocupación por otros asuntos). Los movimientos nerviosos pueden incluir también llevarse las manos en la boca, darle tirones a la ropa, hacer sonar monedas en la mano, juguetear con objetos en la cartera o acariciar cualquier objeto personal. Las personas que están nerviosas con frecuencia se alejan de aquellos con quienes están negociando y verbalizan su estado mediante carrasperas, pausas al hablar o sonidos guturales.

Las personas seguras de sí mismas suelen poner las manos en posición de capitel (juntan las puntas de los dedos de ambas manos, formando lo que parece el capitel de una iglesia). Sentarse derecho y mantener frecuente contacto visual también denota seguridad. Quien tiene confianza en sí mismo se sienta a un nivel levemente más alto que los demás. Apoyar los pies sobre un objeto no es sólo una expresión de confianza en sí mismo sino también un acto de reivindicación de territorio; si puede poner los pies sobre algo, le pertenece.

Cerrar el negocio

Con frecuencia, cerrar el negocio significa cercar físicamente a la persona con quien se está negociando. Piense en el vendedor de seguros que se inclina físicamente e invade el espacio del comprador con un ligero codazo para que firme el contrato.

El vendedor baja la voz, suaviza el tono, se inclina hacia adelante con el contrato lleno, y dice: "Si toda la información es correcta, escriba su nombre aquí".

Cerrar quiere decir *cercar*. La distancia íntima (es decir, tocar o estar a 15-45 centímetros de distancia de la otra persona) normalmente se reserva para las interacciones personales afectuosas. No obstante, usted y la otra persona pueden llegar a acercarse hasta ese punto en forma natural en la medida en que logran más acuerdos y se aproximan al cierre del negocio. Un buen vendedor sabe que un roce apropiado en el antebrazo o la mano del cliente consolida el trato.

El lenguaje corporal de la aceptación varía mucho de una persona a otra. El momento exacto en que se produce la coincidencia de intereses se señala con mayor frecuencia con leves indicaciones, no con ruidosos arranques de emoción. Rara vez alguien salta de alegría en el momento de decidir cerrar el trato. Según nuestra experiencia, cuanto más grande el negocio, más discreta es la manifestación en ese momento mágico en que la otra parte se compromete mentalmente a cerrar el trato. Generalmente ambas partes revisan las condiciones del negocio para asegurarse de que sean aceptables.

Cada cultura tiene algún elemento tradicional de lenguaje corporal para celebrar el cierre de un negocio. El más común es el apretón de manos. A veces un abrazo, una palmada en la espalda o un choque de manos realza el hecho. Generalmente se produce algún tipo de contacto físico. Siempre, en cualquier parte del mundo, establezca contacto visual y demuestre aprecio. Refuerce el lenguaje corporal con palabras de ánimo, apoyo y optimismo. Ambos interlocutores deben sentirse cómodos con el trato.

Si cierra un negocio, asegúrese de ejecutar cuanto antes las condiciones del acuerdo. Este seguimiento es importante. No existe peor decepción que darse el apretón de manos al llegar a un acuerdo y después no saber nada más de la contraparte durante días. Asegúrese de que se dé el siguiente paso. Si no es responsabilidad directa suya, cerciórese una y otra vez con la persona responsable de que eso se haya hecho. Usted es la persona que cerró el negocio y por lo tanto su nombre está en juego.

No crea todo lo que ve

El lenguaje corporal complementa las palabras, no las reemplaza. El significado de ciertos gestos o acciones puede variar según las circunstancias y el individuo. Tenga en cuenta estos ejemplos:

✔ Sentarse derecho puede significar una posición rígida en la negociación, o puede indicar una espalda entumecida por un partido de tenis el día anterior. Manténgase alerta al lenguaje corporal, pero combine sus observaciones con las palabras de su interlocutor para establecer el mensaje correcto.

✔ Los gestos de ira surgen cuando una persona está verdaderamente enojada; sin embargo, esos ademanes pueden usarse también para impresionar. Además, no olvide que hay gente bravucona por naturaleza.

Evalúe con cautela el lenguaje corporal, como lo hace con toda la información que recibe durante una negociación.

Cada persona es distinta

No importa cuánto sepa sobre el lenguaje corporal en general, no confíe demasiado en esos conocimientos cuando los aplique a una persona en particular, especialmente si no la conoce muy bien. Cada individuo tiene un lenguaje corporal único. Un niño sabe cuando uno de sus padres se enoja mucho, aunque el lenguaje corporal que utilicen sus padres para indicar problemas serios sea contrario al que utiliza la mayoría de la gente. Por ejemplo, aunque el silencio normalmente indica que la persona está tranquila, algunos padres se callan cuando se enfadan. En esas familias, los niños aprenden muy pronto que el silencio significa que se avecinan problemas.

Considerar el contexto

En la medida en que se sensibiliza al lenguaje corporal, usted se vuelve más consciente de las diferencias de significado de los gestos. Un puño cerrado normalmente representa ira. Si ese puño se levanta con firmeza por encima de la cabeza, puede significar furia silenciosa. Si se agita para arriba y para abajo, especialmente si la persona está también saltando y gritando, un puño cerrado puede ser expresión de enorme alegría.

Las reglas del lenguaje corporal varían alrededor del mundo tan dramáticamente como otras normas sociales. Asegúrese de estar tan familiarizado con el lenguaje corporal en el país a donde piensa viajar como con el lenguaje hablado.

Reconocer fanfarronadas

Muchos adultos han perfeccionado el arte de fingir. Las personas tienden a ocultar sus verdaderos sentimientos en un contexto de negocios. Los negociadores pueden exhibir todos los indicios de aceptar un trato, si bien su reacción verdadera es bastante opuesta. Si piensa que su interlocutor ha aceptado su propuesta, intente cerrar el negocio. Es una buena manera de cerciorarse de que su lectura del lenguaje corporal del otro sea correcta. Si no logra cerrar el trato, entonces lo que usted vio fue algo distinto de la aceptación. No se deje engatusar la próxima vez que vea la misma reacción en esa persona, y siga intentando cerrar el trato.

La sonrisa es casi siempre una expresión de felicidad. No obstante, a veces la sociedad exige una sonrisa cuando el alma no está feliz. La boca estirada hacia arriba fija y complaciente revela, más que re-

Mimi dice • Mimi dice • Mimi dice • Mimi dice • Mimi dice • Mimi dice • Mimi dice • Mimi dice • Mimi • Mimi dice •

Aprender de las equivocaciones

No obstante haber dirigido numerosos seminarios y dado capacitación sobre el tema, todavía cometo errores al leer el lenguaje corporal. Justo después de haber escrito el primer borrador de este capítulo tenía una negociación importante en mi oficina. Mi contraparte era un conocido financista de películas independientes, pero nunca me había encontrado con él cara a cara. Vino a mi oficina e inmediatamente se dirigió hacia un rincón donde hay dos sofás, una mesa de café grande y un par de sillas.

Escogió el canapé, puso una mano en cada uno de los brazos y discutió el proyecto con las piernas completamente abiertas. "Caramba", pensé, "este hombre es realmente sincero conmigo. No es una persona tan difícil como dicen". Seguimos avanzando. Poco a poco me di cuenta de que era tan difícil y cerrado como afirmaba la gente.

Volví a casa muy frustrado y le describí toda la escena a Mimi. Ella me escuchó atentamente y después señaló que mi visitante está muy pasado de kilos; su postura, tumbado en la silla, es la única posición cómoda para él. Mimi observó más tarde que su lenguaje corporal sirve para marcar el territorio. Llegó a mi oficina y marcó un buen pedazo. Literalmente, tomó posesión de un sofá sólo para él durante toda la reunión.

Con el tiempo llegamos a un trato. Durante nuestra siguiente reunión, sin embargo, no interpreté mal su postura. Regateé duro. Me tomó tiempo ablandarlo, pero lo logré, en parte porque sabía que era necesario convencerlo. Progresamos poco en la primera reunión porque no fui tan agresivo; pensé que ya estábamos de acuerdo. Me esforcé más después de que Mimi corrigió mi lectura del lenguaje corporal.

Mimi dice • Mimi dice • Mimi dice • Mimi dice • Mimi dice • Mimi dice • Mimi dice • Mimi dice • Mimi • Mimi dice • Mimi dice

gocijo, devoción al deber. Y una media sonrisa (la comisura torcida hacia arriba) revela un sentimiento irónico de superioridad, como la sonrisa en el rostro del malo justo antes de dispararle al bueno en una vieja película del Oeste.

Tenga en cuenta que buena parte de las discrepancias que se observan entre el lenguaje corporal y las verdaderas intenciones de la comunicación son accidentales. En general, esas discrepancias no son el resultado de un complot siniestro. Pero el impacto que podrían tener en usted puede ser igual. Este capítulo busca ayudarle a evitar que un lenguaje corporal incongruente con el mensaje verbal lo induzca al error. Cuando observe incongruencias, no asuma que la otra persona está intentando engañarlo a propósito.

Las apariencias engañan

Hace poco participé en una negociación que duró más de cinco meses. Mis clientes y yo compartimos muchas comidas y reuniones con nuestros interlocutores. En todas las reuniones, ellos se mostraban atentos e interesados. Sus palabras y su lenguaje corporal revelaban apoyo y estímulo. Mis clientes y yo salimos de todas las reuniones sintiendo que nos habían escuchado y entendido. En algunas de las reuniones participaron consultores externos del proyecto; ellos también compartieron nuestra percepción de que estábamos llegando a un acuerdo con nuestros interlocutores.

Las largas negociaciones culminaron en una conferencia telefónica programada para confirmar los detalles del trato. Mis clientes estaban ahí. Varios miembros del equipo opuesto estaban escuchando.

El presidente de la otra compañía comenzó a hablar. Nos sentimos consternados al oír lo contrario de lo que habíamos esperado. "He decidido no culminar este acuerdo", fue su frase de apertura. "Todos hemos trabajado duro en esto y por eso quiero compartir con ustedes exactamente lo que estoy pensando", continuó. Presentó cuatro razones que lo llevaron a rechazar el trato. Ya habíamos escuchado esas objeciones. Y cada una de ellas había sido contestada sistemáticamente varias veces. Obviamente, él no había comprendido nuestra propuesta.

Mis clientes estaban tan consternados que no fueron a trabajar. En lugar de llamar a informar de su ausencia por enfermedad, se declararon ausentes "por indignación". El truco atrajo la atención del presidente de la otra compañía, quien invitó a mis clientes a su casa esa tarde. Hablaron. Se organizó otra reunión.

Yo sabía que tenía que captar la atención de nuestros interlocutores. Mis clientes y yo elaboramos cuadros y gráficos. Inventamos nuevas palabras para describir el plan que íbamos a proponer. Pusimos los resultados de nuestros esfuerzos en dos atractivas carpetas de cuero con los nombres de los dos gerentes principales grabados en la tapa.

Fue fascinante observar el lenguaje corporal. Antes, mi interlocutor se inclinaba hacia delante, interesado, asentía con la cabeza y decía: "Entiendo"; exhibía todas las señales clásicas de la aprobación. Esta vez actuó de una manera un poco alocada durante mi presentación. "Sí, ya entiendo, ya entiendo", exclamó, muy emocionado. Se reía como si estuviéramos en medio de un partido de básquet. Pensé que me iba a dar un sacudón de manos.

Él sabía todo lo que hay que saber sobre el lenguaje corporal. Sabía cómo dar la impresión de prestar atención, de estar interesado y de mostrar aprobación a pesar de no estar entendiéndome. Cuando cambiamos algunas palabras en nuestra propuesta y añadimos imágenes, logramos que nos entendiera. Cuando esto ocurrió, se olvidó de su bien practicado lenguaje corporal de estar escuchando atentamente y se dejó llevar por la alegría de un chico con una chupeta. Una vez que superamos ese obstáculo, el resto resultó fácil. Firmamos el acuerdo en menos de un mes.

Parte V
Decir las cosas como son

"Veamos, ¿usted dice que el cotorreo en la oficina ha disminuido en un 85%?"

En esta parte...

Cuando llegue el momento de decir lo que piensa, en una negociación, asegúrese de que lo que diga sea claro, conciso y eficaz. Esta parte está llena de consejos prácticos para una mejor comunicación, y de indicaciones sobre las cosas que debe evitar si desea transmitir bien su punto de vista. Dedicamos todo un capítulo a la negociación telefónica, pues hablar por teléfono exige destrezas especiales. Si siente que nadie lo comprende, talvez esta sección pueda mostrarle cómo hacerse oír.

Capítulo 12

La claridad como mecanismo de control

● ●

En este capítulo

▶ Poner a prueba el propio nivel de claridad

▶ Consejos para una comunicación clara

▶ La claridad en diversas culturas

● ●

*E*l poder natural emana de la simple capacidad de expresarse claramente y con exactitud en cada paso de una negociación. Infortunadamente, nadie nace sabiendo expresar las ideas con claridad. En realidad este capítulo es un curso breve en destrezas de la comunicación que enseña cómo hablar, escribir y actuar con claridad en cada fase de una negociación.

La habilidad para comunicarse con claridad es una de las seis destrezas fundamentales de la negociación. Con la práctica podrá evaluar de qué manera repercute esta capacidad en la negociación. Así sabrá cuándo está fallando su negociación por una comunicación deficiente.

Para mejorar la capacidad de comunicarse claramente, practique las actividades que encontrará a todo lo largo de este capítulo. Estas actividades ayudan a desarrollar las destrezas de la comunicación del mismo modo en que la práctica mejora las posibilidades de encestar un tiro libre. Si quiere ser el mejor en cualquier actividad, practique las correspondientes destrezas.

Qué significa ser claro

De muchas maneras, la comunicación clara es la otra cara de saber escuchar. Así como no se puede escuchar demasiado bien, no se puede ser demasiado claro. Se puede ser demasiado franco, demasiado rápido y demasiado lento, pero no se puede ser demasiado claro.

Ser claro no quiere decir revelar su posición o sus límites en la primera oportunidad que se presente. Ser claro significa que cuando habla, escribe o se comunica de alguna otra forma, quien lo escucha comprende su mensaje. Parece muy simple. ¿Por qué tan pocas personas lo logran?

La razón por la cual no hay más buenos comunicadores es que la mayoría de la gente se comunica desde la perspectiva siguiente: ¿Qué deseo decirle a mi interlocutor? Esa práctica no es eficaz. La perspectiva debe partir desde el punto de vista de su interlocutor. Hágase más bien la siguiente pregunta: ¿Qué quiero que haga, piense o sienta mi interlocutor como resultado de mi mensaje?

Primero, usted debe aclarar consigo mismo cuáles son sus objetivos. (Vea el capítulo 5 para obtener mayor información sobre cómo fijar objetivos.) Después, debe obtener información sobre quién es su interlocutor, qué filtros existen y cómo puede superar esos filtros para hacerse entender (Vea el capítulo 2 para obtener más información sobre la preparación.)

Presente sus ideas en un orden tal que su interlocutor pueda entenderle. Usted desea que esa persona asienta con la cabeza mientras usted habla, no que se sienta perdida o dude hacia dónde se dirigen sus comentarios. Esfuércese por dirigir a su interlocutor desde el punto A hasta el punto B.

Si este concepto es nuevo para usted, ensaye una técnica simple. Use el enfoque P.R.E.P. para organizar sus pensamientos y comunicarse lógicamente. Este enfoque es excelente porque se puede usar de manera espontánea. P.R.E.P. quiere decir: punto, razón, ejemplo, punto.

- ✔ **Mi punto es:** El ejercicio vigoriza.
- ✔ **La razón es:** Acelera el pulso.
- ✔ **Mi ejemplo es:** Después de 20 o 30 minutos de hacer ejercicio y sentir la intensificación del pulso, usted se siente con más energía que cuando entró en el gimnasio.
- ✔ **Entonces, mi punto es:** El ejercicio vigoriza.

Esta fórmula funciona para cualquier tipo de presentación, desde una charla informal de cinco minutos hasta un discurso formal de 30 minutos con muchos ejemplos. El enfoque P.R.E.P. es una excelente manera de organizarse y de ser claro.

Otra estrategia es hacer una lista y numerar sus puntos. El siguiente es un ejemplo:

Recomiendo que contraten un nuevo consultor para elaborar un plan que:

1. Aumente las ventas

2. Levante la moral

3. Genere productividad

¿Qué tan claramente se expresa?

La mayoría de las personas se consideran absolutamente claras en sus comunicaciones con los demás. Pero si usted realmente quiere saber qué tan fácil es entenderle, debería hacer un *inventario de claridad.*

Para hacer un inventario de claridad, pida retroalimentación a dos fuentes sobre el nivel de claridad con el cual usted se expresa: a los miembros de su familia y a un asistente o colega. Por lo general, las personas de su entorno más cercano son probablemente las que mejor entienden lo que usted trata de expresar.

Debe pensar en hacer un inventario de claridad sólo si realmente desea mejorar sus habilidades para negociar. Si no toma en serio el asunto, sáltese lo que sigue. Este tema conlleva una probabilidad tan alta de lastimar sentimientos que no vale la pena hacer el esfuerzo si no desea seriamente convertirse en un negociador de primera.

Si realmente desea tomar una posición de ventaja en sus negociaciones, siéntese tranquilamente con alguien en quien confíe. Dígale a esa persona que está intentando mejorar su capacidad de comunicarse. Pida sugerencias. Después escuche. No corrija, no se defienda ni dé explicaciones.

Su objetivo no es instruir a la otra persona sobre cómo entenderle mejor. Su objetivo es averiguar cómo puede comunicarse mejor con esa persona y con otras personas. Aun si cree que todo el problema de comunicación lo causa la otra persona, no lo diga.

Anote la retroalimentación que le den. Ese esfuerzo halaga a quienes la brindan y a usted le da algo que hacer en lugar de decirles que se equivocan. Duele escuchar cuán poco claramente se expresa; uno se entera de que falla con mucha más frecuencia de lo que se imagina.

Esta actividad es una de las mejores maneras de definir cuáles áreas debe mejorar para que lo comprendan mejor.

El cociente de claridad

Otra manera de inventariar el nivel de claridad es descubrir su cociente de claridad. Piense en una comunicación reciente, ya sea personal o de negocios, que inició y que resultó ineficaz. Es decir, usted no logró el resultado que deseaba. Con esa comunicación en mente, llene el cuestionario siguiente.

1. ¿Tenía un resultado claro en mente antes de iniciar la comunicación?

    Sí   No

    Si es el caso, ¿cuál era? _____

    _____

    _____

2. ¿Planeó lo que quería decir?

    Sí   No

    Si es el caso, ¿qué era? _____

    _____

    _____

3. ¿Comunicó sus intenciones clara y específicamente?

    Sí   No

4. ¿Persistió en sus intenciones iniciales en la comunicación, o pasó a otros temas?

    Sí   No

5. ¿Su estilo de presentación era coherente con los resultados deseados?

    Sí   No

6. ¿Cuál fue la diferencia entre los resultados específicos y lo que usted deseaba? _____

    _____

    _____

7. ¿Qué hubiera podido hacer de otra manera? _____

    _____

    _____

¿En qué preguntas marcó "No"? Esas son las áreas que necesita mejorar.

Consejos para expresarse claramente

Una frase bien formulada siempre contiene un elemento de arte. Y no hay que ser artista para poder expresarse con claridad. La frase florida es agradable; la frase clara es una necesidad. Parte de la belleza de la frase clara es la precisión con la cual da en el blanco, es decir, con cuánta precisión transmite el mensaje que usted quiere expresar.

Si en el trabajo delega tareas, su primera misión es decirle con claridad a su subordinado qué desea que haga. Es más fácil decirlo que hacerlo. Obtener resultados en el trabajo tiene menos que ver con el carisma que con la claridad. Los siguientes son algunos consejos para maximizar la claridad.

1. **Cree el ambiente.**

   Asegúrese de estar en un lugar que facilite la concentración cuando el asistente o colaborador esté disponible para prestarle atención. Escuche sus propias palabras mientras crea el ambiente. Un gerente perturbado puede decir, sin quererlo: "Esta es una tarea simple y mecánica; por eso se la estoy delegando a usted". No es muy motivador.

2. **Dé la idea general.**

   Describa los objetivos generales. La gente necesita ver cómo encaja su parte en la totalidad para sentir que forma parte de un objetivo más elevado.

3. **Describa los pasos que involucra la tarea.**

   Este es el meollo de la discusión. A veces estos pasos ya están impresos en un manual de instrucciones o procedimientos. Sin embargo, necesita repasarlos, por brevemente que sea, para asegurarse de que el empleado los conozca. Si los pasos no están escritos aún, haga que esa persona los escriba mientras usted habla. Este esfuerzo aumenta la probabilidad de que los recuerde.

4. **Describa los recursos disponibles.**

   Señale dónde se pueden encontrar otras referencias relacionadas con la tarea, si las hay. Los recursos incluyen personas que en el pasado han ejecutado esa tarea total o parcialmente.

5. Permita hacer preguntas.

Aunque crea que no tiene tiempo para responder preguntas, la atención adicional vale la pena. Es mejor tomarse el tiempo para explicar una tarea directamente que sentirse descontento con los resultados posteriormente. Suscite preguntas con comentarios abiertos tales como: "¿Qué preguntas tiene?" o "¿Tiene alguna duda?"

6. Haga que la persona resuma su estrategia para la ejecución de la tarea.

Este paso requiere coraje de parte suya pues se arriesga a una respuesta defensiva como: "¿Cree que soy estúpido?" Utilice la frase siguiente: "Puede decir que soy obsesivo, pero quisiera que resuma cómo va a ejecutar esta tarea". Cuando usted se responsabiliza de la insistencia, se suaviza la actitud defensiva de la otra persona.

7. Convenga una fecha para el seguimiento.

El plazo depende de la complejidad y el valor de la tarea. Puede requerir tiempo y práctica desarrollar el arte de hacer seguimiento sin asediar al responsable de cumplir la tarea.

Cuando hable, pregunte: "¿Me he expresado claramente?" "¿Me sigue?"

Tales preguntas pueden ayudarles a ambas partes a proceder en forma más productiva. La pregunta "¿Me he expresado claramente?" puede recordarle a la otra persona que escuche en lugar de responder perezosamente que sí. Si se trata de un tema crucial, puede pedirle a su interlocutor que repita la información sólo para asegurarse de estar comunicándose eficazmente. Aclárele que repetir información vital no significa acuerdo, sólo clarificación.

Conocer sus objetivos o metas

Cuando se sabe exactamente lo que se quiere decir, es mucho más fácil comunicarse con claridad. Seguramente ha sentido alguna vez ganas de decirle con exasperación a alguien: "Bien, ¿qué me quiere decir?" Casi siempre la persona a quien se dirige esa pregunta se sorprende y, titubeante, busca una buena respuesta corta. Cuando no sabe exactamente lo que quiere decir, su interlocutor queda perdido.

En cualquier comunicación, hay que saber lo que quiere decir y estar plenamente consciente de su propósito o meta general.

Eliminar la palabrería

Algunos conceptos son, por naturaleza, difíciles de comprender. A veces comunicarse claramente exige creatividad. Por ejemplo, si tiene que presentar muchas cifras, trate de hacer gráficos, de barras, de líneas o torta, todo menos montones de cifras. Tenga las listas de cifras como respaldo.

Por supuesto, simplifique al principio al máximo los aspectos técnicos pues los podrá explicar más extensamente más tarde, en la conversación, una vez que tenga cautivo al auditorio. Igualmente, defina la jerga y explique las siglas. Por ejemplo, nosotros hablamos de LAX, pero la gente de fuera de Los Ángeles no sabe que LAX es el aeropuerto. Evite hacer referencias que puedan provocar rechazo en quienes escuchan. En los materiales escritos, las notas de pie de página y los apéndices contribuyen a la claridad. Haga todo lo que pueda para hacer que escucharlo sea fácil y agradable.

Cumplir los compromisos

Ser claro incluye ser coherente en las palabras que enuncia y en las acciones que las siguen. Si dice una cosa y hace otra, generará confusión. La conducta inconsistente convierte una comunicación clara en un verdadero rompecabezas. Cumpla cada uno de los compromisos que adquiera durante una negociación. En la vida, respetar los compromisos es importante; en una negociación, es esencial.

Cumplir los compromisos es la prueba de fuego de la claridad. Es también la base de la confianza. Un conocido ladrón puede mirarlo a los ojos y decir: "Le tendré ese encargo sobre el escritorio a las 2:00 de la tarde". Si el encargo está ahí, el ladrón se ha ganado su confianza. Por otro lado, si una persona honesta no cumple el plazo de las 2:00 de la tarde, su confianza en esa persona disminuye.

Si dice que llamará al día siguiente a las 9:00, asegúrese de llamar a esa hora. No cumplir con una promesa pone en juego la integridad personal y genera confusión en cuanto a lo que quiso decir cuando prometió llamar a las 9:00 de la mañana. Que no cumpla su palabra resulta molesto para la parte contraria en la negociación y puede ser motivo de examen, debate y evaluación por parte de sus interlocutores. La pérdida de confianza puede afectar temas secundarios y crear tensiones contraproducentes para la negociación.

Si está negociando en nombre de un cliente o una empresa, incumplir sus compromisos resulta perjudicial para usted y para quien representa. Tal negligencia puede afectar la relación con su cliente y su reputación en la empresa. Es fácil que corra la voz sobre su comportamiento poco profesional. A menudo se culpa injustamente a los negociadores profesionales de no devolver las llamadas o de no proporcionar documentación en forma oportuna. No eche leña a ese horno.

Tomar notas

Con frecuencia la palabra escrita es más útil que la palabra hablada para comunicarse con claridad. Si tiene algo que decir, escríbalo, mírelo, corríjalo y perfecciónelo. Cuando las palabras son suyas, no precisa hacerlas públicas antes de que estén tan cerca de la perfección como sea posible.

Mucha gente cree que no puede o no sabe escribir con la misma claridad con la que habla. Pocas veces es cierto. El simple hecho es que cuando se escribe en lugar de hablar, se nota más fácilmente si el mensaje no es claro. Puede ver en blanco y negro si las palabras son ambiguas o sus pensamientos son incompletos.

También, la palabra escrita elimina la posibilidad de usar muletillas coloquiales como "¿Sabes lo que quiero decir?" Cuando se usa como pregunta retórica, esta frase no aclara los temas sino que conduce la conversación a una mayor confusión.

El proceso de poner los pensamientos por escrito lo enfrenta con su incapacidad de comunicarse claramente. En lugar de lamentarse de su falta de habilidad para la escritura, abra los ojos y dígase con honestidad, quizás por primera vez en su vida: "Caramba, no me había dado cuenta de lo mal que he estado comunicando mis ideas".

Los siguientes son algunos consejos básicos que lo encaminarán hacia una comunicación clara:

✔ Use frases cortas.

✔ Use palabras cortas.

✔ Evite la jerga y las abreviaturas por más que le esté escribiendo a otro profesional de su campo, a no ser que la otra persona utilice esos términos de exactamente de la misma manera que usted.

✔ Complete sus frases.

✔ Presente una sola idea por párrafo.

✔ Asegúrese de que la comunicación tenga un comienzo, una parte media y un final.

✔ Sea preciso.

No tema numerar los párrafos para cubrir determinados puntos, pero no se haga la ilusión de que con sólo eso puede poner orden a un documento que de por sí carece de coherencia y sentido.

Jugar al periodista

Cuando se piensa en claridad escrita, la referencia más común es el periódico. Hay cierta consistencia en los artículos en los periódicos que parece ir más allá de las fronteras regionales, los propietarios y los formatos del periódico. Puede parecerle extraño que tantos periodistas escriban en el mismo estilo y con la misma claridad.

En realidad, en todas las facultades de periodismo les enseñan a los estudiantes los cinco principios fundamentales del periodismo: ¿Quién? ¿Qué? ¿Dónde? ¿Cuándo? y ¿Por qué? Se supone que el periodista debe responder esas cinco preguntas en el primer párrafo de un artículo. Cada uno de los cinco párrafos siguientes debe desarrollar la respuesta a cada una de las preguntas. La información menos importante aparece al final del artículo. De esa manera, si el artículo es demasiado largo para el espacio disponible en el periódico, los editores pueden suprimir el final y no se pierde información importante.

Mire el periódico de hoy. Escoja en la primera sección cualquier artículo que le interese. Le sugerimos la primera sección porque esa parte respeta la estructura tradicional de los artículos de noticias. Los reporteros se desvían de esa estructura en algunas secciones de interés especial, como las de los deportes o los espectáculos. Lea el primer párrafo y observe cómo el reportero explica:

✔ _Quién_ es el objeto del artículo.

✔ _Qué_ hizo la persona para ser objeto de la noticia.

✔ _Dónde_ ocurrió el acontecimiento.

✔ *Cuándo* ocurrió.

✔ *Por qué* ocurrió.

Lea el último párrafo del artículo y observe cuán trivial es esa información en comparación con la información de los primeros párrafos. Note que los primeros párrafos están llenos de material mucho más importante que el que aparece más adelante en el artículo.

Use la misma técnica sin temor a equivocarse. Tenga en cuenta que le está brindando a su interlocutor la información que él necesita para que se cumpla un objetivo suyo. Así pues, organice la información como un artículo de prensa.

El juego del susurro

Tal vez recuerde este juego de su juventud. A veces llamado Teléfono Roto o Rumor, lo usamos para enseñar destrezas asociadas con la habilidad de saber escuchar y con la claridad. También enseña los peligros de creer una historia que le ha sido transmitida por intermedio de una serie de personas.

Primero, nos inventamos una historia de una o dos frases. Normalmente escogemos una frase sacada del periódico. Susúrrele la historia en el oído a la persona que está a su izquierda. Esa persona le repite la historia, exactamente igual, a la siguiente persona, quien a su vez se la repite a la siguiente, y así sucesivamente. La última persona en la cadena repite la historia en voz alta. Cada persona en la cadena parece añadir a la historia un elemento adicional, personal. Todo el mundo se divierte al comparar la historia final con la original.

Cuando jugamos versiones avanzadas de este juego, añadimos presiones de tiempo y distracciones al proceso de repetición. Por ejemplo, con frecuencia nos paramos al frente del salón del seminario apurando a los participantes.

Este juego es muy divertido en el salón de clase, en una fiesta o a la mesa a la hora de la comida. Pero en la mesa de negociaciones, los malos entendidos no son ningún chiste.

Barreras que afectan la claridad

Las mayores barreras que impiden la claridad son los propios temores y la falta de concentración. Si se hace entender claramente, usted teme que haya una reacción adversa — una reacción vaga, no explícita y ciertamente no deseada. Identifique esos temores y trabaje en ellos para que no constituyan un obstáculo mayor.

El temor al rechazo

Todo el mundo tiene un factor de temor incorporado. Es posible que a usted le produzca temor presentar claramente sus ideas por miedo a que su interlocutor lo rechace o rechace sus ideas. La inclinación natural es evitar el rechazo desdibujando los contornos, siendo poco claro y evitando presentar las cosas con precisión. Pero así sólo se pospone lo inevitable. Después de todo, cuando su interlocutor consigue por fin entenderle, rechaza el concepto con la energía adicional que le produce la frustración. "¿Por qué no lo dijo antes?", pregunta. "¿Por qué me hizo perder el tiempo?", quiere saber. Son preguntas difíciles de responder.

Si bien es cierto que una declaración de intención precisa puede hacer que se malogre un negocio, es todavía más importante ser claro. Cuando se cierra un negocio sin que haya claridad, las partes tienen diferentes interpretaciones y expectativas. Está concluyendo un mal negocio; de hecho, está cerrando un negocio que no puede funcionar.

El temor de herir a otras personas

A menudo las personas evitan herir los sentimientos de los demás, no por compasión sino por protegerse a sí mismas. Toda persona quiere que la aprecien; nadie quiere sentirse rechazado. Con ese legítimo objetivo social en mente, usted ha aprendido a confundir las cosas, ¡y cómo!

Como pareja, nosotros hemos desarrollado algunas frases de cajón para usar tras una mala obra teatral o una película floja, cuando los productores se congregan a nuestro alrededor a escuchar nuestros elogios. "Muy interesante" es una frase frecuente. "Sobresaliente en su género" es nuestra frase favorita para no comprometernos. A veces, cuando una obra está "en desarrollo", esos comentarios vagos sirven el propósito de animar a sus creadores. La intención de tales frases es enmascarar la verdad, y lo logran.

Expresarse claramente y ser agresivo son dos cosas diferentes. Si tiene que comunicar malas noticias, hágalo con dignidad y respeto por los sentimientos de su interlocutor. Aun si siente que esa persona está reaccionando de manera exagerada, no se lo diga. Deje que los sentimientos sigan su curso. Pero no se retracte ni cambie lo dicho. Espere. Esto también pasará. Ser claro en tales circunstancias requiere coraje. No sacrifique la claridad para evitar la confrontación; el deseo de hacerlo encubre generalmente la intención verdadera, que es evitarse la incomodidad de tener que comunicar malas noticias.

Las distracciones comunes

Otros obstáculos que impiden la claridad pueden ser la fatiga, la mala preparación o el desorden creado por interrupciones que distraen.

✔ **Fatiga:** Talvez simplemente esté cansado y le resulte imposible concentrarse. Preste atención a las señales que le dé el cuerpo. A veces ayuda una caminata rápida al aire libre. La buena nutrición y el descanso adecuado son requisitos para un negociador experto. Si come bien y duerme lo suficiente, puede evitar tener que tomar una taza de café tras otra para mantenerse alerta. Pero, si realmente es necesario, una dosis ocasional de cafeína también sirve.

✔ **Pereza:** Talvez no se preparó bien y siente temor de expresarse claramente sobre algunos hechos que no verificó. Si esto le suena conocido, haga mejor la tarea.

✔ **Interrupciones:** Su interlocutor puede estar haciendo garabatos o evitando el contacto visual. La temperatura de la sala puede ser extrema. El nivel de ruido puede ser demasiado alto para que se le oiga claramente. Ojalá tenga la firmeza necesaria para solicitar cambios.

Si la conversación o negociación es importante, asegúrese de estar descansado y bien preparado, en un entorno en donde las comunicaciones claras puedan escucharse.

Cuando tenga que decir "No"

A veces simplemente tiene que decir que "No". Aquí indicamos cómo hacerlo sin ofender a sus colegas.

Tomás da unos golpecitos en su cubículo, se inclina hacia usted y le dice: "¿Tienes un minuto?" En lugar de mirar el reloj y decir que sí con un suspiro de resignación, usted dirige la mirada hacia él y analiza la solicitud. Observa que el labio inferior le tiembla y los ojos se le están llenando de lágrimas. Sabe que quiere hablar de su divorcio (otra vez) y usted tiene que terminar un informe. Sabe que no será una interrupción de 60 segundos, a pesar de lo que él dice. Resiste la tentación de responder "Ni lo sueñes, amigo", pues depende de Tomás en su trabajo. Una buena relación con él es primordial para usted. Siga estos tres pasos:

✔ **Reconocer:** Dígale que comprende lo que siente y lo que desea. "Tomás, pareces alterado; da la impresión de que necesitas hablar". Esta afirmación, que toma sólo seis segundos, lo calma porque ahora él no tiene que esforzarse por hacerle comprender lo que está sintiendo. Usted ha dicho, en esencia: "Entiendo tu prioridad, y es importante" (otra frase que toma seis segundos). Llamamos esto _empatía de seis segundos_.

✔ **Informar:** Con toda calma y confianza, hágale saber sobre su prioridad. Diga: "Ocurre lo siguiente: tengo que terminar un informe para el jefe antes de media hora". Usted se mostró comprensivo con las necesidades de Tomás y ahora le está pidiendo que comprenda las suyas. Muchas personas, al conocer sus necesidades, no insistirían. Pero Tomás no. Por eso hay un tercer paso.

✔ **Aceptar o cambiar:** Acepte la interrupción, pero con límites de tiempo ("Puedo darte cinco minutos"), o sugiera una opción alternativa ("Iré a tu cubículo apenas termine el informe").

Esa es la mejor manera de decir "No". Utilícela como modelo. No siempre podrá lograr el resultado ideal descrito, pero intente aproximarse a él cuanto pueda.

A sus iguales les puede sugerir una opción alternativa, pero ¿y a su jefe? Tomás se sentirá agradecido y se alejará contento. Pero las prioridades del jefe son sus prioridades; así lo dice la descripción de su cargo. No obstante, no elimine el segundo paso. Siempre informe a su jefe de sus actividades y prioridades. A veces el jefe agradece la información y retira una solicitud o le quita algunas de sus responsabilidades actuales. En otras ocasiones, espera que usted haga todo el trabajo, de todas maneras. Informar obliga al jefe a determinar qué tarea debe ejecutarse primero. Nunca se salte ese paso.

El alto costo de no expresarse claramente

Somos conscientes de que nuestra insistencia en favor de la claridad se opone abiertamente a los consejos que pueden recibirse de algunos que no son profesionales de la negociación. De hecho, hay quienes dicen que la ambigüedad es el lubricante de las negociaciones. Decir esto no sólo prolonga la vida de un mito pernicioso sobre la negociación, sino que ha causado derramamiento de sangre, ha costado vidas y ha generado la pérdida de millones de dólares, dracmas y sueños.

El costo más alto de todos

La guerra del Golfo hubiera podido evitarse si los diplomáticos se hubieran expresado más claramente en los días inmediatamente anteriores a la invasión iraquí de Kuwait.

El presidente Saddam Hussein de Iraq deseaba destruir Kuwait por varias razones, para él todas ellas correctas y válidas. No estaba listo para enfrentarse a Estados Unidos y menos aún al mundo entero. Entonces se reunió durante varias horas con la embajadora de Estados Unidos, April Glasbie.

La embajadora le dijo a Hussein: "No tenemos ninguna opinión sobre los conflictos entre países árabes, como sus desacuerdos fronterizos con Kuwait".

Asombroso.

La embajadora insiste en que hubo más contenido en la discusión de lo que aparece en la transcripción, pero no niega estos comentarios. Existe una discrepancia entre las versiones de las dos partes. Supongamos que cada una de las partes relató los acontecimientos tan fielmente como es posible. Es obvio que no fueron tan claros el uno con el otro en el momento de la discusión original como cuando informaron sobre la discusión posteriormente.

Hasta el recuento de Hussein indica falta de claridad en cuanto a sus intenciones hacia Kuwait. Nunca dijo que su intención fuera eliminar a Kuwait de la faz de la Tierra. Por otra parte, Estados Unidos no llegó a imaginar el tipo de respuesta que se produciría.

Evidentemente, la comunicación no fue clara. Quizás una comunicación clara hubiera podido evitar la guerra del Golfo, quizás no. Talvez un mensaje claro a Iraq de parte de Estados Unidos no hubiera sido creíble. Talvez Iraq estaba dispuesto a hacer la guerra por alguna misteriosa razón. El mundo no lo sabrá nunca. No obstante, la documentación demuestra que un mes antes de la invasión, Estados Unidos se comunicó directamente con Saddam Hussein de una manera que indujo a Hussein a pensar que Iraq podía cruzar la frontera con Kuwait sin esperar represalias.

Si alguna vez pone en duda la virtud de expresarse claramente, piense por un momento en los hombres y las mujeres que murieron en la guerra del Golfo y en sus familias, que aún los añoran. Cada guerra nos trae ilustraciones del alto costo en términos humanos de una comunicación fallida. En la Segunda Guerra Mundial, lo que Japón pretendía en realidad era transmitirnos una advertencia dos horas antes del ataque a Pearl Harbor el 7 de diciembre de 1941. Pero el descodificador japonés en la embajada estaba enfermo ese día y su reemplazo no sabía escribir a máquina. Como consecuencia, el mensaje no fue entregado a nadie de autoridad sino después de los hechos.

Negocios que no se dan

Un ejemplo frecuente de falta de claridad surge cuando una de las partes intencionalmente hace una oferta de apertura poco realista. Al principio de la negociación, alguien suelta una suma exorbitante como si fuera una propuesta razonable. Si la oferta no produce la reacción esperada (consternación, incredulidad, risa), la persona que hizo la oferta comenta por lo general muy animadamente que la otra parte "ni siquiera pestañeó".

Se le concede mucha importancia al hecho de que el oponente no se desmaye cuando se le ofrece una cifra poco realista. Lo que con frecuencia se ignora es lo que sigue. Cuando estábamos escribiendo este libro, hicimos seguimiento cada vez que escuchábamos una historia similar. Les seguimos la pista a las negociaciones para ver los resultados. No nos sorprendió del todo descubrir que, en la mayoría de los casos, los acuerdos fracasaron. En todos los casos, excepto uno, la razón fue una excusa diferente de la alta exigencia inicial, como conflictos de programación, cambios en los conceptos y postergaciones.

Nuestro pequeño estudio de ninguna manera era científico, pero aportó un sustento interesante a nuestra teoría. Cuando se inicia una negociación con una exigencia fuera de los parámetros razonables, el otro a menudo se escabulle para no involucrarse en una negociación fútil.

Sería difícil comprobar qué porcentaje de las negociaciones no progresa porque la exigencia inicial es demasiado alta. Creemos que ocurre con mayor frecuencia de la que la que la mayoría de la gente sospecha. La persona que se siente molesta puede no decirle ni una sola palabra a la persona que hizo la demanda. Piense en su propio comportamiento: si considera que los precios en una boutique son exorbitantes, ¿lo dice?, ¿o simplemente le sonríe al vendedor y comenta que "sólo está mirando"?

Consecuencias imposibles de detectar

Es de esperar que haya tratos que no se cierran si no hay claridad durante las negociaciones. El aspecto más difícil de evaluar es cómo cambia la dinámica de la discusión cuando las comunicaciones no son claras.

Cuando usted no es claro, el equipo contrario en la negociación se siente inseguro. Y en lugar de confrontarlo por su falta de claridad, a menudo compensa la situación de alguna de estas dos maneras:

✔ **Confusión recíproca:** Quiere decir que la parte opuesta también comienza a ser poco clara. No sabe qué terreno está pisando porque usted no está siendo claro. Entonces tampoco se siente cómoda haciendo un compromiso abierto. Esta situación puede frenar substancialmente una negociación y hacer imposible la comunicación productiva.

✔ **Dejar mucho margen de maniobra:** Si usted no se expresa claramente, los demás no se sentirán lo suficientemente seguros como para decirle con claridad lo que desean. En lugar de comprometerse con una determinada posición, dejarán mucho margen de maniobra hasta que usted aclare hacia dónde desea encaminar la negociación.

Estas consecuencias son casi imposibles de detectar. En vez de eso, usted comienza a culpar a sus interlocutores de falta de claridad y de indecisión. Si se tropieza con uno de esos comportamientos, verifique si el problema no se originó en usted mismo. Aun si no fuera el caso, o si está tratando con alguien que es poco claro por naturaleza o que evita adoptar una posición, puede presionar para que sea más claro o decidido si usted mismo se presenta así.

El peor de los casos: el negocio se cierra

Cuando hay falta de claridad en una negociación, los mayores desastres ocurren cuando se cierra el negocio y nadie se da cuenta de que la confusión persiste. Al redactar los contratos, por lo general los abogados pueden detectar el problema y corregir la ambigüedad.

En una situación menos formal, la confusión generalmente no se descubre hasta mucho más tarde. Cuando eso ocurre, ambos lados se sienten traicionados. La gente rara vez permanece neutral sobre la falla en las comunicaciones. No faltan los reproches al descubrir que hubo problemas de comunicación. Ambas partes se sienten engañadas intencionalmente. La acritud a menudo perjudica de manera permanente la relación. Las repercusiones suelen lesionar reputaciones.

La verdad es que los resultados de una mentira intencional y de una simple mala comunicación a menudo terminan siendo los mismos. Evitar una inocente falla en la comunicación vale la energía adicional que se invierte en el proceso.

El juego del periódico

Para este juego, mire la sección editorial de su periódico y escoja al azar una frase, cualquier frase. Lea la frase en voz alta. Haga que cada persona de su familia dé su versión del probable punto de vista del autor del editorial. Tome nota cuidadosa de todas las variaciones. Ahora lea el primero y el último párrafo del editorial. La persona con la interpretación más cercana a esta queda dispensada de ayudar a lavar los platos.

Deje ahora que otro miembro de la familia seleccione la frase. Repita el proceso con diferentes premios. El objetivo del ejercicio es descubrir la facilidad con la cual diferentes individuos pueden interpretar la misma frase de manera distinta. Para tener claridad se requiere una interpretación correcta. Normalmente la discusión se concentra en cómo la idea hubiera podido expresarse con mayor claridad.

Al hablar con extranjeros

A veces la comunicación puede verse entorpecida por barreras lingüísticas. Cuando dos interlocutores tienen dificultades para entenderse, su primer instinto es repetir la misma cosa a igual velocidad... pero más alto... y después aún MÁS ALTO. Esta absurda escalada de tono sólo logra avergonzar, o quizás ofender, a los interlocutores.

Si está procurando negociar con alguien que tiene dificultades para entenderle, intente mejor lo siguiente:

✔ Baje el tono de la voz.

✔ Hable más despacio.

✔ Utilice palabras simples para expresar la misma idea que estaba intentando comunicar. Las palabras de una sílaba son las mejores.

✔ Ocupe las manos. Lleve las manos al nivel de los hombros. Manténgalas delante del cuerpo y utilícelas para ilustrar los puntos que quiere expresar. Al mismo tiempo, involucre el rostro y la voz. Sea tan expresivo como le sea posible y sea consecuente; es decir, asegúrese de que sus manos, su rostro y sus palabras expresen el mismo mensaje.

✔ Sea paciente.

Si no es capaz de hacerse entender, discúlpese y deje de intentarlo hasta que consiga ayuda. Si utiliza plenamente el rostro y las manos, sus disculpas serán comprendidas aunque las palabras no sean claras. Generalmente es posible encontrar quien le ayude con el problema de comunicación. Si hace sentir mal a la otra persona por la confusión, nadie podrá ayudarle.

Barreras culturales en la comprensión

Una mañana di una conferencia ante empresarios nativos de Japón que tienen negocios en el sur de California. Ellos deseaban que el título de mi conferencia fuera "Cómo administrar a los empleados estadounidenses". Por mis experiencias en Honda y Toyota, sabía a qué se referían. La diferencia fundamental entre ambos empleados es que los estadounidenses necesitan que se les diga claramente lo que deben hacer; de no ser así, la mente de algunos de ellos registra el siguiente mensaje: "No hay que hacerlo". En Japón, por el contrario, se concede mucho valor al hecho de poder anticipar los deseos y las necesidades del jefe. Para un empleado japonés es un desprestigio que se le diga directamente qué debe hacer: eso significa que no es lo suficientemente inteligente para leer los pensamientos y los movimientos corporales del jefe y anticipar su próxima necesidad.

Tras un desayuno japonés muy tradicional de salmón al horno y arroz en una caja negra lacada, los presentes ilustraron mi observación. Cuando el jefe del grupo comenzó a ponerse de pie para presentarme, todos los 20 hombres se quedaron callados inmediatamente y le prestaron toda su atención. Les hice notar este punto, señalando que sus prioridades son el respeto del grupo y el objetivo del grupo. Expliqué que cuando un conferencista se levanta a hablar durante una reunion en Estados Unidos, muchos oyentes están tan concentrados en sus asuntos individuales que el conferencista tiene que golpear su vaso con una cuchara y gritar "Silencio". Los japoneses sonrieron cortésmente y se oyó una risita aquí y allá. Yo percibí que sentían vergüenza ajena por ese hipotético grupo de estadounidenses "bárbaros" a los que yo me estaba refiriendo. Pensaban que lo más natural era mantener la vista atenta en el jefe, anticipando el próximo punto en el orden del día.

Desde luego, las diferencias no significan necesariamente que una cultura sea inculta o que la otra sea servil. La diversidad puede ser placentera siempre y cuando sepamos qué podemos esperar.

Capítulo 13

Señales verbales que interfieren con la comunicación

● ●

En este capítulo

► Frases que se deben evitar durante una negociación

► Situaciones que entorpecen una negociación

► Maneras de sonsacarles a los demás mensajes claros

► Estrategias para ser comprendido por el sexo opuesto

► Consejos para convertirse en un mal comunicador

● ●

*L*a comunicación clara tiene que ver tanto con la eliminación de malas costumbres como con la adquisición de nuevas destrezas. Mientras le echa un vistazo a este capítulo, pregúntese si hace alguna de las cosas que interfieren con la comunicación. Deshacerse de esas costumbres le resultará más útil que adquirir cualquier nueva aptitud.

Nadie quiere ser un mal comunicador. La mayoría de las personas se sienten ofendidas si se les acusa de no ser capaces de hacerse entender con facilidad. Al inicio de nuestros seminarios presentamos las seis destrezas básicas que se requieren en toda negociación. Después, les pedimos a los participantes que se califiquen a sí mismos. Nadie, en ningún seminario, se ha descrito como un mal comunicador, ni siquiera aquellos que dicen que la comunicación es el área en que más deben mejorar.

Este capítulo está diseñado para aportarle consejos y técnicas para mejorar su cociente de claridad a partir de hoy. Expresarse con claridad es una capacidad que requiere revisiones periódicas, como el examen médico anual. Toda persona debe examinar este aspecto periódicamente en el hogar y en la oficina. Las malas costumbres se cuelan muy fácilmente en la comunicación.

Frases que nunca se deben pronunciar en una negociación

Ciertas frases golpean el oído cada vez que se oyen. En las secciones que siguen se habla de frases que no tienen cabida en la vida, y menos en una negociación. Cuando oiga estas frases, una luz amarilla de advertencia debería comenzar a brillar en su cabeza. Estas frases con frecuencia indican que es preciso atender una situación. Y si oye alguna de estas expresiones en boca suya, retráctese de inmediato. Ríase de su error o discúlpese, pero no asuma que su interlocutor no tiene las mismas luces de advertencia; talvez no las tenga, pero usted no puede correr ese riesgo.

"Confíe en mí"

Esta expresión tan trillada ha llegado a ser en el cine la frase característica del productor en quien no se debe confiar. Las personas que tienen que decir "confíe en mí" son a menudo precisamente aquellas que no merecen confianza.

Si alguien le dice "confíe en mí" en lugar de proporcionarle los detalles específicos que usted solicitó, tenga mucho cuidado. Solicite de nuevo un compromiso. Si la persona se muestra reticente, explíquele que no es cuestión de confianza sino un reconocimiento del hecho de que las circunstancias cambian. Explíquele que el acuerdo debe cumplirse aun si los actuales negociadores no son los mismos en un determinado momento. Usted requiere un acuerdo tan claro que no exija confiar en la otra persona.

"Voy a ser honesto con usted"

¿Será que esta persona ha sido siempre deshonesta? Este lugar común es primo hermano de la frase "No le voy a mentir a usted". Uno se pone a pensar: "¿Le mentiría a otra persona?"

El gran verso de William Shakespeare pronunciado por la Reina Gertrudis en *Hamlet* dice: "Me parece que la dama protesta demasiado". Shakespeare conocía muy bien la naturaleza humana. Cuando la gente declara su inocencia con demasiada vehemencia, casi siempre pierde credibilidad. Gertrudis dice que aquella dama insiste demasiado en que le crean. Es probable que aquellos que siempre andan asegurándole honestidad no sean muy honestos con usted.

"Tómelo o déjelo"

Aun cuando sea su oferta final, es un error presentar el trato como una propuesta para "tomar o dejar". Aun si la parte contraria en la negociación acepta la oferta, el trato la deja descontenta con la decisión. Aunque parezca increíble, hemos sabido de personas que le ponen esa cláusula final tan desagradable a una oferta por lo demás buena; la etiqueta hace que la oferta suene mal aunque los términos sean razonables.

Si oye esa frase, evalúe la oferta por sus méritos y no por la manera como fue presentada. Especialmente si usted es un negociador profesional, cerciórese de que la oferta sea aceptable según lo que usted desee que resulte de la negociación. Revise los límites que fijó (capítulo 4) y los objetivos que estableció (capítulo 5). No deje que un estilo equivocado de negociación lo confunda. Si está negociando a título personal y debe seguir trabajando con ese interlocutor para llegar a un arreglo, piense si desca continuar una relación con alguien que lo hostiga con expresiones tales como "tómelo o déjelo".

Si está haciendo su oferta final, dígalo sin hacer uso de esa frase agresiva. Si se siente frustrado y anticipa un rechazo, oprima el botón de pausa (ver capítulo 0). Cuando se está sintiendo así, no es fácil explicar calmadamente las razones por las cuales esa tiene que ser la oferta final. En esas condiciones es probable que use la frase prohibida ("tómelo o déjelo") o alguna parecida. A la larga, ese enfoque lo perjudica porque lo hace parecer un bravucón y eso no mejora las probabilidades de que su propuesta sea aceptada.

"Nunca volverá a trabajar en esta ciudad"

Esta es la amenaza de un bravucón. Todos hemos visto este tipo de comportamiento intimidatorio. Con una vez basta. Con amenazas nunca ganará ni la mente ni el corazón de la persona a la cual está intentando persuadir. En la sociedad litigiosa de hoy en día no resulta inteligente amenazar.

"Nunca volverá a trabajar en esta ciudad" era la frase típica en la industria del entretenimiento, pronunciada con furia por un ejecutivo de estudio contra un actor o escritor obstinado. Una vez un ejecutivo del estudio Twentieth Century Fox le profirió esa amenaza a un actor que se negaba a aceptar un pago inferior al que estipulaba su contrato por un trabajo en una serie de televisión. Al final la serie no se produjo y, adivine: el actor estuvo desempleado durante varios años. Entabló un juicio contra Twentieth Century Fox atribuyendo su largo período de desempleo a la amenaza del estudio. Quién sabe, talvez el actor hubiera permanecido sin empleo de todas maneras, pero, dada la amenaza, el juez se puso de parte del actor y le reconoció una enorme suma.

Las personas en posiciones de poder con frecuencia se sienten frustradas cuando un subordinado les niega lo que ellos consideran una solicitud sencilla y razonable. Normalmente, el paso siguiente es una súplica para que coopere. Siguen algunos consejos amistosos, como "Sabe, sería mejor para usted ayudarnos a salir de este problema", o "Se lo compensaremos la próxima vez". Si la persona no se deja persuadir, con frecuencia el jefe explota.

Los buenos modales, el sentido común y un corpus creciente de legislación laboral favorecen a la persona amenazada. No recurra a las amenazas; podría perderlo todo.

Un insulto de cualquier tipo

Hoy en día ya no se toleran los comentarios negativos sobre la raza, el género o la nacionalidad de una persona. La gente se preocupa mucho por ser "políticamente correcta". Hay quienes se ofenden por cualquier pregunta que pueda llevar a identificar esas características, como por ejemplo "¿Qué clase de nombre es ese?" A menos que esté seguro, evite hasta las más inocentes referencias, si no son pertinentes.

Si la información no es pertinente, debe incluso evitar hacer afirmaciones neutrales tales como "La persona era una mujer" o "El hombre era de China". Podría recibir una respuesta airada, como "¿Y exactamente qué se supone que quiere decir eso?" o "¿Por qué menciona eso?" Peor aún, su interlocutor puede pensar esas cosas y no expresarlas. Tal situación levanta una barrera en la comunicación que usted ni siquiera sabrá que existe.

Aun si está con un grupo que parece estar dispuesto a expresar abiertamente todo lo que piensa o siente con relación a otro grupo, no se sume a él. Sea discreto. Nunca se sabe quién puede estar sufriendo en silencio — sintiéndose marginado e indefenso.

Seguro, en la privacidad de su hogar, usted puede denigrar impunemente a todos los miembros de un determinado grupo. Pero aun allí, lo instamos a restringir esos comentarios. Esas actitudes se transmiten demasiado fácilmente a los jóvenes, y las expresiones ofensivas tienen la mala tendencia a surgir en las conversaciones por fuera del hogar.

Lo último que usted desea en una negociación difícil es que se le escape una frase ofensiva justo cuando quiere cerrar el trato. Puede perder el negocio en el que se ha esforzado tanto y también la confianza de su interlocutor. Las expresiones ofensivas involuntarias pueden acabar con un negocio; a usted lo pueden encasillar para siempre como racista, y hay quienes no negocian con gente así. Si tiene esas malas costumbres, esfuércese por pulir su manera de expresarse.

Guiar a los demás hacia la claridad

Si su interlocutor en una negociación no se expresa con claridad, usted debe guiarlo hacia la concisión. Sáquele una clara declaración de intenciones, deseos y necesidades. La técnica para obtener esta información dependerá del tipo de persona con quien esté tratando. Las secciones que siguen contienen algunos consejos para lograr esa importante tarea. Cada sección esta dedicada a un tipo de personalidad diferente.

Gente que se sale por la tangente

Algunas personas no son claras porque se ponen a divagar; es decir, se salen por la tangente.

✔ Escuche hasta cierto punto. Debe buscar un buen momento para interrumpir.

✔ Sea firme cuando interrumpa.

✔ Su primer comentario debe ser de validación: "Sí, usted tiene razón. Ahora, en cuanto al objetivo…". Esa es la manera de volver a encarrilar la comunicación con las personas que tienen este patrón de comunicación.

Gente que interrumpe

Estas personas hasta se interrumpen a sí mismas, porque pierden el hilo de la conversación mientras hablan.

✔ Tome notas atentamente mientras su interlocutor habla.

✔ Concéntrese.

✔ Recuérdele una y otra vez a esa persona cuál fue la última afirmación que se hizo antes de que ella interrumpiera. No se vaya hasta que obtenga una respuesta específica de esa persona.

✔ Compórtese bien, pero presione repetidamente con preguntas propias específicas.

Gente que no se prepara

A algunas personas se les puede dificultar prepararse adecuadamente para las negociaciones. En esos casos:

✔ Posponga la reunión.

✔ Haga la reunión en las instalaciones del equipo contrario. Con diplomacia, invite a participar en la reunión al personal de apoyo, que puede saber más sobre el tema que el interlocutor que no se preparó.

Gente que está demasiado ocupada para ser clara

Estas personas tan importantes creen que no pueden tomarse el tiempo de ser claras. Ahorran minutos, pero los demás pueden pasar horas tratando de comprender lo que ellas quieren y necesitan.

✔ Programe las reuniones al comienzo del día para evitar distracciones y asegurar la plena atención de todo el mundo.

✔ Evite las interrupciones.

✔ Sea eficiente en las reuniones. Anote el orden del día, así sea para una reunión entre dos personas. El orden del día demuestra a todos cuánto valora su tiempo.

✔ Haga notar que está tomando apuntes y registrando comentarios.

✔ Compórtese correctamente, pero presione para obtener los detalles que necesita.

A veces es preciso hacer que el jefe sea claro. La próxima vez que él le lance una serie de papeles sobre el escritorio, simplemente diciéndole "Esto lo necesitamos para ayer", haga lo siguiente:

1. **Reprima las ganas de responderle "Ni en sueños".**

2. **Responda inmediatamente.**

   Déle una respuesta positiva: "Sí, desde luego, así lo haré". Después de todo, él es el jefe. Y esta respuesta lo tranquilizará, pues es lo que todo jefe desea escuchar.

3. **Pida que se establezcan prioridades.**

   Este paso es esencial. Puesto que ya usted está consciente de sus prioridades y del tiempo del que dispone para sacarlas adelante, responda: "Esta es la situación, jefe: Tengo estas dos otras dos solicitudes suyas para las 3:00 de la tarde de hoy. ¿Cuál puede aplazarse hasta mañana?"

Siguiendo estos pasos, habrá forzado a su jefe a ser claro. Él debe priorizar: ese es el trabajo del jefe. Habrá veces en que simplemente se marche sin exigir nada más porque se da cuenta de que usted ya está ocupado en proyectos importantes.

Cuatro estrategias para mujeres que desean que los hombres las escuchen

Por la presión social de ser "buenas niñas" desde temprana edad, las mujeres aprenden que la confrontación no es aceptable. A menudo, en una negociación, escuchan una voz interior que les dice "Di lo que piensas", pero muchas reprimen esa voz en razón de la educación recibida. Las mujeres, más que los hombres, han sido socializadas para evitar la confrontación verbal y para hablar cortésmente.

Todos somos susceptibles a estas diferencias básicas entre hombres y mujeres. Aun si usted cree que su personalidad no se ajusta a esos moldes típicos, con certeza va a negociar con hombres y mujeres que sí lo hacen.

Las próximas secciones contienen cuatro estrategias para las mujeres que desean que los hombres las escuchen. Si cada semana pone en práctica una estrategia, rápidamente conseguirá cambiar la percepción que los demás tienen de usted. El prerrequisito es comenzar a escucharse a sí misma. Adquirir conciencia es el primer paso hacia un cambio de comportamiento. Acepte y crezca, o se quedará por fuera en el duro mundo de la negociación. Estas estrategias buscan que se haga escuchar en las negociaciones del mundo moderno, donde el modelo exitoso ha sido, hasta ahora, el del líder decidido y conciso.

Estrategia #1: Evite las disculpas

Más que los hombres, las mujeres tienen la tendencia a pedir disculpas. Hasta las mujeres más seguras involuntariamente usan recursos retóricos que les quitan fuerza a sus afirmaciones. Si tiene algo que decir, no se disculpe por decirlo. Los siguientes son algunos mecanismos específicos que se asimilan a las disculpas.

Frases introductorias y frases de remache

Las *frases introductorias* y las *frases de remache* son unas palabritas adicionales antes y después de una afirmación:

- ✔ **Frases introductorias:** Se introduce la afirmación con una frase que la debilita. Por ejemplo: "No estoy tan segura de esto, pero…".

- ✔ **Frases de remache:** Se añade una frase calificativa al final de la afirmación, que la matiza. Por ejemplo: "Debemos hacer algo al respecto, ¿no lo cree?" "¿No lo cree?" y "¿Tengo razón?" son remaches típicos.

El tono de pregunta

Un *tono de pregunta* es una entonación que sube un poco al final de la frase. Le quita toda la fuerza a cualquier afirmación. Quien escucha tiene la impresión de que su interlocutor carece de confianza en sí mismo. Lo que el tono comunica es: "¿No está de acuerdo?" O peor aún: "Por favor, exprese su acuerdo rápidamente para que yo sepa que lo que acabo de decir tiene valor".

Si no confía en lo que dice, ¿cómo puede esperar que otras personas confíen en usted? Escúchese o pregúntele a un amigo o amiga en quien confíe. Si tiene esa destructiva costumbre, comience a deshacerse de ella. Recuerde, ser consciente del problema es el primer paso hacia el cambio de comportamiento, y ahora está consciente.

Evasivas o matices

Las mujeres tienden a usar palabritas como "una especie de" o "algo como", que les quitan fuerza a sus afirmaciones. Si usted usa esas frases, trate de eliminar ahora mismo esa mala costumbre e intente expresarse con más fuerza. Los siguientes son algunos ejemplos:

✔ "Yo como que creo que…"

✔ "Probablemente deberíamos…"

✔ "Parece como una buena manera de…"

✔ "Una especie de / una clase de…"

✔ "Usted talvez necesita…"

Esas frases no sólo incorporan palabras superfluas sino que revelan inseguridad. Usarlas la presenta a usted como una persona débil.

Talvez desarrolló esos patrones de habla para protegerse. No implican riesgos pero pueden indicar que usted es reacia a adoptar posiciones definitivas. Cuídese de parecer indecisa o vacilante si quiere transmitir seguridad. No tiene que eliminar esos términos del vocabulario, los puede usar cuando desee proteger su posición. La idea es tener un vocabulario variado y seleccionar a voluntad las palabras que le permitan lograr los objetivos propuestos.

Las no-palabras

Las *no-palabras* son todas esas palabras o sílabas de más que se introducen en el habla y que llenan el silencio, dando a la persona que está hablando una pausa para organizar el siguiente pensamiento. Las no-palabras surgen en los sitios menos esperados y siempre disminuyen el ritmo de la comunicación o desvían una presentación por demás excelente. Los siguientes son sólo algunos ejemplos:

✔ Realmente: "Y realmente quiero sacar esto adelante".

✔ O sea que…

✔ Concretamente…

✔ Es como…

✔ ¿Sabe?

✔ ¿Entiende?

✔ A ver…

✔ Entonces

Use el silencio para dar fuerza a sus afirmaciones y opiniones. Practique el poder de la pausa en su próxima negociación.

Estrategia # 2: Sea breve

Para las mujeres, la conversación es la esencia de las relaciones. Los hombres utilizan la conversación para intercambiar información. Los hombres establecen vínculos entre sí por medio de juegos mentales competitivos, usando sus bancos de conocimientos. Se ponen a prueba mutuamente con preguntas. "¿Quién lanzó en el último partido de la serie mundial?", puede preguntar uno de ellos. Si el otro tipo sabe la respuesta, le dan un punto. Y si no la sabe, está bien también, porque ahora el primero tiene una ventaja de un punto y el segundo tendrá que desquitarse. Así se relacionan los hombres entre sí.

Las mujeres no establecen vínculos de esa manera. No se relacionan por medio de pruebas de conocimiento. Es más, si una mujer le pregunta a otra mujer quién hizo el gol de la victoria en el último partido de fútbol, su interlocutora podría alzarse de hombros y preguntarle: "¿Te hace falta un abrazo?" Y probablemente lo necesita, pues ese tipo de comportamiento no es habitual entre las mujeres. Las mujeres no establecen vínculos por medio de la competencia.

Las mujeres se vinculan unas con otras por medio de las historias. Usted se acerca a una mujer que apenas conoce y le dice: "Me encanta su prendedor. Es precioso". Y la otra le contesta "Gracias", y procede a contarle la historia del prendedor, porque tiene historia. Las mujeres tienen historias para cada pieza de ropa y cada joya que llevan puesta. Tienen una historia para su corte de pelo y algunas incluso para el color. Usted se identifica con algo en la historia de su interlocutora y a su vez le cuenta una historia usted. Y si tienen suficientes historias en común, se establece una relación entre ambas.

Los hombres pueden echar un pulso para establecer una relación. Las mujeres en cambio conversan.

Las mujeres generalmente introducen en sus conversaciones más detalles que los hombres. La información que usted quiere que un hombre escuche se puede perder entre tanto detalle. Atienda las señales que indican que su interlocutor está perdiendo interés y reduzca la cantidad de palabras de inmediato. Es más, dígales a los hombres desde el inicio cuánto tiempo dura su historia y respete el tiempo acordado.

HOMBRES & MUJERES

¿Todo el cuento, o sólo el final?

Los hombres no usan muchas palabras. A lo largo de 20 años he estado observando a los hombres ir a almorzar durante la pausa en mis cursos de capacitación. Un tipo se dirige al otro y le dice: "¿Almuerzo?" Y el otro le dice: "Claro". Eso es todo. No dicen: "¿Te gustaría ir a almorzar?" "Sí, me parece una buena idea. ¿A dónde vamos?" "Pues no sé, ¿a dónde podemos ir?" Nada de eso. "¿Almuerzo?" "Claro".

Ese patrón de comportamiento comienza durante la infancia. Un amigo mío tiene hijos gemelos. Cuenta mi amigo que sus hijos regresaron de su primer día en la escuela. Mi amigo le preguntó a cada uno cómo había pasado su primer día de escuela. El niño dijo: "Bien. ¿Puedo salir a jugar pelota?" La niña dijo: "Pues me subí al bus y allí estaba Susana, entonces me senté junto a ella… y entonces…,". Le tomó 15 minutos responder la pregunta.

Ambos niños se estaban comunicando a su manera. Se trata de un estilo natural. Las investigaciones demuestran que las mujeres utilizan en promedio 25.000 palabras en un día típico. Los hombres usan unas 15.000 palabras ese mismo día. Yo siempre me burlo: "El problema es que para cuando llegan a casa, los hombres ya han agotado sus 15.000 palabras. Nosotras ni siquiera hemos comenzado a usar nuestras 25.000 palabras porque hemos tenido que hablar de manera concisa todo el día".

Cuando estábamos de novios, recuerdo vagamente que Michael atendía cada palabra de mis historias. Después nos casamos. Yo comenzaba a contar una historia y él me interrumpía diciendo: "Mimi, espera. ¿Vas a comenzar otra vez con que 'él dijo y ella dijo y él dijo que ella dijo'?" Esa es su clave para referirse a la manera como yo cuento historias detalladas en orden cronológico hasta el final. Y recuerdo mi respuesta: "Tsk (suspiro)". Los hombres odian esa respuesta porque es una manera velada de decir "Qué estúpido eres", sin decirlo abiertamente. Dije: "Tsk (suspiro), sí, mi amor. Así uno disfruta más el cuento". Y él respondió: "Pero no yo. ¿Podrías saltarte todo hasta llegar al final?" Recuerdo que me sentí ofendida; pensé que se iba a perder lo mejor del cuento. Y después descubrí que lo mejor para él no es el cuento en sí. Realmente quiere llegar al final. Y eso es lo que ahora le doy. Por eso le toca suplicarme para que le cuente toda la historia".

Estrategia # 3: Sea directa: no insinúe

Asegúrese de ser directa, hasta el punto de deletrear las cosas. Los hombres, más que las mujeres, requieren mensajes tan claros como breves.

EN CASA

Mimi dice • Mimi dice • Mimi dice • Mimi dice • Mimi dice • Mimi dice • Mimi dice • Mimi dice • Mimi • Mimi dice •

Insinuar no surte mayor efecto

Los hombres y las mujeres son diferentes en lo que se refiere a insinuar. Los hombres no insinúan; no les haga insinuaciones a ellos. Una mujer puede soltarle grandes indirectas a un hombre una y otra vez, como "Me encantan las flores". Pero no llegan las flores. Entonces le suelta indirectas más obvias:"Mira eso (le dice al ver a una persona ofrecerle flores a otra). Me encantan las flores". Ella espera y las flores no llegan. Finalmente decide ser directa. "Cariño", le dice un día, "¿sabes qué me encantaría que hicieras?"

Él la mira atentamente. Es una afirmación. Talvez la próxima frase que salga de la boca de ella sea algo específico. "¿Qué?", le pregunta.

Dice ella: "Me encantaría que me trajeras flores alguna vez, cuando menos lo espere, como el día de mi cumpleaños".

Él entiende el mensaje. Ella se da cuenta. Funciona. Ella recibe hermosas flores el día de su cumpleaños. Está feliz. Sus amigas se ponen lívidas. "Tuviste que decírselo", dicen. "No es romántico. ¡Él hubiera debido saberlo!"

"¡Exactamente!", responde ella. "Yo hubiera podido decir 'él hubiera debido saberlo'. O podía recibir flores. Y opté por las flores, y estoy muy contenta de haberlo hecho".

Cuando ella analice el incidente con su pareja, podría decirle: "¿Qué estabas pensando estos dos años cuando yo decía que me encantan las flores?" A él le fascina la pregunta; es analítica. Dice: "Recuerdo que me conmovió el comentario porque era muy femenino; también pensé que tenías que plantar algunas flores". "Me encantan las flores" significa para los hombres "Me encantan las flores". Ellos no buscan mensajes ocultos. Escuchan literalmente.

Y todo esto tiene que ver con la definición del romance. Esto es el romance para las mujeres: "Me leyó los pensamientos. Sabía lo que yo quería antes de que se lo pidiera". ¿Sabe qué significa esa respuesta para los hombres? Trabajo. Trabajo duro, agotador, al azar. Odian equivocarse. Quedan mal. Este es el romance para un hombre: una mujer le dice exactamente lo que desea; él se lo da; ella lo premia generosamente. Ese es el romance para un hombre.

Mimi dice • Mimi dice • Mimi dice • Mimi dice • Mimi dice • Mimi dice • Mimi dice • Mimi dice • Mimi • Mimi dice • Mimi dice

Estrategia # 4: Evite las manifestaciones de emoción

El llanto y otras manifestaciones de emoción en una negociación pueden ser distractores mayores que un escote pronunciado. Para la mujer, pueden determinar la ruina en la negociación. Los hombres han sido socializados para ser menos expresivos emocionalmente que las mujeres. De hecho, estudios realizados indican que las mujeres lloran cuatro veces más frecuentemente que los hombres.

El trabajo es el lugar para comenzar a reducir las manifestaciones de emoción. La persona que llora parece exigir una reacción compasiva de quien la escucha. También comunica que no es capaz de manejar la situación (al menos por el momento). Así mismo, el llanto molesta y enoja a las personas que han reprimido sus propios sentimientos; si no desean asumir los propios, tampoco quieren asumir los ajenos. Los hombres pueden sentir que una mujer que llora busca manipular.

Si siente que está a punto de llorar, discúlpese, vaya al baño y llore todo lo que quiera, respire profundamente y regrese a la reunión. Si llora fácilmente, asegúrese de llevar gotas para eliminar el enrojecimiento de los ojos.

Cuatro estrategias para los hombres que desean que las mujeres los escuchen

Algunas maneras de hablar frecuentes entre los hombres resultan tan desagradables para las mujeres que les quitan la oportunidad de ser escuchados, no importa cuán valioso sea lo que deseen comunicar. Este concepto no es mera teoría. Dado que las mujeres se han convertido en una fuerza importante en la vida laboral, los hombres deben cambiar de estilo para poder comunicarse exitosamente con las mujeres. Todo el mundo es algo susceptible a esas diferencias. Algunas personas son más susceptibles, otras menos, unas pocas no lo son en absoluto. Pero aun para esas pocas personas las diferencias no son intrascendentes, pues negocian con hombres y mujeres que se comunican de manera distinta.

Las siguientes secciones contienen cuatro estrategias para los hombres que quieren que las mujeres los escuchen. Si practica una estrategia cada semana, mejorará la percepción que tienen de usted los demás. El prerrequisito es comenzar a escucharse a sí mismo. Tomar consciencia es el primer paso hacia cualquier cambio de comportamiento. No es ni malo ni bueno, sólo es así. Acepte y crezca, o se quedará rezagado en el cambiante mundo de la negociación.

Estrategia # 1: No sea condescendiente: "cariño", "niña", "cielo" y otras impropiedades

¡Estamos en el siglo XXI! Que un hombre utilice todavía palabras como "cariño", "niña" y "cielo" para dirigirse a las mujeres en el trabajo es espantoso. Que un hombre utilice tales expresiones para hablar con una mujer también lo es. En una comunicación respetuosa no tienen cabida semejantes palmaditas en la cabeza.

Estrategia # 2: Comparta antes de decidir

Compartir no es algo natural para la mayoría de los hombres. Se les ha educado según el estereotipo que exige que sean fuertes y callados. Tienen que saberlo todo antes de pronunciarse sobre cualquier tema. Si usted está negociando con una mujer, ella puede querer saber qué está pensando usted en algún momento del proceso. El momento en que el hombre suele expresar sus conclusiones es al final de todo el proceso, para anunciar la decisión que ha tomado.

Si usted permanece en silencio durante todo el proceso de toma de decisiones, ella puede pensar que está desanimado; puede perder el interés y puede sentirse frustrada por su falta de reacción.

Estrategia #3: Comparta algo personal

No se trata de que sea indiscreto. Este enfoque sirve esencialmente para humanizar las relaciones. Comparta historias sobre la gente con la mujer que se encuentra al otro lado de la mesa de negociación. Mencione algo sobre su familia o lo que hizo durante el fin de semana. No tiene que ser un tema relacionado con la negociación. Añada algunos detalles. A la mayoría de las mujeres les gustan los detalles.

A los hombres les conviene más hacer comentarios personales sobre su vida y no sobre la vida personal o el aspecto de una mujer. Por lo general ellos no tienen la misma libertad que tienen las mujeres para hacer comentarios sobre la ropa que lleva puesta un miembro del sexo opuesto. No es justo, pero así es. Si a un hombre le parece atractivo un vestido, es mejor callarlo. Si le gusta otro objeto personal, más discreto que un vestido, puede hacer un comentario. Un bello estilógrafo o un bonito maletín son objetos aceptables para los cumplidos. El vestido y los perfumes son peligrosos. En el lugar de trabajo está prohibido mencionar los collares y los escotes. El mejor consejo es el siguiente: "Si duda, absténgase".

La cautela que se presenta en el mundo laboral no es universal. En Italia, por ejemplo, las empleadas aceptan cumplidos y abrazos de aprecio de sus jefes sin insinuaciones sexuales.

Estrategia # 4: Evite las manifestaciones de emoción

Los gritos y otros despliegues de emoción en una negociación pueden distraer más que una bola de demolición en la pared del salón de negociaciones. Pueden ser igualmente nocivos para la posición de un hombre en una negociación. Los hombres han sido socializados para ser menos expresivos que las mujeres con sus emociones, con excepción de la ira. Muchos hombres todavía piensan que es aceptable gritar cuando se sienten frustrados o están enojados. De hecho, según un estudio reciente, los hombres gritan en la oficina con mucha más frecuencia que las mujeres. ¿No es sorprendente?

Mimi dice • Mimi dice • Mimi dice • Mimi dice • Mimi dice • Mimi dice • Mimi dice • Mimi dice • Mimi • Mimi dice • Mimi dice

Temas en común

En un contexto de negocios, a veces comento con las mujeres que fui yo quien crió a mis tres hijas. A las mujeres que trabajan y son madres a menudo les agrada saberlo. Con frecuencia comparto con ellas anécdotas sobre los peligros y las alegrías de criar adolescentes.

Debo recalcar que comparto esta información sólo en los momentos propicios. Forzar este tipo de comentarios es arriesgado.

Mimi dice • Mimi dice • Mimi dice • Mimi dice • Mimi dice • Mimi dice • Mimi dice • Mimi dice • Mimi • Mimi dice • Mimi dice

El trabajo es el lugar para comenzar a restringir este comportamiento. La persona que grita parece exigir una reacción compasiva de quien la escucha; también comunica que, por el momento al menos, no es capaz de manejar la situación. Los gritos generan vergüenza y resentimiento en las víctimas del arranque de ira. Si no están en capacidad de gritar también, pueden desquitarse de otras maneras.

No sólo las mujeres consideran que un hombre que grita es dominante y mandón.

Si siente ganas de gritar, discúlpese, diríjase al baño, grite todo lo que quiera, respire profundamente y regrese a la reunión. Un hombre que grita es percibido como un individuo con una serie de defectos. Mucha gente sabe que la ira es un subterfugio del temor y la tristeza, y la hostilidad puede ocultar esa vulnerabilidad. Para nadie es difícil gritar hacia abajo en la cadena de mando, mas no así hacia arriba. Hombres y mujeres pueden aprender mucho unos de otros, así que conviene respetar las diferencias y cambiar de estilo para ser escuchado. Recuerde: usted puede ser el mejor negociador del mundo, pero si sus palabras no se oyen, su mensaje no tiene trascendencia.

Cómo enredar las comunicaciones

A veces, es posible hablar todo el día sobre cómo mejorar las comunicaciones y, sin embargo, no conseguir que la gente lo entienda. Con ánimo de broma, a continuación presentamos algunos "consejos" prácticos para quienes desean seguir siendo malos comunicadores, poco claros y generadores de atolladeros y confusión.

Haga uso de estos seis secreticos para mantener su vida en el caos. Utilícelos en los negocios y en el hogar para garantizar el desbarajuste. Son también maneras muy prácticas de asegurar una rápida rotación de personal en una empresa.

Levante el tono de la voz

Si realmente no quiere transmitir bien sus ideas, comience a gritar o a regañar. Ambas reacciones impiden avanzar en una conversación inteligente. Esta regla es especialmente importante cuando una diferencia de idioma dificulta la comunicación. Cuando alguien no logre entender su idioma, simplemente alce la voz. Alzar la voz comunica el mismo mensaje en todo el mundo: alzar la voz es irrespetuoso;

alzar la voz caracteriza a las personas con las cuales nadie quiere
hacer negocios.

Omita los detalles

Los detalles le permiten a otra persona saber exactamente lo que
usted desea o requiere. Si busca mantener la mala comunicación,
comunique mensajes vagos. Los detalles demandan tiempo. Puede
ahorrarse valiosos minutos en una comunicación omitiendo los
detalles. Después de todo, sólo toma unas cuantas horas desenredar
la mayoría de los líos que se crean con tales omisiones.

No se cerciore de que su interlocutor le entendió

Esta regla es muy importante para los futuros malos comunicadores.
Si gasta tiempo asegurándose de que le han entendido, puede echar
por la ventana todos los demás esfuerzos que haga para ser un mal
comunicador. No le dé la oportunidad a la otra persona de decir "No
entendí x, y o z". De lo contrario, tendrá que hacer aclaraciones. Si
quiere ser poco claro, haga lo debido y esfúmese antes de que le
puedan hacer una pregunta.

Aléjese y hable al mismo tiempo

Lance con ligereza su solicitud, instrucción o exigencia, por encima
del hombro, mientras se aleja de su interlocutor. Preferiblemente,
evite mirar a la otra persona durante la conversación. Esto elimina
cualquier posibilidad de que le entiendan. Y no habrá perdido esos
preciosos segundos que exige ponerse frente a frente con su interlocutor y mirarlo a los ojos.

Suponga que todo el mundo le entiende

Si es un mal comunicador, ya conoce los peligros de suponer los
hechos; pero nos pareció importante recordarle de todos modos la
herramienta más popular en el negocio de la confusión.

No tolere objeciones ni preguntas

¡Ni hablar! No tolere ninguna respuesta. La otra persona puede estar quitándole tiempo tratando de comprender una información sin importancia. Descarte lo que tenga que decir y suspenda la discusión. Cualquier comentario adicional sólo contribuiría a aclarar lo que está diciendo.

Capítulo 14

La negociación telefónica

● ●

En este capítulo

▶ Comunicarse con la persona correcta

▶ Consejos específicos para una negociación telefónica

● ●

*L*a negociación telefónica nunca resulta tan conveniente como la negociación cara a cara en razón de la dificultad adicional que se plantea para escuchar eficazmente. A menos que sea muy cuidadoso y muy listo, las conversaciones telefónicas lo privan de buena parte de la información que se obtiene casi automáticamente durante las reuniones cara a cara. Los gestos, las expresiones faciales, las miradas de soslayo, todo ello se pierde en las negociaciones telefónicas.

Este capítulo se refiere a las consideraciones especiales que es preciso tener en cuenta cuando se utiliza el teléfono para negociar. Todos los demás aspectos de la negociación mencionados antes siguen siendo válidos en estos casos, así que no pase por alto el resto del libro simplemente porque está usando el teléfono. Es más, esas otras partes del libro se vuelven ahora más importantes que nunca.

Tender la mano y tocar a alguien

Cuanto más alta sea la posición de una persona en la jerarquía corporativa, más se protege su tiempo. Usted tendrá que abrirse paso a través de los diversos miembros del personal que filtran sus llamadas. A veces se requieren todas las destrezas de negociador para lograr que uno de los guardianes de esa persona lo ponga a usted al principio en la lista de prioridades.

Para superar al cerbero

A menudo no se logra acceder a la persona correcta en la primera llamada. Si quiere tener el mayor éxito posible, trate con respeto a los cerberos — los asistentes que toman sus llamadas.

Por lo general, después de la operadora o la recepcionista, el asistente con quien primero lo comunican es una persona que goza de la confianza de quien usted desea contactar. Muéstrele al asistente el mismo respeto y la misma confianza que le mostraría a la persona

Michael dice • Michael dice • Michael dice • Michael dice • Michael dice • Michael dice • Michael dice • Michael dice

Luchar por abrirse paso

Mucha gente se frustra tratando pasar la barrera que constituyen los asistentes de los grandes jefes. Esta actitud me dejaba perplejo porque yo nunca he tenido ese problema. Y entonces me topé con la explicación, por casualidad. Un cliente mío, escritor de renombre, estaba intentando comunicarse con Steven Bochco[1]. Mi cliente estaba frustrado y protestaba porque Bochco no le había devuelto la llamada. "¿Sabe él por qué lo estás llamando?", le pregunté. "No", fue su impaciente respuesta. "No he logrado hablar con él".

"Pero ¿qué le dijiste a su asistente?" Yo sentía subir el nivel de impaciencia de mi cliente mientras me decía: "No quiero ha-

blar de eso con el asistente. Quiero hablar con Bochco. ¿Podrías llamarlo?"

"Por supuesto. Me encantaría ayudarte". Pero noté que tenía que elegir mis palabras con cuidado. Ya habíamos convenido en las ventajas de que mi cliente le presentara a Bochco su idea él mismo. "Bien, mi teoría es la siguiente: si quieres hablar con Steven Bochco, tienes que hablar con su asistente. Dile en rasgos generales quién eres, quién era tu padre, por qué Steve te conoce y el motivo de tu llamada. Bochco es una persona ocupada. Más vale que le des una muy buena razón para devolverte la llamada".

Una hora más tarde me llamó mi cliente para decirme que acababa de tener una conversación de media hora con Steven Bochco. Estaba feliz. Es interesante que la carrera de mi cliente se disparó también desde que aprendió a traspasar con respeto la barrera de los guardianes.

1 Famoso productor y escritor de televisión estadounidense. Por sus dotes de innovador, muchos lo consideran responsable de haber cambiado el lenguaje de los dramatizados de televisión. *(N. del Ed.)*

Michael dice • Michael dice • Michael dice • Michael dice • Michael dice • Michael dice • Michael dice • Michael con quien está intentando comunicarse. Así aumenta la posibilidad de superar el proceso de filtración y puede progresar, aunque hable sólo con el asistente. No siempre tiene que hablar con el jefe para lograr resultados. Tenga en cuenta, además, los siguientes consejos:

✔ **No se haga el listo ni se ponga excesivamente amistoso con el asistente.** Esta actitud es degradante para ambas partes. El respeto lo llevará más lejos en el mundo del trabajo que todo el encanto que sea capaz de irradiar por teléfono.

✔ **Sea formal en todos sus tratos.** Llamar al asistente por el nombre es muy positivo, especialmente a los ojos del asistente. Anote siempre los nombres del equipo de apoyo de la persona a quien desea contactar.

Una de las mejores películas existentes sobre cómo hacer del guardián un aliado es *Wall Street*. El personaje que interpreta Charlie Sheen logra hacer contacto con un ejecutivo que está varios niveles más arriba que él en la jerarquía empresarial. Observe en los primeros 10 minutos de la película todo lo que necesita saber para traspasar la barrera de un guardián: persistencia (llamó 59 días seguidos), preparación (conocía los datos familiares, los cumpleaños y las preferencias personales) y, sobre todo, respeto por el guardián. Si desea ganarse el respeto del jefe, debe mostrarles respeto a los asistentes del jefe.

Para dejar un mensaje

Si no consigue ubicar a la persona con quien desea hablar, a menudo es preciso dejar un mensaje. Si alguien está tomando nota de su mensaje, asegúrese de que sus comentarios sean breves. Si está grabando el mensaje en un contestador automático, puede dar más detalles, pero conviene ser conciso. Reduzca la información al menor número posible de palabras y sea lógico.

Para añadirle importancia a su llamada y evitar tener que hacer muchas llamadas más, pregunte cuándo puede volver a llamar. Si eso no funciona, sugiera dos o tres horarios en los que lo pueden ubicar a usted. Uno de estos dos sistemas funcionará. Acordar una hora para la siguiente llamada compromete al asistente a hacer que esa próxima llamada lo conecte con el jefe. Recuerde, nadie puede serle tan útil o tan perjudicial como un custodio con experiencia.

Cuando esté de viaje, sigue siendo importante poder dejar y recibir mensajes. Hoy en día es común el acceso al correo de voz en teléfonos individuales en los hoteles de categoría. En los hoteles menos modernos es poca la probabilidad de acceder a servicios de respuesta telefónica o correo de voz. Nosotros llevamos a nuestros viajes un pequeño contestador telefónico digital. La máquina registra los mensajes mejor que cualquier oficinista y hace sentir cómoda a la persona que llama porque puede dejar un mensaje más completo. La mayoría de la gente confía más en que recibiremos el mensaje si este se registra en un contestador automático.

Convocar a los participantes

Decidir quién participa en una negociación telefónica es tan importante como escoger a quién invitar a una reunión en vivo y en directo. Las conferencias telefónicas ya no se limitan a negociaciones uno a uno por teléfono. Vea la sección "¿A quién invitar?", en el capítulo 3; aquí se aplican las mismas reglas.

Realzar la importancia de la ocasión

La mayor desventaja de la negociación telefónica es que la comodidad del teléfono puede llevar a las personas a desvalorizar la importancia de la sesión. En una negociación cara a cara, las partes negociadoras juntan todos los materiales que pudieran necesitar durante la conversación, se desplazan hasta el otro extremo de la ciudad, se enfrentan con el problema del estacionamiento, encuentran el camino hasta una oficina específica o una sala de conferencias, se toman el tiempo de servirse una taza de café, encuentran un lugar para sentarse y comienzan la conversación. Tras estos esfuerzos, todos saben que la reunión es importante.

A menudo, cuando los negociadores ahorran tiempo usando el teléfono, en lugar de invertir parte del tiempo ahorrado en la discusión como tal, se apresuran en la conversación como si fuera menos importante que si hubieran gastado tiempo improductivo para llegar al lugar e instalarse.

Nunca pierda de vista el hecho de que toda comunicación es importante durante una negociación, no importa si es por teléfono, por carta o cara a cara. Observe todas las formalidades de la conversación, aunque no tenga que desplazarse por todas partes para llevar a cabo la reunión.

Un comienzo limpio

Antes de entrar en una reunión importante, usted revisa su aspecto. Automáticamente se acomoda el cabello, el cuello de la camisa, se mira los dientes. Haga lo mismo por teléfono. Aunque sea sólo respirar profundamente y sonreír, se sentirá mejor preparado y la sesión telefónica tendrá un mejor comienzo.

Empiece siempre con el pie derecho, aunque nadie le vea los pies. Cuando inicie la negociación telefónica, preste la misma atención a la primera impresión que produce que en una negociación cara a cara. La manera como contesta al teléfono o inicia la llamada es importante. Demasiadas personas simplemente toman el auricular y dicen: "¿Diga?" o cualquier otro saludo indiferente. No sea descortés. Comience con un saludo positivo: "Buenos días", "Buenas tardes" o "Gracias por su llamada". Le da un tono positivo a la conversación. Si no tiene tiempo para hablar, fije una hora más adecuada para la llamada. Si es usted quien llama, pregunte si es el momento apropiado. Acordar otra hora demuestra respeto. Y debe respetar para ser respetado.

Cuando comience la reunión

Si el tiempo o las circunstancias lo obligan a hacer negociaciones importantes por teléfono, intente compensar lo mejor que pueda la falta de interacción cara a cara escuchando atentamente y haciendo preguntas concretas. Si tiene presentes las desventajas de la falta de reacción que conlleva el contacto telefónico, usted puede convertir el teléfono en un instrumento de negociación casi tan eficaz como una discusión cara a cara. Ser consciente de ello le da una poderosa posición de ventaja en una época en que el teléfono se utiliza talvez con mayor frecuencia que las reuniones cara a cara en las negociaciones comerciales.

Recuerde que la persona al otro lado de la línea no lo ve a usted tampoco, así que ha de darle mucha retroalimentación auditiva. En una reunión cara a cara es aceptable mirar por la ventana y meditar sobre la próxima idea. Pero las personas al otro lado de la línea telefónica no ven lo que usted está haciendo. Pueden pensar que se desconectó la llamada o que está distraído.

Hablar con autoridad

Puesto que no tendrá sino una oportunidad de causar una buena impresión, desarrolle su "personalidad vocal". La primera impresión que dé por teléfono depende enteramente de cómo habla. Comience escuchándose con una grabadora. Atienda los siguientes aspectos:

✔ **Volumen:** Los demás deben poder oírlo bien. A usted no le gustaría que sus interlocutores tuvieran que esforzarse para oírlo o alejar el auricular porque está hablando en un tono tan fuerte que resulta irritante.

✔ **Pronunciación:** Los demás tienen que poder entenderle. La palabra "tres" no puede confundirse con la palabra "mes". Articule bien. Si no le entusiasma o no le interesa lo que está diciendo, finja que sí.

✔ **Velocidad:** Hable a un ritmo moderado, ni demasiado rápido ni demasiado lento.

✔ **Entonación:** Evite la monotonía haciendo que su voz suba cuando pronuncie palabras importantes y baje en las menos importantes.

✔ **Muletillas:** Cuídese de los "hum" y los "eh". Llenan el silencio, pero una pausa es mucho mejor.

✔ **Emoción o tono:** Este elemento es difícil de definir, pero se reconoce cuando se oye. Es la emoción o la actitud en la voz, el tono que les pone a ciertas palabras. Cuando dice "Ya se lo he dicho antes", el tono con que lo dice puede transmitir enojo, una actitud de superioridad o una postura defensiva. Pronunciar las palabras de manera diferente puede transmitir una actitud amistosa, alegre o imparcial. Póngale una sonrisa a su voz.

Nunca hable entre dientes, especialmente por teléfono. Hable claramente. Hable despacio. Piense en todo el tiempo que está ahorrando al no tener que desplazarse a una reunión cara a cara.

Las mujeres tienen claras ventajas y desventajas en las negociaciones telefónicas. Son enormemente exitosas en las ventas y el mercadeo y están batiendo récords de ventas y superando barreras por todas partes. Son áreas en que los hombres están aprendiendo de las mujeres, aunque algunos ya entienden de qué se trata. Ellas comentan algunas de las razones de este éxito:

✔ Muchas mujeres dicen que desarrollar una personalidad telefónica cálida es más fácil para ellas que para los hombres.

✔ La charla ligera y el desarrollo de relaciones son más fáciles para las mujeres que para los hombres. Por ejemplo: una mujer que llama desde otra ciudad puede preguntarle a la asistente administrativa cómo está el tiempo en el sitio donde ella se

encuentra. La charla ligera rompe el hielo y establece una relación, motivando a la asistente administrativa a ayudarle a la
vendedora a reunirse con su jefe.

✔ Hoy en día, gracias a años de esfuerzos por generar conciencia
sobre la igualdad de género, cuando una mujer llama ya no se
asume que es la asistente de un hombre. Es más probable que
las personas que contestan el teléfono escuchen con cuidado
para no cometer ese error.

Las mujeres nos dicen que tienen algunas desventajas:

✔ Aunque hay cada vez más secretarios hombres, algunas personas siguen asumiendo que quienes llaman son secretarias. Es
un error común, también cuando las secretarias reciben llamadas de otras mujeres. Si a una mujer la toman por una secretaria que está llamando en nombre de un jefe hombre, la respuesta más inteligente es corregir el error con una risa diplomática.
Una corrección amistosa evita avergonzar a la persona que
cometió el agravio y le gana un aliado.

✔ Algunos hombres todavía se molestan cuando una voz femenina les dice qué hacer. Para evitar un conflicto, las mujeres
deben ser firmes y amables al mismo tiempo — ser simpáticas
sin ser insinuantes.

✔ Algunas personas aún sospechan cuando una voz femenina
llama a un ejecutivo que ocupa una posición importante. Se
podría pensar que esos días han pasado. Cada vez hay más
mujeres que logran jerarquía y poder y que son tratadas como
cualquier colega profesional. Algunos sectores son más lentos
que otros, pero se está progresando.

Estrechar la mano por teléfono

Al final de una sesión de negociación, se hace un cierre. Si no se ha
llegado a un acuerdo, usted acompaña a la otra persona a la puerta
y fija la fecha de la próxima sesión. Finalmente, mira a la persona a
los ojos, se despide de ella y le estrecha la mano.

No se puede estrechar la mano de la otra persona por teléfono, pero
es posible usar las palabras como si lo estuviera haciendo. Recuerde
el trayecto hasta la puerta al final de su última sesión cara a cara.
Casi siempre se da una breve conversación sobre algún tema diferente del que se estaba discutiendo. Haga lo mismo por teléfono.

Con demasiada frecuencia la eficiencia del teléfono dificulta las cortesías finales. Luche contra esa tendencia. Dedique unos minutos más a cerrar la conversación en un tono personal, positivo, o con alguna referencia al futuro. Qué diga dependerá de su personalidad y de su relación con la otra persona. Cualquiera que sea su manera de cerrar una sesión de negociación cara a cara, haga lo mismo en una negociación telefónica.

Preguntas que se deben hacer por teléfono

Hay algunas buenas preguntas concebidas para cerrar la brecha que impone el teléfono. Son preguntas fáciles; probablemente las ha escuchado antes. Si pensaba que eran interrogantes corteses, tiene razón, lo son, pero sólo en parte.

Incluya estas preguntas en su rutina telefónica:

✔ "¿Cómo le va?" y "¿Es un buen momento para hablar?"

Estos dos interrogantes clásicos sirven una finalidad: tomar la temperatura de la persona con quien está hablando. No se apresure a comenzar la negociación — establezca si su interlocutor está listo para hacerlo. Si asoma la cabeza por la puerta de la oficina de alguien, puede ver que está hablando por teléfono o está ocupada en otra cosa. Haga lo mismo cuando inicie una negociación telefónica.

✔ "¿Tiene una media hora? o "¿Fijamos una cita telefónica?"

Este interrogante es una versión más sofisticada de las dos primeras preguntas. Si sabe que la sesión telefónica va a ser larga, primero cerciórese de la disponibilidad de la otra persona. No involucre a alguien en una larga sesión a menos que así lo desee. Por otra parte, fijar una cita telefónica realza la importancia de la conversación.

✔ "¿Tiene usted el archivo en su escritorio?" y "¿Tiene que conseguir alguna otra cosa antes de que continuemos?"

Si se va a referir a un documento, averigüe si la otra persona lo tiene a la mano. Si hay alguna duda, intente mandarlo por fax durante la conversación. Mandar por fax los documentos mientras habla por teléfono no es sólo esclarecedor sino que esa práctica le otorga autoridad y poder.

✔ "Noto un cambio de tono. ¿Está bien todo?" y "Parece bajo de ánimo hoy".

Estas son dos maneras clásicas de expresar lo que usted sospecha. Siga adelante y ponga en palabras lo que oye. Haga lo mismo si oye que alguien está distraído, está comiendo o acaba de encender un cigarrillo. Hacerle notar una distracción como esa le permite a la persona al otro lado de la línea pedirle a usted que repita lo que se le escapó, y seguramente algo se le escapó. Es como un puente para regresar a la negociación. Estos comentarios evitan esas conductas. Probablemente estas personas dejarán de apartarse de la conversación si saben que usted lo nota cada vez que lo hacen.

En la medida en que va mejorando su capacidad para escuchar, va a descubrir que puede "oír" algunas de las expresiones faciales que no está viendo. Nuestro amigo Tom Sullivan, que es orador, compositor, escritor, actor y presentador de televisión, ha sido ciego desde que nació. Su capacidad para escuchar es extraordinaria. A veces, cuando estamos hablando, se detiene y dice, según el caso: "Pareces un poquito agobiado". Nunca se ha equivocado. Si sabe escuchar así de bien, hágaselo saber a la otra persona; su percepción es halagadora para ella y ayuda a confirmar la información que usted está recibiendo.

Para ser el mejor, adquiera lo mejor

Si negocia por teléfono con frecuencia, no sea mezquino consigo mismo. Su teléfono es demasiado importante. No se quede marginado tecnológicamente. Cualquier cosa que compre, documéntese para estar seguro de adquirir los últimos y los mejores equipos en el mercado.

Manténgase informado prestando atención a los anuncios e intercambiando información con sus colegas. Averigüe de qué manera su sector se está beneficiando de las muevas tecnologías.

Teléfono en el automóvil

Compré mi primer teléfono para automóvil en 1985, un año después de montar mi negocio. Muchas de mis amigas propietarias de negocios tenían uno también. La razón fundamental para comprar el teléfono era poder devolver llamadas antes de las 5 p.m. mientras me desplazaba a mi casa o al gimnasio. Pocas cosas me eran tan satisfactorias como llegar a casa a las 6 o 7 p.m. y ver el "0" en el indicador de mensajes telefónicos en mi oficina. Significaba que realmente podía estar en casa y no en la oficina de mi casa. Eso me hacía suspirar de alivio.

Cuando conocí a Michael en 1989, me dijo orgullosamente que probablemente era la única persona en Hollywood sin un teléfono de automóvil. Sabía que el automóvil no era el lugar apropiado para adelantar una negociación; les concedía toda su atención a las negociaciones. Sin embargo, pronto comenzó a usar mi teléfono en el automóvil para contactarse con su oficina o con sus hijas y para contestar llamadas que requerían respuestas breves. Después comenzó a pedirme que le prestara mi automóvil. Estaba descubriendo que podía aprovechar el desplazamiento de 45 minutos hasta el centro de la ciudad. Le presté mi automóvil varias veces. Estaba tan acostumbrada a mi teléfono, que me sorprendí usando teléfonos públicos al borde de las carreteras. La próxima vez que Michael me pidió que le prestara mi automóvil, le dije que no. Ahora hasta tiene un teléfono celular especial para bicicleta.

Parte VI
Cerrar el trato

La 5ª ola   por Rich Tennant

"En realidad no voy a comprar estas cosas. Es que necesito tener algo con qué negociar cuando lleguemos al mostrador de dulces junto a la registradora".

En esta parte...

Este es el glorioso momento del cierre del negocio. Algunas personas creen que cerrar el negocio es el punto final automático de toda negociación. No es así. Se debe seguir concluyendo la negociación mentalmente como un paso aparte. Si se olvida este sencillo paso, las negociaciones pueden hacerse interminables. Cerrar el negocio significa también comenzar a ejecutar lo acordado. Asegúrese de que ambas partes puedan ejecutar el acuerdo (y de que usted y sus colegas lo hagan), o el acuerdo no valdrá ni el papel en que está escrito.

Capítulo 15

Las negociaciones gane-gane

En este capítulo

► Hechos y mitos de la negociación gane-gane

► Qué significa ganar

► Encontrar soluciones creativas

*U*sted está a punto de finalizar la negociación, ya sea cerrando el trato o retirándose del negocio. Espere un momento — oprima el botón de pausa (ver el capítulo 6). Si va a cerrar el trato, asegúrese de que el acuerdo sea positivo para ambas partes. Si está pensando retirarse del negocio, asegúrese de que no esté pasando por alto alguna forma de lograr un resultado mutuamente satisfactorio. Este podría ser el momento más valioso de toda la negociación.

Hasta el momento mismo en que esté a punto de concluir el trato, cuide sus intereses. Persiga sus objetivos con elegancia, respeto e inteligencia. Es de esperarse que la parte contraria haga lo mismo. Nadie sabe tan bien como usted qué le conviene más. Nadie sabe tan bien como la parte contraria qué es lo mejor para ella. Pero antes de cerrar el negocio, tome cierta distancia y asegúrese de que ha llegado a una solución gane-gane.

En el sentido en que se suele usar la frase, una *negociación gane-gane* es un arreglo que satisface a ambas partes. En un mundo ideal, un acuerdo gane-gane es el único tipo de trato que se debería cerrar. Aun en el mundo de hoy, la gran mayoría de las negociaciones resultan en situaciones gane-gane.

La expresión gane-gane se convirtió en consigna de una negociación exitosa con la publicación del libro *The Win-Win Negotiator: How to Negotiate Favorable Agreements that Last* (El negociador gane-gane: cómo negociar acuerdos favorables duraderos) de Ross R. Reck y Brian G. Long. El libro presenta una parábola de un joven que buscaba el éxito. El joven aprende que saber negociar es el denominador común de las personas exitosas. Aprende que eso exige negociar con integridad, trabajar de manera positiva con la gente y cumplir los acuerdos que se hacen. Aprende que no se pueden usar trucos ni artimañas y que es preciso ser natural.

La moraleja del cuento es que la negociación no es un juego con un solo objetivo sino un paso en la construcción de relaciones duraderas basadas en acuerdos que funcionan.

La negociación gane-gane no significa que en una negociación usted deba renunciar a sus objetivos u ocuparse de que la otra persona logre lo que desea. Usted está ocupado protegiendo sus intereses. Deje que los demás asuman la responsabilidad básica de lograr sus objetivos. No le estamos aconsejando que pisotee a sus opositores. Demuestre honestidad y respeto en todas sus negociaciones, pero no olvide que proteger los intereses de la parte contraria no es tarea suya, eso le corresponde al otro.

Un buen acuerdo/un mal acuerdo

Resulta difícil encontrar una solución gane-gane si usted mismo no sabe cuándo está ganando su equipo. No deja de sorprendernos que haya tantas personas que no ven diferencia alguna entre un buen acuerdo y un mal acuerdo. Si usa este libro, eso no debería ocurrirle. Con frecuencia escuchamos lamentaciones sobre un acuerdo logrado hace tiempo. Oír a alguien quejarse de un viejo trato despierta nuestra curiosidad de inmediato. Comenzamos a indagar. Exploramos. Le sonsacamos los detalles. Casi siempre descubrimos que, o esa persona olvidó la razón original del acuerdo, o la otra parte no cumplió el acuerdo.

Un *buen acuerdo* es un acuerdo justo bajo cualquier circunstancia en el momento del trato. Un buen acuerdo abarca diversas eventualidades antes de que surjan los problemas. Un buen acuerdo es factible en el mundo real.

Qué es justo y qué no es justo es algo muy subjetivo. Las partes deben decidir según sus propios criterios si el acuerdo es justo. Asegúrese de que todos den su consentimiento. Insista en este punto fundamental antes de cerrar el trato. No le convendría firmar un acuerdo con alguien que abriga resentimientos sobre algún aspecto del negocio. Asegúrese de que el equipo contrario en la negociación lo considere un buen acuerdo.

Un *mal acuerdo* no es justo bajo todas las circunstancias. Permite que incidentes previsibles generen dificultades en las relaciones después de que se ha logrado el acuerdo. Ciertos aspectos del arreglo pueden parecer excelentes en el papel pero son impracticables en el mundo real, por razones que hubieran podido preverse durante la negociación.

Cada una de las partes debe evaluar si el trato es bueno o malo. Usted decide si el trato es bueno o malo para usted, los otros deciden si es bueno o malo para ellos.

Para asegurarse de lograr un buen trato y una situación gane-gane, haga una pausa justo antes de cerrar el acuerdo (oprima el botón de pausa — ver capítulo 6). Hágase las siguientes seis preguntas:

✔ ¿Este acuerdo promueve sus objetivos personales a largo plazo? ¿El resultado de la negociación encaja con su declaración de visión? (ver el capítulo 1).

✔ ¿Este acuerdo cabe sin dificultad en el marco de los objetivos y límites que se ha fijado para esta negociación en particular?

✔ ¿Está en capacidad de ejecutar a cabalidad su parte del acuerdo?

✔ ¿Es su intención cumplir con los compromisos que va a adquirir?

✔ Con base en toda la información disponible, ¿la otra parte puede ejecutar el acuerdo a la altura de lo que usted espera?

✔ Con base en lo que usted sabe, ¿considera que la otra parte tiene la intención de cumplir los términos del acuerdo?

En una situación ideal, la respuesta a cada una de las seis preguntas anteriores es un enfático sí. Si tiene dudas sobre alguna de ellas, tómese un tiempo adicional. Estudie toda la situación. Evalúe cómo podría enmendarse el acuerdo para producir una respuesta afirmativa para cada pregunta. Esfuércese por hacer los cambios necesarios para obtener un sí rotundo para cada pregunta.

Cuando obtenga un sí para cada una de las preguntas expuestas arriba, cierre el acuerdo. No busque más cambios, aún si cree que no encontrarían objeción. ¡Nunca se sabe! Como escribió Salomón hace muchos años, "Hay un tiempo para cosechar y un tiempo para sembrar". Cuando sea hora de cerrar un trato, ciérrelo. No arriesgue el acuerdo abordando un tema nuevo, por insignificante que parezca.

Si no puede cambiar el arreglo para poder contestar afirmativamente todas las preguntas expuestas arriba, piénselo bien antes de cerrar el trato. Si de todas maneras decide seguir adelante, ponga por escrito por qué va a cerrar el acuerdo. Por ejemplo, talvez tenga usted un proyecto o alguna propiedad que nadie desea excepto la persona con quien está en conversaciones en ese momento. Sus opciones son esperar o aceptar condiciones menos favorables. Usted decide. Simplemente anote por qué elige esa opción; con eso, evitará alistarse en el ejército de personas que cuentan historias de explotación. Este ejercicio es especialmente útil para subirle los ánimos si los resultados del negocio no son positivos — tiene el registro de sus razones para aceptar el trato y así no será tan severo consigo mismo.

Si tiene dudas en cuanto a cualquiera de las últimas dos preguntas, obtenga más información de la parte contraria en la negociación o de otra fuente. Consulte con quienes conozcan a sus interlocutores; a mucha gente le gusta hablar si le piden su opinión.

Recuerde que las personas con quienes está tratando son más importantes que los documentos que redacte. Asegúrese de conocerlas muy bien antes de entablar con ellas una relación a largo plazo. Ningún abogado puede protegerlo contra un ladrón, sólo puede permitirle ganar un juicio. La gente actúa mal con mucha frecuencia.

La verificación de referencias es una de las fuentes de información más desaprovechadas. Al ver una lista de referencias, muchas personas asumen que la opinión de esas referencias es positiva, o de lo contrario esa fuente no estaría citada en la lista. Por eso, no verifican las referencias. Se puede obtener mucha información comprobando las referencias, aun de las fuentes más parcializadas. Los parientes que sirven de referencia dicen cosas positivas, por supuesto, pero también pueden aportar información objetiva importante. Por ejemplo, un pariente puede proveer los nombres de otras personas con quienes ha trabajado la persona con quien usted está negociando, revelar su experiencia en ese campo o aportar información sobre su capacidad económica.

Mitos que rodean una negociación gane-gane

Muchas de las personas que han participado en nuestros seminarios conocen la expresión "gane-gane". Muchas han utilizado esta frase de moda para justificar el hecho de preocuparse en exceso y con demasiada anticipación por los sentimientos de la parte contraria en una negociación y de sacrificar las propias necesidades y metas en aras de la conciliación.

Ningún libro o asesor aconseja abandonar o subordinar los objetivos personales por consideración con la otra persona. Asuma
siempre que en la negociación hay dos adultos en igualdad de condiciones, a no ser, desde luego, que esté negociando con un niño. En
ese caso, aférrese a sus objetivos. Si deja que el niño los fije, habrá
perdido antes de haber comenzado.

Las mujeres con frecuencia se preocupan demasiado del bienestar
del equipo contrario en las negociaciones. A menudo sus propios
objetivos se ahogan en el proceso. (Desde luego, no todas las mujeres lo hacen, y algunos hombres sí.) La mujer que participa en una
negociación debe permitir que los demás cuiden de sí mismos; no
tiene que hacer que todo sea agradable para todos, porque esa no
es la tarea de un negociador. Su tarea es obtener lo que desea, y ser
consecuente con los objetivos puede suponer disgustar a alguien.
Parte de las implicaciones de negociar es tener el valor necesario
para tomar riesgos. Algunas madres les enseñaron a sus hijas que
"No hay que ganarles a los muchachos todo el tiempo" porque eso
les disgusta. Hoy en día, sin embargo, la mayoría de los hombres
no espera que las mujeres sean contendoras inferiores. Entonces,
señoras, den lo mejor de sí en la negociación. Hace mucho tiempo
que las mujeres exitosas superaron el malestar de que las llamen
agresivas.

Si usted es una de esas personas que creen que la expresión gane-
gane significa saltarse algunos de los pasos mencionados en este
libro, este es el momento de rectificar. En todos los acuerdos que

La verdad, al fin

En mis seminarios y conferencias les he
venido diciendo a las mujeres a lo largo
de los años que no crean en el mito de que
"los hombres son buenos perdedores".
Los hombres afirman que sí lo son. Ellos
se inventaron la frase: "Lo que importa no
es si ganas o pierdes, es cómo juegas".
Ese principio está presente en todo juego
olímpico y se supone que es un ideal.

No lo crean. Aun en los juegos olímpicos,
no se estila perder con dignidad. Ganar
es el único objetivo que vale la pena perseguir. La derrota hace que los hombres
pierdan prestigio, y ellos detestan eso.

Cuando se negocia con alguien, pero
especialmente con hombres, el cierre es
el momento de volver a recalcar lo que
cada parte va a ganar, no lo que van a
perder.

cierre, haga uso de todas sus destrezas de negociación. Busque realizar sus sueños con pasión y respeto hacia los demás. No hay atajos.

Crear negociaciones gane-gane

Algunas negociaciones son muy claras en cuanto a los intereses de cada una de las partes. Cuando va a comprarle un automóvil a alguien que quiere vender un automóvil, la negociación es gane-gane si acuerdan un precio que satisfaga a ambas partes. En negociaciones más complicadas, las respuestas no siempre son tan fáciles de encontrar. A veces precisa pensar un poco y tener algo de imaginación.

Puesto que a menudo se requiere un pensamiento creativo para lograr soluciones gane-gane, hemos notado que en las situaciones delicadas los mejores negociadores suelen ser las personas que disfrutan de los juegos y adivinanzas — gente a la que le gusta descifrar cosas. No estamos diciendo que los únicos buenos negociadores sean las personas que tienen un cubo de Rubik en la casa. Pero sí ayuda que disfruten el reto de intentar comprender qué es provechoso para ambas partes; las soluciones, sin embargo, no siempre son fáciles de encontrar.

En nuestros seminarios nos gusta reforzar la discusión sobre el pensamiento creativo planteando un problema de negociación. El problema es adaptado de una historia del Oriente Medio que remonta al siglo siete.

> Un árabe sabio dejó 19 camellos a sus tres hijos. Al mayor le dejó la mitad de los camellos. Al mediano le dejó una tercera parte. Al más joven le dejó una sexta parte. Lamentablemente, 19 no es divisible por ninguno de los factores que el padre mencionó en su testamento.

> Los tres hijos riñeron mucho esa noche (*reñir* es una manera poco inteligente de negociar). Uno de ellos prefería la propiedad comunitaria de los camellos. Otro quería vender los camellos y repartir la ganancia. El otro sólo quería acostarse a dormir. Finalmente le consultaron a la vieja sabia del pueblo. ¿Qué les dijo ella?

Antes de seguir leyendo, tome un lápiz y trate de encontrar la solución. Haga el papel de sabia del pueblo. Si no halla la solución, he aquí un consejo: la sabia es lo suficientemente lista para saber que debe cobrarles a estos tres jóvenes por resolverles el problema.

La solución: La sabia les dijo que le entregaran un camello y que el pago resolvería el problema. Después, les deseó suerte. Cada uno de ellos lo pensó cuidadosamente y aceptó la propuesta. Esta decisión les dejó 18 camellos. El hijo mayor tomó su mitad (9 camellos), el hijo del medio tomó su tercera parte (6 camellos) y el más joven su sexta parte (3 camellos). La sabia mujer, a quien le entregaron el decimonoveno camello, recibió también su eterna gratitud.

Este es un magnífico cuento, pero lleva consigo una advertencia: La solución que aportó la sabia funcionó sólo porque los hermanos querían cerrar el acuerdo de una manera equitativa para todos, aunque significara hacerle una donación importante a la vieja sabia. Si alguno de ellos buscaba una interpretación legal de la voluntad exacta del padre, esta solución no fue más que un truco matemático. Si los participantes fueron engañados, sólo se trató de hacerles creer que habían recibido exactamente lo que les correspondía.

En este caso, la solución fue objetiva. La respuesta fue justa para los tres hermanos, que buscaban eso. Pero una división exacta de 19 camellos, según la fórmula del padre, hubiera supuesto repartirse el camello que le fue entregado a la sabia. Este acuerdo funcionó porque los tres hermanos aceptaron desprenderse de un camello.

Observe igualmente que los hermanos hubieran podido reñir otra noche o más sobre cuáles camellos recibiría cada uno. O hubieran podido argüir sobre la extraña fórmula que usó el padre o sobre cualquier afrenta real o imaginaria. En cambio, los hermanos oprimieron el botón de pausa y acordaron darle un camello a la sabia mujer. Ella resolvió el problema y recibió una compensación legítima por sus valiosos servicios. Cada uno de los jóvenes obtuvo lo que quería: sentirse a gusto con el testamento del padre... y algunos camellos. El padre les había enseñado a sus hijos una última y valiosa lección. A veces hasta las más importantes situaciones de la vida real pueden resolverse con sencillas soluciones gane-gane como esta.

Cuando se negocia con una cultura diferente de la propia, precisa hacer un esfuerzo adicional para asegurarse de lograr una solución gane-gane. Investigue minuciosamente qué es aceptable y qué no lo es para la otra cultura. En Japón, por ejemplo, lograr el resultado sugerido en el párrafo anterior sería fácil porque las personas están acostumbradas al enfoque de equipo en el lugar de trabajo. El interés por el bien de la compañía supera los intereses individuales. En Japón es raro escuchar "Esa no es tarea mía". A veces, sin embargo, el aspecto intercultural de la negociación hace que sea más difícil llegar a una solución.

Gane-gane en los programas de entrevistas

Tuve la oportunidad de negociar el contrato de John y Ken, los más populares anfitriones de programas de entrevistas de Los Ángeles. Fueron traídos de Nueva Jersey a Los Ángeles por sólo un 10 por ciento más del mínimo establecido en la escala salarial del sindicato. Ellos aceptaron la oferta porque les interesaba trabajar en un mercado más amplio. Dos años después solicitaron un aumento salarial importante porque consideraron que habían demostrado su capacidad. El administrador del programa admitió que tenían buena acogida entre el público pero señaló que sus índices de audiencia fluctuaban. El ejecutivo opinó que ya habían llegado al tope de audiencia que podían conseguir. Le alegraba ese resultado, pero no estaba en condiciones de pagarles más que el doble de lo que ganaban. Yo buscaba mucho, mucho más.

Finalmente acordamos un salario básico con bonificaciones. Una mejora modesta en los índices de audiencia se traducía en un leve aumento en las bonificaciones. A un nivel de audiencias que la estación no pensaba que fuera posible alcanzar, el administrador accedió a conceder bonificaciones muy altas. Cuando los índices de audiencia subieron y John y Ken superaron a todos los demás programas en su género, el administrador del programa se mostró muy satisfecho y no se arrepintió de pagarles mucho más de lo que ellos habían solicitado inicialmente.

Nuestro acuerdo protegió a la estación de un riesgo que hubiera sido demasiado oneroso si mis clientes no se hubieran desempeñado como predije que lo harían. John y Ken estaban felices porque obtuvieron su compensación. Fue un verdadero resultado gane-gane.

Cuando empezamos a negociar, sin embargo, estábamos tan distantes en los temas salariales que parecía que nunca llegaríamos a ponernos de acuerdo. Aun cuando se puso sobre la mesa de negociación el enfoque de la bonificación, seguíamos muy apartados. La negociación fue una verdadera lucha. La solución se presentó cuando hicimos que la estructura de bonificaciones comenzara con pequeños aumentos. Inicialmente, 100.000 oyentes adicionales no aumentaban mucho los salarios. Pero en la medida en que la audiencia crecía, 100.000 oyentes adicionales eran mucho para mis clientes.

Esta solución fue muy satisfactoria para el administrador de la estación, a quien no le importó pagar generosamente por resultados espectaculares. El acuerdo incentivó mucho a mis clientes. Hoy en día todos están tan contentos con los resultados como lo estuvimos el día en que firmamos el acuerdo.

Ambas partes eran conscientes de las necesidades y deseos mutuos. Pasamos mucho tiempo estudiando nuestras mutuas necesidades y expectativas. Lo que no hicimos fue perder el tiempo preocupándonos de las personas en el lado contrario en la mesa de negociaciones; eso nos permitió obtener el resultado gane-gane.

Crear negociaciones gane-gane en el trabajo normalmente significa resolver conflictos que surgen de necesidades y valores diferentes de las partes opuestas. Puede parecer extraño pensar que el jefe y el empleado son partes opuestas, pero a menudo así parece. El jefe necesita que se ejecute una tarea sin importar cuánto tiempo tome, y el empleado necesita salir a las 5:00 de la tarde todos los miércoles, pase lo que pase. El resultado es un conflicto. El trabajo del jefe tiene que hacerse (por eso es el jefe).

En este tipo de conflicto laboral, por lo general el primer paso que debe darse es obtener más información. Si el trabajo tiene que estar en el escritorio de alguien a las 8:00 de la mañana del jueves, hay dos soluciones: el empleado puede volver a la oficina más tarde esa noche, o puede llegar temprano a la mañana siguiente. Si la situación indica más una costumbre que una verdadera emergencia, el empleado debe anticipar un conflicto y preguntarle al jefe el martes qué debe hacerse para el miércoles hasta las 5:00 de la tarde. De esa manera el empleado puede quedarse hasta tarde el martes o llegar temprano al trabajo el miércoles. Si la situación es una verdadera emergencia no anticipada, el empleado puede buscar un colega que lo reemplace durante esa situación excepcional.

Capítulo 16

Cómo superar los tropiezos

En este capítulo

▶ Cómo manejar a los camorristas y a otros personajes difíciles

▶ Resolución de problemas

▶ Cuándo es preciso retirarse de una negociación

A veces, es posible sentir que se ha hecho todo bien en una negociación y sin embargo no se consigue cerrar el trato. La otra parte no está interesada, o se enoja, o se va por la tangente, o no está disponible, o tiene exigencias excesivas o poco realistas o, o, o… Este capítulo examina los tropiezos que pueden ocurrir en una negociación e impiden que se llegue a un acuerdo.

Muchas circunstancias pueden descarrilar las mejores negociaciones. En el ajedrez, tales movidas se llaman gambitos. En la pista de carreras estas barreras se llaman vallas. En las carreras de caballos se llaman obstáculos. En una negociación se les llama tropiezos.

Para superar los tropiezos

Los tropiezos ocurren. No se pueden pasar por alto ni hay que sentirse excesivamente frustrado cuando ocurran. No se pueden evitar. Forman parte de la vida de cualquier negociador. Si se prepara, hasta puede encontrar cierto placer enfrentándolos.

Podríamos escribir muchos libros con todos los diferentes tropiezos que pueden surgir y seguramente en su próxima negociación descubriría una variación, un nuevo resbaladero que sortear. Pero el secreto de negociar exitosamente es el mismo: tenga presente la meta final. Está intentando llegar a un acuerdo. No se deje desviar por los tropiezos.

La mejor manera de superar el próximo tropiezo que encuentre es oprimir el botón de pausa (ver el capítulo 6). Haga una pausa mental en la negociación. Evalúe su desempeño en cuanto a las seis destrezas básicas necesarias en cualquier negociación. Identifique el problema y resuélvalo. Así podrá volver a lo sustancial y cerrar el trato. Mantenga siempre la negociación avanzando hacia la meta deseada.

Las secciones que siguen le proporcionan tanto pautas generales como algunos pasos fáciles para superar los tropiezos.

Tipos de personalidad que dificultan cerrar un negocio

Ciertos tipos de personas parecen siempre lograr lo que quieren y dejan detrás una estela de sentimientos negativos. Cuando se negocia con gente así, se tiene la sensación de que lo único que entenderían sería un puñetazo en la quijada. Usted renuncia al acuerdo sintiéndose inepto e iracundo.

Antes de invertir un momento más intentando decidir cómo ganarle a esa gente en su propia contienda, es preciso comprender que las personas con ese tipo de personalidad no son tan buenas para negociar como lo es usted. El hecho mismo de que usted esté reflexionando sobre el problema y no jugando tenis es suficiente prueba de que está en posición de ventaja. Puede tener la seguridad de que esas personas no se preocupan del impacto que tienen en usted. En últimas, ellas son las grandes perdedoras en la vida. Además, en las negociaciones normalmente tampoco ganan tanto como podrían.

El Dr. Ellis Schwied, un reconocido siquiatra, expresa este concepto de otra manera: "Cuando trate con personalidades conflictivas, cálmese. Busque su fuerza interior y refúgiese en ella para relajarse, en lugar de intentar dominar la aparente fortaleza de la otra persona".

En su poema *If* (Si), Rudyard Kipling escribió: "Si puedes mantenerte sereno cuando a tu alrededor todo el mundo se ofusca… serás hombre, hijo mío". El viejo Kipling sabía algunas cositas sobre negociación.

Usted posee las herramientas necesarias para enfrentar a las personas difíciles. Infortunadamente, en el calor del momento es fácil olvidarlas. Siguen algunos consejos prácticos para que eso no ocurra.

El bravucón

Los bravucones existen en todos los tamaños, formas y colores. En las negociaciones usan una enorme variedad de técnicas, como las ofertas del tipo "tómelo o déjelo", los gritos, las provocaciones y las burlas. Talvez recuerde haber conocido a una persona así en el patio de la escuela. Un bravucón es cualquiera que intenta intimidar a quien percibe como más débil.

Negociar con un bravucón no es una experiencia agradable. Si está negociando por su cuenta, puede ser el momento de suspenderlo todo, pues quien intenta amedrentarlo durante la negociación intentará hacerlo después de que lleguen a un acuerdo. Lastimosamente, a veces no hay escapatoria posible.

Por nada del mundo intente ser más bravucón que el bravucón. En cambio, confíe en las seis destrezas básicas para negociar que hemos descrito en este libro:

✔ **Prepárese (parte I):** Asegúrese de saber todo lo que necesita sobre la parte contraria en la negociación, antes de dar inicio a las discusiones. Hombre precavido vale por dos. Saber de antemano que está tratando con un bravucón resta buena parte de la fuerza a los comentarios mordaces.

✔ **Fije límites (parte II):** Asegúrese de tener claridad sobre los límites que se ha fijado. Nunca acepte de un bravucón un arreglo que considera inaceptable.

✔ **Mantenga la distancia emocional (parte III):** Conserve el control de su botón de pausa. Es fácil pagar con la misma moneda cuando alguien intenta intimidarlo. Si es necesario, espere unos minutos hasta que se haya calmado.

✔ **Escuche (parte IV):** Hay que hacer un gran esfuerzo para escuchar a un bravucón. Primero, los bravucones disfrazan los mensajes con ambigüedades, pero de alguna manera hiriente. Segundo, su propia animadversión va en aumento, lo cual le impide ser comprensivo. Finalmente, si el bravucón quiere lograr su objetivo por medio de la intimidación y no compartiendo información ni llegando a una solución conjunta, puede no optar por no darle la información que usted requiere.

✔ **Comuníquese con claridad (parte V):** Esto es muy importante. No hable mucho… pero cuando hable, cause impacto. Reduciendo al máximo la carga emocional, comunique a todos los presentes en la sala de negociación exactamente lo que usted desea. Aunque no convenza al bravucón, talvez más tarde alguien pueda llegar a intimidarlo.

✔ **Cierre (parte VI):** Intente cerrar el trato en cada oportunidad que se presente. Después de todo, si la negociación no es divertida, usted preferirá que concluya pronto. Una vez se logre el acuerdo, resista el impulso de comentar demasiado el asunto.

Si usted ha venido siguiendo estos pasos y el cierre aún parece esquivo, dígale a su interlocutor en la negociación que se siente acosado. Puede que no obtenga resultados, pero a veces la honestidad puede relajar la tensión. Gritarle a un bravucón no sirve, pero decirle que su comportamiento está logrando el efecto deseado puede hacer que cambie de comportamiento. Parece una locura, pero es cierto: hasta los bravucones prefieren no ser vistos como tales. Una evaluación sencilla y calmada de la situación por parte suya contribuirá de manera importante a darle un vuelco a la negociación, especialmente si hay otras personas presentes. No haga acusaciones, y hable en primera persona, con expresiones tales como "Me desanima mucho cuando usted habla en esos términos".

A menudo los bravucones actúan así porque sienten amenazada su posición de poder. Un propietario de vivienda puede ser un bravucón, pero se enfrenta a los límites que establecen las leyes que regulan los derechos de los arrendatarios. Lo mismo se aplica a un acreedor. Las tácticas de acoso eran cotidianas antes, pero esas épocas ya pasaron y ahora existen leyes de protección. Si se enfrenta con un bravucón, averigüe qué derechos legales tiene. Después, hable con serenidad y lleve consigo un palo largo.

Dentro de cada bravucón hay un cobarde que no soporta que alguien se entere de su debilidad. Los bravucones no confían en su fuerza interior, en su verdadera talla moral, de modo que generan una fuerza fingida intimidando a los demás. A largo plazo, este comportamiento no funciona. Tampoco funciona a corto plazo si el otro se da cuenta de lo que está ocurriendo y se retira del negocio.

Cuanto más envalentonado se muestre, más asustado está el bravucón. Saberlo no es ningún consuelo si usted es el blanco de los gritos; oprima su botón de pausa, reflexione sobre su próximo paso y luego comuníquelo calmadamente. A veces es muy útil hablar de los temores de la otra persona al inicio de la siguiente sesión de negociación. Normalmente el otro los niega, pero a menudo se calma porque usted ha hecho aceptables esos sentimientos. Una vez que el bravucón se ha quitado la máscara, es posible hablar con él con más facilidad.

El gritón

El gritón es aquel que grita y vocifera mucho. Este tipo de persona-lidad es una variación del bravucón, pero tratamos al gritón separa-damente porque existen tres tipos de gritones bien distintos. Cada tipo requiere una respuesta diferente:

✔ El gritón está furioso, disgustado o asustado. Esta es la subes-pecie de la que trata esta sección.

✔ El gritón grita por costumbre. Simplemente explota de vez en cuando. Este tipo de persona es molesta pero inofensiva. Si sabe que está tratando con una persona así, no reaccione.

✔ El gritón es un bravucón. Si esa persona está intentando intimi-darlo, lea la sección anterior.

Lo peor que puede hacer es rebajarse al nivel del comportamiento negativo de otra persona. Si usted no es un gritón por naturaleza, no comience a gritar simplemente porque la persona sentada frente a usted empieza a hacerlo.

Preguntar "¿Ya terminó?", con una expresión fría, funciona bien en el cine pero no es más que un insulto sin imaginación en muchas situa-ciones de la vida real. Un enfoque más positivo, aunque más difícil, es expresar compasión. Expresarle comprensión a alguien que está gritando puede ser contrario a sus sentimientos más profundos pero a veces le apaga el fuego a un gritón iracundo. La próxima vez que alguien le grite, intente responder con una de las frases siguientes:

✔ "El tono de su voz me indica que está alterado".

✔ "Permítame asegurarme de haberle entendido…".

✔ "Sígame hablando de eso".

Todas estas frases tienen sorprendentes efectos calmantes. No es que usted esté de acuerdo con el gritón sino que está expresando empatía, diciéndole que desea comprender lo que está diciendo y sintiendo. Hágale entender que a usted no le afecta su histeria y que puede lidiar con su comportamiento independientemente del tema de la conversación.

La carga emocional y el contenido de la conversación son dos cosas diferentes. Si usted puede distinguir mentalmente entre las dos, tam-bién la otra persona puede llegar a distinguirlas. Si la carga emocio-nal es más que un estilo personal, si se debe a indignación real, haga una pausa. Hasta una pausa corta ayuda a refrescar el ambiente tras un arrebato emocional.

Si se encuentra con un conflicto de personalidades que parece demasiado serio para resolverlo con alguno de los métodos descritos anteriormente, podría sustituir a alguno de los negociadores. Otro miembro del equipo puede sentirse más descansado y talvez más capaz de lidiar con el negociador belicoso.

Si su jefe es un gritón, puede ser muy perjudicial para su salud y su ánimo si los gritos se acompañan de insultos personales, culpa o humillación. La furia de esa persona probablemente no se limita a la oficina, y a menos que sea sicólogo, usted no debe intentar tratar el problema emocional. Puede intentar cambiar el comportamiento de esa persona hacia usted de varias maneras. Cuando comiencen los gritos, use una frase en primera persona como "Me humilla que me alce la voz así. ¿Puede hablarme de una manera más tranquila?" Si el jefe grita otra vez y se niega, dígale: "No me siento capaz de escuchar esto. Regresaré en unos minutos", y salga del recinto. Cuando regrese, o se ha calmado el gritón o ha llegado el momento de desempolvar ese viejo currículo.

Hemos escuchado muchas anécdotas de éxitos con este enfoque, y muchas en que se desempolvó el currículo. Usted define sus límites en cuanto a cómo desea que se le trate.

La estrella o el jefe

Todo el mundo se queda pasmado ante alguien. Negociar con alguien cuya presencia hace enmudecer es difícil en el mejor de los casos. No es posible negociar eficazmente si ni siquiera se es capaz de hablar.

¿Cómo manejar una situación semejante en los negocios? Quizás tenga que negociar con una persona famosa. Hasta el hecho de tener que hablar con el jefe del jefe de su jefe puede producirle la misma sensación. ¿Qué hacer?

Prepárese. Asegúrese de saber exactamente lo que quiere, por qué lo quiere, y qué justificación tiene su solicitud. Igualmente, averigüe quién es el ser humano que se esconde bajo la fachada. Al interior de toda persona famosa, poderosa y acaudalada hay una persona. Averigüe quién es ese individuo. ¿Es casado o soltero? ¿Tiene hijos? ¿Cuáles son sus pasatiempos? La mejor manera de apaciguar la situación es volver al capítulo 2 y trabajar en la recopilación de información.

La mejor película sobre el tema es *El mago de Oz*. La pobre Dorothy tiene grandes dificultades para obtener una entrevista con el mago.

La importancia de ese encuentro adquiere en su mente proporciones gigantescas. Ciudad Esmeralda tiene todos los adornos del poder, el dinero y la influencia. Ella sigue con precisión las instrucciones del mago y vuelve para recoger el viaje de premio de regreso a Kansas. No tiene suerte con esa presencia distante y poderosa, hasta que, Toto, su perrito corre la cortina y descubre a la verdadera persona. En ese momento Dorothy comienza a hacer progresos.

Si negocia con alguien que le hace temblar las piernas con su carisma de estrella de cine, haga lo que hizo Toto: descorra la cortina. Busque a la persona real. Si habla con el verdadero ser humano y no con la imagen sobre el pedestal, comenzará hacer progresos. De otra forma, la situación es bastante desesperada.

Loco por la señora de los monos

Mi propio ejemplo de enmudecer en presencia de un ídolo fue la noche que conocí a Jane Goodall, quien dedicó su vida al estudio de los gorilas de lomo plateado de Ruanda, en África Occidental. Mimi y yo asistimos al baile ofrecido tras la coromonia do ontroga de los promios de la Academia. La señora Goodall asistió porque un documental sobre su trabajo había sido nominado para el Oscar. Obviamente, el lugar pululaba con los artistas más reconocidos de Hollywood.

Allí, parada bajo un rayo de luz que la bañaba como un suave talco, estaba Jane Goodall. Yo crecí leyendo la revista *National Geographic* y fantaseando con la idea de hacer un trabajo igual de importante. Ahí estaba ella. Me presenté. Sólo

atiné a dejar escapar los hechos que he compartido aquí, y en ese momento las rodillas se me volvieron de mantequilla. Por fortuna, no había necesidad de negociar nada. Pero si hubiera sido necesaria una negociación, estoy seguro de que hubiera podido encontrar dentro de mi ídolo al ser humano dulce y modesto, capaz incluso de admirar algunas de mis capacidades. Si le preocupa su habilidad para negociar con un personaje famoso, recuerde lo siguiente: cualquiera puede quedarse estupefacto si no tiene más vínculo con una persona que la adoración. Si necesita negociar con una persona famosa, asegúrese de estar bien preparado y no pierda de vista su objetivo.

El comprador con prejuicios

Algunos negociadores sospechan a veces que están a punto de perder un negocio sólo porque pertenecen a un grupo determinado. No es justo. No está bien. Pero ocurre. Y enfrentarse a ese fenómeno es especialmente difícil porque esa discriminación solapada nunca se discute abiertamente.

Si tiene evidencia real de discriminación en contra suya, lo mejor es confrontarla directamente, de manera pragmática, con calma y dignidad. Una frase bien estudiada, pronunciada sin acusaciones, resulta muy útil. "¿Está dispuesto a otorgarle este contrato a una mujer?", "¿...a una persona de color?", "¿...a un parapléjico?"

Casi siempre se obtiene un torrente de comentarios tranquilizadores. No es políticamente correcto basar las decisiones en criterios diferentes del mérito. Hoy en día lo políticamente correcto es importante, sobre todo en los círculos de negocios.

El solo hecho de recibir tales comentarios tranquilizadores apoya su posición aunque no cambie el comportamiento de la sociedad en general. Pero una vez que haya reconocido y aceptado esas garantías, no abandone el tema demasiado pronto. Haga esta importante pregunta de seguimiento: "¿Cuáles son sus criterios exactos para decidir las condiciones de este negocio?"

Si la respuesta es precio, insista. "¿Qué precio hay que superar?"

Si le indican el nivel de precios, pregunte si su precio va a ser convenido. Eso quiere decir que algún amigote podría quedarse con el contrato si consigue igualar o mejorar su precio. Esta información es importante para usted, pero es crucial si sospecha que existe prejuicio. Cuanto más pronto obtenga los datos específicos que servirán de base para la asignación del contrato, y cuanto más riguroso sea usted, menos cabida habrá para que la otra parte invente información más tarde. Tome buenas notas.

Evite concluir precipitadamente que el prejuicio explica un resultado determinado. En el lugar de trabajo, a menudo los empleados desmotivados se quejan del jefe y a veces llegan a la conclusión precipitada de que los está acosando en razón de su raza, sus creencias o su religión. En realidad, un buen número de idiotas en el mundo del trabajo son déspotas que atacan despiadadamente a cualquier subordinado en su entorno, sin importar la raza, la religión, la nacionalidad, el sexo o la orientación sexual.

¿Podría ser usted?

Es difícil admitirlo y difícil hacerle frente, pero considere la posibilidad de que la personalidad difícil en el recinto de negociación sea la suya. Qué revelación. A nadie le gusta pensarlo, pero si oye a los demás gritar frecuentemente, podría ser que su estilo de negociación resulta particularmente frustrante. Si sus negociaciones parecen innecesariamente agresivas, reflexione sobre lo que puede hacer para cambiar esos esquemas.

Una dificultad corriente es la *negociación a partir de las posiciones*. Si se aferra a una posición, no está bien preparado. No cuenta con la información adecuada para entender en qué otras áreas pueden surgir acuerdos. No ha definido sus metas y límites con la suficiente precisión para fijar márgenes de acción. Si hace el trabajo preparatorio con cuidado, puede lograr la flexibilidad necesaria para llegar a acuerdos. En su próxima negociación, recurra a su botón de pausa (ver el capítulo 6) y escuche el doble de lo que suele escuchar. Esos dos simples cambios le brindan la oportunidad de observarse a sí mismo. Si de veras desea convertirse en un negociador de primera, tiene que examinarse detenidamente.

Seamos más francos. Si dos personas diferentes se han disgustado con usted en dos de sus últimas tres negociaciones, es muy posible que la culpa esté en usted. Poco importa con cuánta razón quiera negar que la situación fue culpa suya, probablemente así es. Su versión de los hechos no es pertinente. El único hecho importante es que la gente se disgusta con usted. Intente explicarse qué elemento de su estilo de presentación hace que tratar con usted resulte frustrante, fastidioso o irritante. Pregúntele directamente a alguien que lo ama. No se defienda. Siéntese, callado, y escuche toda la terrible verdad. Después, intente corregir lo que ande mal.

Tácticas que atormentan

La mayoría de los tropiezos en una negociación tienen que ver con algo que dice o hace el otro. Si usted comete un error, es fácil corregirlo. Las frustraciones y los tropiezos surgen de algo que hace la otra parte. Si bien es bastante fácil ocuparse de las propias torpezas, entender las torpezas del otro y saber sortearlas requiere un talento especial. En esta sección pasamos revista a algunos de los momentos exasperantes más comunes en una negociación.

Cambio constante de posición

Cualquier negociación implica concesiones. Cada lado hace estas concesiones con base en la información que intercambian ambas partes en la negociación sobre los hechos y las prioridades de cada cual. A menos que surjan circunstancias inusuales, los aspectos fundamentales no deberían cambiar. Mantenga una posición consistente en cuanto a sus objetivos y los aspectos que son importantes para usted.

Si la otra parte en la negociación cambia de posición sobre los aspectos fundamentales, suspenda todo hasta averiguar qué ocurrió. No puede hacer caso omiso de lo ocurrido. Podría presentarse una de las siguientes situaciones:

✔ Talvez la parte opuesta ha vivido un cambio significativo de circunstancias. No pierda de vista la nueva situación. Después, regrese al punto en el que usted creía que se había logrado un acuerdo. Quizás la nueva situación requiera una nueva solución.

✔ Quizás el otro equipo está intentando jugarle una mala pasada.

✔ Puede ser que los otros no estén tan preparados como deberían. Si ese es el caso, haga una pausa. La negociación será más satisfactoria para ambas partes si ambos lados se preparan bien. Diga: "Talvez deberíamos retomar esto mañana. Eso les dará tiempo de reunirse y resolver cualquier asunto de último momento. No hay prisa. Queremos que estén listos".

Los memorandos son una herramienta útil en situaciones así, pero cabe hacer una advertencia: Si los cambios constantes de posición forman parte del estilo de negociación de la otra persona, prepárese para que esa persona pierda constantemente la documentación que usted le entrega, que no la lea o que simplemente haga caso omiso de ella.

Si sospecha que podría producirse una oportuna "pérdida" de la documentación entregada por usted, asegúrese de usar un lenguaje firme y claro en el memorando: "Si está en desacuerdo con cualquier parte de este memorando, sírvase comunicarlo a más tardar el día tal". Una fecha específica es más útil que expresiones tales como "Tan pronto como sea posible" o "Inmediatamente", que tienen diferentes significados para cada persona. Más efectivo aún es distribuir sus memorandos entre todas las personas que el negociador está tratando de impresionar. Así, los homólogos, superiores y colegas del negociador pueden monitorear el avance del proceso.

Policía bueno, policía malo

Un tropiezo menos obvio pero igualmente peligroso es el truco llamado policía bueno/policía malo. Este nombre viene de la técnica policial de interrogación en que un policía interroga al sospechoso duramente y otro policía, más amable, es el interrogador de relevo. El policía más amable, el buen policía, finge hacerse amigo del sospechoso. La teoría es que el sospechoso confesará ante el buen policía.

No se enamore del buen policía. El buen policía lo engaña con mayor frecuencia que el policía malo. Si lo duda, recuerde que el buen policía es socio y cómplice del policía malo. El uno no existe sin el otro. No transitan inconscientemente por caminos diferentes. Hacen lo que hacen deliberadamente. De los dos, el buen policía normalmente tiene la personalidad más agradable, pero en el contexto de una negociación están confabulados.

Mimi dice • Mimi dice • Mimi dice • Mimi dice • Mimi dice • Mimi dice • Mimi dice • Mimi dice • Mimi • Mimi dice • Mimi dice •

Enamorarse del buen policía

La gran negociadora, como Michael suele describirme, siempre se enamoraba del buen policía hasta que Michael me señaló esta tendencia.

El acontecimiento que llamó la atención de Michael ocurrió hace varios años. Me estaban negando los beneficios adicionales normales en un acuerdo que, desde otros puntos de vista, me parecía aceptable. Era la primera vez que experimentaba tal rechazo, por lo que llamé al buen policía y me quejé. El buen policía se declaró completamente de acuerdo: "Por supuesto, a una conferencista profesional que dona sus servicios para una buena causa debe proveérsele un espacio adecuado para vender sus grabaciones de audio y video y un asistente sin ningún costo. Eso es normal. Cualquier otra cosa sería algo inaudito". El buen policía concluyó con una pregunta que todavía resuena en mis oídos: "¿Quién sugirió que usted pague esto? Voy a ocuparme de este asunto y le avisaré".

Quedé tranquila. Dejé de pensar en el asunto. Pasaron semanas y finalmente llamé al buen policía para asegurarme de que el problema había sido resuelto. Se me informó que todos los espacios de exhibición estaban ocupados. Con pago o sin él, ya no había mesas disponibles. Qué pena. Talvez el próximo año. "Usted y yo hubiéramos debido hablar más pronto", me dijo el buen policía, su voz rebosando encanto.

¡Cielos!

Hubiera debido tratar al buen policía no como un salvador caído del cielo sino con la misma firmeza y claridad que suelo utilizar con el policía malo, menos receptivo. Hubiera debido fijar una fecha y decirle que no dictaría mi conferencia si no se tenía esa cortesía conmigo.

Mimi dice • Mimi dice • Mimi dice • Mimi dice • Mimi dice • Mimi dice • Mimi dice • Mimi dice • Mimi • Mimi dice • Mimi dice •

¿Cuál es la solución? Devolver el juego. Está bien confiar en el buen policía. Confíele al buen policía que el policía malo casi desbarata el arreglo. Confíele sus demás oportunidades. Pero nunca baje la guardia. Fije plazos. Sea claro. No pierda de vista su meta. Su discusión con el buen policía es una prolongación de su discusión con el policía malo. No lo olvide ni por un minuto.

El socio invisible

Uno de los tropiezos más frustrantes en una negociación es descubrir, casi siempre cuando ya está muy avanzada, que la parte contraria no puede acordar nada sin consultar con un socio o jefe invisible o no disponible. Superar este tropiezo puede parecerse a boxear con su propia sombra.

Si se enfrenta al tropiezo del socio invisible, es posible que no haya reunido suficiente información sobre la otra parte antes de dar inicio a la negociación (ver capítulo 2). En gran medida, una buena preparación evita el problema del socio invisible.

El socio invisible es muy similar a la táctica del policía bueno y el policía malo, pero un tanto más frustrante. Un policía malo, anónimo e invisible, permanece tras bastidores vetando continuamente el progreso de la discusión. Esta situación se presenta habitualmente en pequeñas transacciones comerciales o en negocios de finca raíz, aunque puede existir una versión del socio invisible en las organizaciones grandes. Los bancos a menudo utilizan en esta forma el así llamado "comité de crédito".

Si percibe que le van a presentar como excusa al socio invisible, pida que le den la oportunidad de presentarle sus respetos a ese socio; no se trata de negociar, de ninguna manera. Usted sólo quiere presentarse y hacerle una visita de cortesía.

Cumpla con su palabra. No use la primera reunión para negociar si prometió no que no entablaría una discusión de negocios. Sin embargo, una vez que ha hecho el contacto inicial, siempre tiene la opción de establecer contacto directamente para desbloquear un atolladero. Otra persona de su organización puede acercarse también al socio silencioso. Con frecuencia, esas personas actúan tras bastidores porque en realidad tienen dificultad para decir "No". Usted puede sacar ventaja de esa vulnerabilidad.

Existe un procedimiento que no forma parte de la negociación y es una pregunta que, si se la formula al socio invisible, aun durante un encuentro oficial, puede resultarle muy útil. Cuando se encuentre con Iván el Invisible, exprésele su gratitud por darle la oportunidad de conocerlo; después, asegúrele que está encantado de trabajar con el negociador designado. Después de la charla inicial, pregúntele a Iván, inocentemente, si han tenido tiempo ya de discutir los parámetros de la negociación. ¿Puede cerrar el trato con el negociador designado? ¿Todavía necesita Iván reunirse a solas con el negociador designado antes de que él y usted continúen la negociación?

Puede que usted no esté negociando, pero cuanto más pueda hacer por desbloquear la técnica frustrante de tener a una autoridad invisible, más contento se sentirá y mejor transcurrirá la negociación.

Si no logra encontrarse con Iván el Invisible, intente insistir en que el socio invisible esté cerca o disponible por teléfono en la próxima sesión de negociación. Así, si surge una pregunta que requiere su aprobación, su interlocutor no podrá utilizar la ausencia como excusa para dilatar más la negociación. Usted debe evitar las demoras cuando se acerque al punto de conclusión.

El doble mensaje

Manténgase sintonizado consigo mismo. Queremos decir con esto que sus palabras y sus accciones deben ser coherentes. Nada, absolutamente nada, es una mayor barrera a la comunicación como el doble mensaje. Los siguientes son algunos dobles mensajes comunes que puede haber recibido en su práctica como negociador:

✔ La amenaza de interrumpir la negociación, pero la negociación continúa. Este comportamiento deja perplejo a quien lo escucha.

Esta incoherencia puede poner en duda cualquier declaración futura que haga la persona.

✔ No mencionar en absoluto un tema durante las primeras sesiones de la negociación y después presentarlo como el tema más importante en el orden del día.

Este doble mensaje es un síndrome muy común. A veces las personas tienen miedo o no tienen tiempo de tocar un tema y evitan ponerlo sobre el tapete. Posteriormente, cuando quieren tratar el asunto y esta adición al orden del día es recibida sin entusiasmo, se disgustan mucho. La mejor práctica es poner todos los temas sobre la mesa de negociación tan pronto como sea posible.

Un doble mensaje frecuente ocurre cuando el jefe negocia que una tarea debe ejecutarse inmediatamente, como alta prioridad. La tarea se concluye a tiempo y permanece en el escritorio del jefe durante las dos semanas siguientes. La persona que realiza el milagro debe recibir reconocimiento, pues de no ser así, puede sentirse desmotivada la próxima vez que se le diga que se requiere un milagro similar. Después de todo, la última vez que se le dio tanta importancia a una tarea urgente, el proyecto no resultó ser lo suficientemente importante para merecer un comentario, aunque se realizó a una velocidad vertiginosa. Más jefes deberían reconocer estas situaciones en el trabajo como lo que son: negociaciones. Este error, que se comete tan frecuentemente con un subordinado, probablemente no se cometería en una negociación importante.

A los niños se les enseña este concepto muy temprano en la vida, cuando se les dice que no se debe gritar que viene el lobo. Existe una fábula sobre un pastorcito mentiroso que gritaba todo el tiempo que había un lobo en la región. Se divertía haciéndolo porque los demás le prestaban mucha atención cada vez que daba la voz de alarma. Pero cuando llegó de verdad un lobo y el chico intentó advertir a la aldea, nadie le hizo caso porque había dado una falsa alarma con demasiada frecuencia. No sabemos con certeza qué ocurre cuando estos niños crecen y se convierten en ejecutivos, pero algunas secretarias quisieran que alguien les contara ese cuento otra vez.

"Repartamos la diferencia y se acabó"

El concepto de repartir la diferencia es una de las estratagemas más seductoras en las negociaciones, pero si alguien se lo sugiere, calcule el resultado. A veces la gente comienza una negociación con una cifra que es poco realista, sólo para impresionar con las rebajas a medida que progresa el regateo. Si usted ha sido más que justo en su enfoque, repartir la diferencia no necesariamente resulta equitativo. Si el resultado no es satisfactorio, debe decirlo. No tema que la otra parte lo acuse de dañar el negocio.

He aquí lo que debe hacer:

✔ Oprima el botón de pausa (tratado en el capítulo 6).

✔ Tómese el tiempo necesario para evaluar el arreglo propuesto.

✔ Explique por qué no funciona ese enfoque.

Si está en una situación en que repartir la diferencia parece justo, sugiera que se haga y explique por qué es justo. Si la cifra es justa, señale por qué lo es. Asegúrese de especificar que ese valor es más o menos equidistante entre las posiciones de ambos lados. Si simplemente dice "Repartamos la diferencia", estará invitando a sugerir luego otra repartición entre el arreglo que usted ofreció y su posición original. El proceso puede continuar hasta que se aleje de la cifra que le interesa.

Un entorno negativo

Existe todo un grupo de problemas no causados por la parte contraria en la negociación que, sin embargo, pueden descarrilar el proceso. Muy probablemente los tropiezos generados por el entorno son tan frustrantes para la parte opuesta como para usted. Con frecuencia puede involucrar en la solución del problema a la otra parte, a menos que el problema supere a los dos.

A veces los obstáculos no son los individuos sino las barreras características de algunos negocios.

✔ **Demasiado papeleo:** Se requieren tantos formularios complicados que el comprador se desanima. Demasiadas exigencias de información duplicada pueden irritar a la persona hasta el punto de que se frustra y quiere negociar con otra empresa.

   Solución: Haga tanto papeleo como pueda antes de presentarse. Tenga los papeles bien organizados. Lleve consigo un sujetapapeles para que firmar resulte lo más cómodo posible. No resuelva el problema pidiéndole a alguien que firme un formulario en blanco.

✔ **Normas ocultas:** Son directivas que se le ocultan a usted, no al otro. Si las normas de la compañía están en su contra, ni toda la persuasión del mundo va a conseguir cambiarlas.

   Solución: Haga la tarea. Pregunte. No ignore la situación. Identificará el problema si nota que no está avanzando.

✔ **Herramientas y recursos mal diseñados:** Si usted busca el contrato para cerrar la negociación y el documento no está, el retraso puede parar el acuerdo. Aun si tiene el contrato pero está lleno de errores de tipografía o está desactualizado, la situación denota falta de profesionalismo y pone la negociación en riesgo.

   Solución: Revise de antemano todos los materiales que desee utilizar en su presentación. Asegúrese de que estén tan bien como puedan estarlo, aun si tiene que invertir en mejorarlos. Su comisión o su progreso profesional están en juego. Si se

trata de un documento suministrado por la compañía, hágale
las correcciones necesarias antes de comenzar la sesión de
negociación.

El mayor tropiezo: cuando alguien se retira de la negociación

A juicio nuestro, ningún tropiezo representa un reto tan grande
como cuando alguien se retira de una negociación. Este tropiezo
tiene el potencial de ser definitivo. Tan delicada situación plantea la
pregunta de cómo hacer que la negociación arranque de nuevo. El
retiro se expresa también de maneras modernas como tirar el teléfono o mandar un fax virulento para declarar enfáticamente que se
acabó la negociación. Obviamente, la negociación no se cerrará si
las partes no retoman las conversaciones.

Esta sección trata de las tres variaciones del tema:

✔ La otra parte se retira abruptamente de la negociación.

✔ Otra persona que está negociando en representación de la
contraparte (igual que usted) se retira de la negociación.

✔ Usted se retira.

Si la otra parte se retira abruptamente de la negociación

Si cree que la otra parte se va a retirar de la negociación abruptamente o que podría hacerlo para causar un determinado efecto,
no tema intentar detenerla. A lo largo de los siglos, los dueños de
almacén han conseguido ventas marginales agarrando del brazo al
cliente que está a punto de salir de su tienda.

Si la otra parte rompe abruptamente las relaciones saliendo precipitadamente de la oficina, colgando el teléfono o negándose a responder sus llamadas, es posible que no puedan reestablecer las comunicaciones inmediatamente. Si la persona con quien está negociando
se desaparece, utilice el tiempo a su favor. Reconsidere sus límites
(ver parte II). Repase toda la información que ha reunido desde el
inicio de la negociación. Si al reflexionar sobre estos aspectos considera que tiene sentido reabrir la negociación, hágalo. No deje que el
orgullo se lo impida.

Lo importante es mantener la vista fija en sus propios objetivos, necesidades y límites. Si no se preparó minuciosamente (ver capítulo 2) o si no se fijó límites (ver capítulo 4), es fácil que el orgullo o el pánico hagan su aparición en este momento. Utilice esta interrupción no planeada como un botón de pausa (capítulo 6). Úselo para recapitular y retomar fuerzas.

El colapso de una negociación no es momento para las emociones sino para la iluminación personal. No permita que le falle ahora. Mantenga la vista fija en lo que desea en la vida, y nunca sea demasiado orgulloso para tomar el teléfono y volver a encarrilar las cosas, si se requiere eso para que alcance sus objetivos.

Si la otra parte regresa con el rabo entre las piernas

Si la otra parte llama, muéstrese dispuesto a encontrar nuevas posibilidades de entendimiento. Si la otra persona regresa a donde usted, asegúrese de respetar el comentario inicial que le haga, sea el que sea. Aun si no avanza tanto como usted quisiera, asegúrese de reconocerle la voluntad de dar ese primer paso. En tales circunstancias, el más mínimo paso puede implicar un esfuerzo mayor, y talvez sea la clave del acuerdo final.

Cuando las negociaciones vuelvan a comenzar en serio, no se ponga a pensar que hizo hasta lo imposible para que eso ocurriera. No es el momento de rencores ni elogios. Simplemente continúe la tarea pendiente. Alégrese de que logró navegar en aguas turbulentas.

Si alguien de la competencia se retira de la negociación

Si alguien de la competencia se retira de la negociación, actúe rápidamente para cerrar usted el trato. Normalmente la contraparte en la negociación se siente un tanto vulnerable en un momento así, lo cual representa para usted una buena oportunidad de lograr un resultado favorable.

Intente averiguar todo lo que pueda sobre los acontecimientos recientes. La contraparte es, normalmente, su mejor fuente. "¿Qué diablos ocurrió?" es la pregunta que suele generar incluso más información de la que necesita. Escuche. Sea comprensivo, aun si su interlocutor actuó de manera poco razonable. Ser partidario de su interlocutor es una de las mejores maneras de cerrar el negocio.

Mientras escucha, intente averiguar qué necesita su interlocutor y qué no aportó la competencia. Averigüe qué temas estaban sobre el tapete cuando la negociación estalló. Asegúrese de que su interlocutor tenga la voluntad de tratar con usted y de que no usará su oferta simplemente para presionar el otro arreglo. Todas estas cosas se averiguan escuchando con atención, más que haciendo preguntas directas. Las preguntas directas pueden parecer un interrogatorio.

Otra buena fuente de información es la competencia, aunque esta estrategia tiene ciertos riesgos. El riesgo mayor es que su llamada la incite a participar otra vez en el juego. Por otra parte, a su interlocutor en la negociación podría no gustarle que usted tenga una relación amistosa con alguien que acaba de salir del negocio. Si intenta utilizar esa táctica, tenga cuidado.

En una situación así, a menudo actuar con velocidad es tan importante como prepararse cuidadosamente. Actúe con rapidez para establecer la comunicación. Hasta que esté listo, intente escuchar mucho y hablar poco. Ya sabe lo que desea hacer. Si puede, hágale una oferta a la otra parte en el marco de lo que ella desea y perfeccione el acuerdo tan rápidamente como sea posible.

Si es usted quien se retira

Si usted decide poner punto final a una negociación (basado en su preparación sólida y su juicio honesto), no transmita un mensaje ambiguo. Exponga con claridad las condiciones por las cuales han de terminar las negociaciones. Y después váyase. No mire para atrás ni transmita dudas.

Mirar para atrás no es natural. El cuerpo humano no funciona así. Los pies y el rostro deben mirar en la misma dirección. Además, mirar para atrás confunde: lo confunde a usted y confunde a la persona con quien está negociando.

Retirarse de una negociación

Nunca interrumpa una negociación cuando tenga ira. Sabemos que cuando tiene ira quiere salir del recinto como un huracán o colgar el teléfono. Controle ese instinto.

Antes de retirarse de la negociación, dése un respiro. Si después de pensarlo bien quiere interrumpir las conversaciones, concluya la discusión de una manera que no perjudique su reputación en su comunidad, sea que esté conformada por su familia, su empresa o su ciudad. Hágalo de una manera que le permita hacer negocios con aquellos que admiran o respetan a su interlocutor actual.

Antes de retirarse de la negociación, redacte una carta final. Le recomendamos redactar una carta porque este proceso le da tiempo para editar y corregir lo que escriba. Constituye un memorial de su visión de la situación. Si se equivoca en algún aspecto de la discusión, su opinión está expresada claramente y se puede corregir con facilidad. Una carta pone la situación en perspectiva en caso de que su interlocutor se equivoque en algún aspecto. La carta debe incluir los siguientes elementos:

1. Resuma la posición final de su interlocutor.

Sea extremadamente preciso en lo que escriba. Comience esta sección con expresiones mitigantes, como: "Entiendo..." o "Si la memoria no me falla..." o "Si le entiendo correctamente...". Concluya esta sección con la frase siguiente: "Si lo anterior no describe adecuadamente su posición, por favor, háganoslo saber". Frases como estas le permiten a su interlocutor cambiar de posición y hacer correctivos sin desprestigiarse y sin demasiada argumentación.

2. Resuma su posición.

Sea extremadamente preciso en lo que escriba. También aquí, las expresiones mitigantes le permiten a su interlocutor retomar las conversaciones con dignidad. Estos son algunos ejemplos: "En caso de que no haya quedado claro durante nuestras discusiones..." o "Disculpe si esto no fue presentado con la misma claridad en nuestras conversaciones que en esta carta".

3. Explique la falta de coincidencia entre las dos posiciones.

Si no cree que se pueda llegar a un acuerdo porque sus necesidades y deseos son muy diferentes, dígalo. No hay culpables. Las partes pueden trabajar juntas en otro proyecto en que haya mayor coincidencia.

4. Nunca culpe a la otra persona.

Aún si se retira de la negociación porque está convencido de que su interlocutor es un cerdo, un imbécil o un tarado, no gana nada poniéndolo por escrito. El imbécil puede tener un cuñado o primo con quien usted podría querer hacer negocios en el futuro. Nunca queme un puente: un puente le sirve a toda una aldea, no sólo a una persona.

5. Envíe una nota de agradecimiento.

Siempre incluya en su carta una frase de agradecimiento por el tiempo y la atención recibidos. Es un final elegante.

6. Comunique su próxima acción.

Este elemento es opcional. Una frase como "Intentaremos vender el guión a otros clientes" o "Intentaremos hacer un lanzamiento parecido el próximo año" indica que usted tiene otras opciones y que piensa aprovecharlas. Desde luego, la delicadeza de la situación puede requerir que se limite a una frase como "Vamos a seguir adelante" o "En las próximas semanas examinaremos nuestras opciones".

Salirse de una relación

En una relación de vieja data, retirarse resulta más difícil. Retirarse de una relación padre-hijo, por ejemplo, es imposible. No obstante, usted puede apartarse de una negociación específica temporalmente y decidir cuándo retomar el asunto. Aclare lo que está haciendo, manifestando que no está abandonando la negociación.

Concluimos este capítulo con nuestra propia historia porque es una historia de la que nos sentimos orgullosos y porque además enfatiza la importancia de todas las destrezas de la negociación. El recuadro que sigue es el resumen de las diversas habilidades discutidas en este libro.

Michael dice • Michael dice • Michael dice • Michael dice • Michael dice • Michael dice • Michael dice • Michael dice • Michael

Alejarse para unirse

Mi esposa es una negociadora maestra. También es el mejor ejemplo que conozco de saber alejarse.

Habíamos salido durante ocho meses. Estábamos pasándola muy bien juntos. Disfrutábamos las mismas cosas. Ella les gustaba a mis amigos. Yo les gustaba a los suyos. Yo no había ofrecido una argolla, no había hablado específicamente del matrimonio ni le había extendido una invitación para irse a vivir conmigo. Yo todavía quería mi libertad.

Mimi dijo que requería un compromiso. Yo le presenté mi muy practicado discurso sobre el tema. Ella repitió lo que dijo. Yo le prometí que hablaríamos del tema otra vez cuando regresara de mi viaje anual al Festival de Cine de Cannes en el sur de Francia. Con lágrimas en los ojos, me dijo: "Michael, si no puedes comprometerte, no puedo verte más. Es demasiado doloroso". Se alejó. No dudó. No llamó. No escribió. No miró hacia atrás.

En cuanto a mí, tenía sólo unos días para prepararme para el viaje. Hasta hoy no tengo idea de qué estaba sintiendo ella en esos días. Yo tomé en serio lo que me dijo y me fui a mi visita anual a la Costa Azul.

Cualquier persona que tenga televisor sabe que el Festival Internacional de Cine de Cannes es todo un circo. La prensa internacional del espectáculo y todas las personas sedientas de atención se aglomeran allí. Las multitudes son tan densas en las últimas horas de la tarde que el amplio bulevar al borde del mar azul se cierra para todos excepto para las limosinas de los famosos y los peatones. Me sorprendí a mí mismo, vestido de esmoquin, sentado en una baranda en una amplia acera, mirando más allá de la playa, más allá de los fotógrafos, más allá de las bellezas semidesnudas, hacia el horizonte, contemplando la vida sin Mimi. Durante todo el festival pensé en los 12 años desde mi divorcio. Contemplé los próximos 12 años sin Mimi. Pensé en cada una de las mujeres con las que salí, con las que podría haber salido o con quienes soñé salir durante todo ese tiempo.

Toda mi reflexión me llevó a la conclusión de que estaba dispuesto a comprometerme. Cuando mi avión aterrizó en Nueva York, llamé a Mimi desde el primer teléfono público que vi. Nos casamos un año después.

Algunas personas oyen esta historia y anhelan poder alejarse de una situación inaceptable como lo hizo Mimi. Parece fácil. Pero primero, alejarse no es tan fácil. Segundo, ni siquiera es posible, a no ser que haya puesto en práctica los principios básicos expuestos en este libro.

Mimi se había preparado (ver parte II). Había estado saliendo con hombres durante 25 años. Sabía qué esperar. Sabía que había disponibles algunos hombres atractivos, decentes y solteros. Sabía que era una mujer interesante y atractiva. Estaba tan bien preparada que fue capaz de fijar límites (ver capítulo 4) y de identificar sus metas (capítulo 5): quería casarse. No estaba dispuesta a perder tiempo con un hombre con quien eso no era posible. Oprimió el botón de pausa (capítulo 6). Mimi conocía mi posición (parte IV). Había traído a colación el tema del compromiso cuando cumplimos tres y seis meses de estar juntos. Me había oído expresarle mi amor. Me había oído expresar interés en sentar cabeza. También había oído las excusas flojas que me había inventado para evitar comprometerme hasta entonces.

Ella me había comunicado sus intenciones con claridad (capítulo 12) y había intentado cerrar un trato en condiciones aceptables (parte VI). Sabía lo que quería obtener de una relación y estaba dispuesta a alejarse (y lo hizo) si yo no cumplía con mi parte.

A todos les gusta esta historia porque tiene un final feliz. Tuvimos una boda extraordinaria y nos fuimos de luna de miel a Hong Kong e Indonesia.

Es importante señalar que, puesto que Mimi puso en práctica todos los pasos básicos de la negociación, la historia hubiera podido tener un final muy diferente y sin embargo seguir siendo una historia sobre cómo saber alejarse. Yo hubiera podido no llamarla. Hubiera podido no estar dispuesto a comprometerme. Si ella no hubiera puesto sus cartas sobre la mesa, diciendo "Esto es lo que estoy buscando, punto", yo hubiera podido no sentirme obligado a comprometerme. Mimi hubiera estado libre de seguir con su vida y lo hubiera hecho. Conociéndola como la conozco, estoy seguro de que se hubiera casado felizmente con otra persona si yo no hubiera podido garantizarle el compromiso que ella buscaba.

Capítulo 17

El cierre del negocio: la gran compensación

- -

En este capítulo

▶ Cómo aproximarse al cierre del trato

▶ Cómo saber cuándo cerrar

▶ Cómo cerrar

- -

*E*ste capítulo tiene que ver con el glorioso momento en que todo coincide: cuando se cierra el negocio. La mayoría de las personas lo perciben como el único desenlace satisfactorio de una negociación. No obstante, resulta crítico entender si se debe cerrar el trato y, si es el caso, cómo cerrarlo para que se cumpla de manera eficaz mientras dure el acuerdo. Por eso, en el capítulo 15 abordamos el tema de la negociación gane-gane y en el capítulo 16 el momento en que conviene salirse de un negocio. Este capítulo trata las destrezas y técnicas del cierre propiamente dicho.

Cerrar es una habilidad que es preciso desarrollar de manera independiente —y mantener presente a lo largo de todo el proceso— para convertirse en un negociador exitoso. Todos conocemos personas a quienes no parece importarles si concluyen el arreglo en el que han venido participando. Son encantadoras en una cena, pero pueden ser una fuente de frustración en la mesa de negociación. No se sume a ellas. Use su habilidad para cerrar la negociación desde el primer momento.

Qué significa cerrar un trato

Un trato se cierra cuando las partes están de acuerdo con tantas condiciones que pueden finalizar el acuerdo. Por ejemplo, si usted está de acuerdo con pagarle a alguien $500 para que pinte su casa de verde el sábado utilizando determinada marca de pintura, eso puede ser suficiente para cerrar ese trato. Si existe confianza o una trayectoria de trabajo conjunto, los demás detalles pueden permanecer implícitos. Sin confianza o sin una trayectoria así, se necesitaría aclarar qué tono de verde, la calidad de la pintura y cuánto habría que raspar y resanar. Para otras personas, el trato no se cierra sin que todo quede por escrito.

Este capítulo está diseñado para ayudarles a quienes están negociando a llegar al punto en que ambas partes sienten que el acuerdo está cerrado y que están listas para comenzar a ponerlo en práctica. Busca ayudarles a reconocer el momento en que deben dejar de negociar el acuerdo y comenzar a vivirlo.

Cualquier trato tiene mayores posibilidades de perdurar si usted oprime el botón de pausa (capítulo 6) antes de declarar concluida la negociación. Haga una pausa en ese momento, y revise todo el acuerdo. Asegúrese de que les sea útil en la vida real a usted y a la otra parte. No acepte un contrato para pintar la casa el sábado si ha estado lloviendo durante dos semanas y no parece que va a dejar de llover. De hecho, si pone en práctica las seis destrezas básicas que se presentan en este libro, casi con toda seguridad habrá siempre alguien en la mesa de negociaciones que logrará resolver el cierre del acuerdo. Si todos los negociadores ponen en práctica esos fundamentos, es probable que puedan cerrar sus acuerdos mucho más rápidamente.

Comprender el texto de la ley

Un curso breve en derecho comercial está fuera del ámbito de este libro, pero usted debe entender algunos conceptos clave si debe negociar un trato en el mundo corporativo.

Definición legal de un trato cerrado

A menos que exista un arreglo específico que estipule lo contrario, ningún trato se considera cerrado antes de que las partes lleguen a un acuerdo sobre todos los puntos en negociación.

No obstante, los estudiantes de negociación con frecuencia se molestan cuando, quedando ya sólo un punto en discusión, la parte contraria comienza a echarse hacia atrás en algunos de los puntos en que ya se había llegado a un acuerdo.

Para tener un contrato ejecutable, es preciso llegar a un acuerdo que abarque cuatro elementos:

> ✔ Lo que obtiene.
>
> ✔ Lo que paga por lo que obtiene.
>
> ✔ La duración del contrato.
>
> ✔ Quiénes son las partes en el contrato.

El resto se puede ir resolviendo por el camino.

Ofertas y contraofertas

Un concepto erróneo frecuente es que siempre se puede aceptar una oferta. Cuando le hacen una oferta y usted hace una contraoferta, legalmente usted rechaza la oferta inicial y pone una nueva oferta sobre la mesa. Pero tenga cuidado al hacer una contraoferta. Si bien la otra parte puede permitirle aceptar una oferta anterior, no está obligada a ello, y usted no tiene el derecho legal de exigir que se mantenga la primera oferta.

Contratos escritos y contratos verbales

Los acuerdos verbales por lo general son ejecutables. La ley requiere unos pocos contratos por escrito; algunos ejemplos son los contratos para la venta de tierra, ciertos contratos de empleo y contratos sobre derechos de autor. Por esa razón, no siempre los contratos tienen que hacerse por escrito. El problema es cómo hacer cumplir un acuerdo verbal; si se presentan discrepancias, puede estar seguro de que usted y la parte contraria tendrán distintos recuerdos sobre el acuerdo.

El papel no cumple el acuerdo, es la gente quien lo cumple. Ningún contrato puede protegerlo de quienes están decididos a causarle daño.

Protección legal antes del contrato

¿Qué ocurre si una o ambas partes comienzan a poner en práctica lo estipulado en un arreglo antes de que se haya firmado un contrato ejecutable? No importa. La ley no abandona por un detalle técnico a alguien que actuó de buena fe. En el peor de los casos, la parte que cumplió lo acordado, es decir, la parte que pintó la casa o entregó la mercancía obtiene el valor del mercado del servicio o producto que suministró. A este concepto se le llama *quantum meruit*.

El cierre alrededor del mundo

El inglés es el idioma comercial común alrededor del mundo.

Algunas veces una de las partes en la negociación sugiere un enfoque que contempla el uso de dos idiomas: un ejemplar del contrato se elabora en inglés y otro se redacta en el idioma nativo de una de las partes. No acepte el enfoque de los dos idiomas cuando se trate del contrato escrito. La idea parece bastante simple, pero las traducciones con frecuencia son tan diferentes que pueden surgir disputas sobre el significado de las dos versiones. Los desacuerdos sobre la interpretación ya son suficientemente comunes aun sin tener que considerar los dos idiomas.

El concepto de cierre de un trato varía de un lugar del mundo a otro. Si no conoce las costumbres en materia de negociación en otras culturas, su ignorancia puede generar desagrados. La mayoría de la gente se niega a admitir que puedan tener sentido otras maneras de cerrar un negocio, diferentes de la suya. A continuación examinamos tres ejemplos de cierres muy diferentes. Cada uno funciona adecuadamente en la cultura donde tuvo origen. Cuando usted negocia con una cultura distinta de la suya, debe asegurarse de entender sus particularidades.

Estados Unidos

En Estados Unidos, el cierre de un acuerdo es una ocasión muy formal. Un apretón de manos o cualquier otra ceremonia pone fin a la discusión. Después vienen los contratos. Las personas en Estados Unidos redactan largos contratos para anticipar todas las contingencias posibles, exponiendo los derechos, deberes y obligaciones de cada una de las partes.

En Estados Unidos la gente finaliza hasta asuntos de simple sentido común con un grado de detalle y formalidad que lo deja a uno pasmado. Si esa práctica es el resultado o la causa del hecho de tener más abogados per cápita que cualquier otro país del mundo, es una pregunta parecida a la del huevo y la gallina. Los ciudadanos estadounidenses y sus abogados escriben contratos más largos y más detallados que en cualquier otra parte del mundo.

Un contrato de arrendamiento comercial para una simple oficina puede extenderse 30 páginas e incluir elementos tan obvios como que el inquilino no tiene que pagar alquiler si el arrendador cierra el edificio durante una semana. El contrato de arrendamiento menciona también qué ocurre exactamente si otro inquilino se está mudando al edificio e impide el acceso durante una hora, o si hay trabajos de construcción que molestan a los inquilinos.

En parte, los contratos tan detallados son una respuesta a otra característica de la vida en Estados Unidos que hace que el resto del mundo sacuda la cabeza con incredulidad: el apuro por entablar una demanda. Los estadounidenses enfrentan la posibilidad de un litigio largo y costoso casi por cualquier asunto. La mayoría de esos pleitos pueden iniciarse sin riesgo para el demandante. Una nueva cosecha de abogados de honorario condicional sale al mercado cada año. Cuando un apoderado presta sus servicios sobre la base de un honorario condicional, no le cobra al cliente por hora sino con base en un porcentaje de la suma que la corte le reconozca al cliente —el demandante— si gana el caso. Puesto que el demandante no tiene nada que perder si pone una demanda en esas condiciones, no deje la interpretación de ningún tema legal a la buena voluntad o al sentido común si quiere evitarse futuras batallas legales.

En Estados Unidos hay reglas muy estrictas para cambiar un arreglo una vez que se ha firmado el contrato. Hay que enmendar por escrito los contratos y ejecutar modificaciones verbales antes de que sean vinculantes.

Oriente Medio

Al otro extremo de Estados Unidos está la tradición del desierto. La palabra y el apretón de manos son tradiciones centenarias de Oriente Medio. Se conviene en principio un trato, y las personas comienzan a implementarlo. Los cambios de circunstancias permiten más negociaciones.

En Oriente Medio, casi cualquier cambio de circunstancias justifica repensar el acuerdo. Piense en las caravanas y podrá comprenderlo mejor. Se acuerda que el guía de una caravana entregue un número determinado de alfombras a un comprador. El guía va hasta la fuente de las alfombras, las compra y se las lleva. Pero uno de sus camellos muere por el camino y las alfombras cuestan más de lo que el guía de la caravana había anticipado originalmente, por lo que el precio es objeto de renegociación. No todas las condiciones son objeto de discusión puesto que ya se había acordado un precio básico; ahora la negociación es sobre el ajuste.

Japón

Los cierres en Japón están a medio camino entre las tradiciones árabes y estadounidenses. Los japoneses tienen la costumbre de negociar contratos escritos que incluyen las condiciones básicas, pero sus contratos no son tan detallados como en Estados Unidos. Existe un margen en la relación entre las partes que permite hacer ajustes según los cambios de circunstancias.

Puesto que los japoneses dejan espacio para los ajustes que pueden surgir después de que se firma un contrato, es importante para ellos conocer a una persona antes de hacer negocios juntos. En Estados Unidos la relación entre los negociadores es menos importante porque los contratos son definitivos tal como están redactados en el momento del cierre.

Reconocer el momento de cerrar el trato

El cuándo del cierre es fácil: pronto y muchas veces. Algunas personas parecen no querer o no necesitar cerrar sus tratos. Son como vacas rumiando: les gusta disfrutar el proceso, pasar el tiempo y no llevar la discusión hacia un cierre. Pero usted sabe ya que el cierre es una habilidad adicional.

No se olvide del cierre mientras se prepara para la negociación, mientras escucha a su interlocutor y cada vez que usted habla. Un rincón de su mente debe concentrarse en el cierre, o en conducir la negociación hacia una solución mutuamente aceptable. Si percibe el cierre como un paso aparte en la negociación, es poco probable que pase por alto la oportunidad de cerrar el trato.

En la mesa de negociación, estar sentado frente a alguien puede ser muy frustrante. Manténgase alerta ante la posibilidad de cerrar el acuerdo en el primer momento adecuado. Los siguientes son algunos momentos más evidentes que otros. ¡No los pase por alto!

✔ Hay una solución aceptable sobre la mesa.

✔ La otra parte desea cerrar el negocio.

✔ Se acerca una fecha límite.

✔ Se han cumplido todos los objetivos de la negociación.

✔ Se le presentan mejores alternativas.

El único problema de elaborar una lista como esta es que usted puede preferir esperar el *momento adecuado,* especialmente si se le dificultan los cierres. El momento adecuado para hacer el primer intento de cerrar el acuerdo es cuando se inicia la negociación.

Recuerde este lema en cuanto al cierre: Pronto y muchas veces. Un estudio reciente sobre el personal de ventas reveló que sólo un pequeño porcentaje de las ventas se cierra en el primer intento. La mayoría de las ventas se cierra luego de tres esfuerzos, por lo menos. Intente cerrar la negociación cuanto antes y siga intentándolo hasta que lo logre.

Si tiene dificultad para cerrar los negocios, fíjese la meta de cerrar su próxima negociación más pronto de lo que crea posible. Descubrirá que nada se pierde con intentarlo y que sus interlocutores se convencen de la necesidad de llegar a una conclusión. Convierta el ejercicio en un juego. Registre sus esfuerzos por cerrar. La capacidad de cerrar exitosamente aumenta en la medida en que toma mayor conciencia del cierre como una habilidad independiente y la ejercita oportuna y frecuentemente.

Saber cómo cerrar

El propósito de esta sección es quitarle el misterio al cierre y proveerle al lector la mecánica para hacerlo.

Con un amigo o un miembro de su familia, ensaye las diversas maneras de abordar el cierre. Cuanta más naturalidad demuestre, más fáciles le resultarán en una situación real. Haga juegos de roles. Descríbale a un amigo una situación típica de la negociación y haga que su amigo lo desafíe con las objeciones que propone esta sección.

El que sabe cerrar

En la mayoría de los negocios de venta de automóviles usados se le paga a una persona por cerrar los negocios. Usted puede haberse encontrado con un vendedor que, en lugar de cerrar el trato, le presenta al "administrador". Las personas en la industria de los automóviles llaman a esta persona "el cerrador".

Las personas que saben cómo resolver conflictos a nivel personal son vistas como gente flexible y colaboradora. En la mesa de negociaciones son consideradas brillantes. Cuando un negociador encuentra una solución para lo que parece una negociación difícil, se gana las alabanzas de todos.

✔ Las personas que no saben cerrar los negocios tienden a aferrarse a una posición. Las personas que saben cerrarlos siem-

Cierre con un "No", ¡pero cierre!

Hace mucho tiempo me di cuenta de que detesto el rechazo. Una sola vez en mi vida he tenido un empleo de ventas por teléfono. Con cada rechazo, iba a la máquina expendedora en el corredor y compraba una chocolatina. Dos semanas y cuatro kilos más tarde, cuando ya no me podía abotonar las faldas, renuncié al empleo.

Años más tarde, vendiendo por teléfono mis cursos de capacitación, sentí cierta resistencia ante el "No" como cierre del trato. Descubrí que me sentía más satisfecha cuando me decían "Quiero pensarlo". Prefería aceptar la indecisión que un "No". Tenía toda una pila (de unos 15 cm de alto) de archivos incompletos sobre clientes potenciales de mis servicios como instructora en gestión. Estaba gastando mucho dinero haciéndoles seguimiento a esas personas sólo para que me dijeran "Talvez. Llámeme en un par de meses". Algunas de esas pistas valían la pena y dieron resultados. Pero la mayoría me costó dinero. ¡Estuve llamando a algunas de esas personas a lo largo de dos años!

Era hora de llamar a mi mentor. Yo creo en los mentores. Todos deberíamos tener uno y ser uno. Un mentor es alguien que uno respeta, que sabe más que uno y que está dispuesto a dedicarle un momento de su apretada agenda para compartir las lecciones que ha aprendido a través de la experiencia y los golpes. Anne Miller, conferencista y directora de seminarios sobre ventas y comunicación, con sede en Nueva York, ha estado en el mundo de los negocios varios años más que yo. Es muy exitosa y fue una de las personas que me sugirieron montar un negocio propio. La llamé.

Esta fue su sugerencia: Llame por última vez a los posibles clientes que aparecen en sus archivos y dígales que es su llamada final. Después de la charla inicial, dígales: "Estoy limpiando mis archivos y cerrando algunos de ellos. Usted y yo hemos estado hablando por más de un año y aún no he organizado un programa de capacitación para su personal. Esta es mi última llamada. De verdad, ¿qué posibilidades hay de trabajar con usted y su gente?"

Y entonces escuché. Los resultados fueron asombrosos. Cerca de una tercera parte de los clientes potenciales dijo que no veían muchas posibilidades, que no había presupuesto o que el jefe no creía en la capacitación —información que yo necesitaba conocer para dejar de perder mi tiempo y dinero llamando. Otra tercera parte hizo citas inmediatas para impulsar la negociación y conseguir que su compañía me contratara. Y la otra tercera parte logró convencerme de que continuara intentando, lo cual estaba dispuesta a hacer ahora que mi pila de negocios sin cerrar tenía menos de 3 cm de alto. Qué agradable es la sensación del cierre, aunque el cierre sea un "No".

Así pues, actúe, y exija una decisión.

> pre parecen encontrar una solución. El enfoque puede no ser el original, pero produce el resultado deseado.
>
> ✔ Las personas que saben cerrar generalmente ejecutan las tareas a tiempo. Las que no saben cerrar tienden a dejar las cosas para después.
>
> ✔ Las personas expertas en cerrar acuerdos se alegran cuando un trato se cierra. Las que no saben cerrar tienen una sensación de pérdida cuando el proyecto llega a su fin.

A menudo, quienes cierran un acuerdo fácilmente son personas agudas o ingeniosas, pero no tienen que serlo. Sólo se necesita tener la confianza de que se van a cumplir los objetivos y límites establecidos. Ellas se consideran competentes.

Generar consenso donde no lo hay es una actividad divertida para quienes saben cerrar los negocios y una lucha para los que no saben hacerlo. Todo el mundo nace sabiendo negociar exitosamente, por comida, por pañales secos y hasta por un buen eructo. Con el tiempo, sin embargo, la vida se encarga de abatir a algunas personas. Tome otra vez el control de su vida. Fíjese la meta de obtener lo que desea utilizando metódicamente las técnicas que se presentan en este libro.

Las únicas tres estrategias de cierre que va a necesitar

Todo el mundo parece estar buscando el cierre perfecto, el que no falla. Cuando llegamos a este punto en nuestros seminarios, los lápices se alistan. Se sacan hojas en blanco. La gente está alerta. Este es el gran secreto: las tres maneras de perfeccionar la venta o cerrar la negociación son "preguntar, preguntar y preguntar".

Los participantes siempre escriben "preguntar" en sus apuntes cuando anunciamos la primera estrategia de cierre. Cuando anunciamos la segunda estrategia, algunos sonríen ligeramente y dejan de escribir. Muy pocos escriben el tercer "preguntar". Pero lo entienden. Una sonrisa de oreja a oreja se extiende por todo el salón cuando los participantes se dan cuenta de que es sabiduría milenaria y no un secreto de tecnología de punta.

No importa qué tan poderoso sea su computador, cuál sea el alcance de su teléfono móvil o qué tan inteligente sea su dispositivo de localización, sigue siendo cierto que tiene sólo una manera de obtener el pedido o cerrar el trato: preguntar si la otra parte está de acuerdo con las condiciones tal como se presentan. Si tiene dificultades para comprometer a la gente, ponga el tema sobre la mesa.

Cerrar un trato en el trabajo no es algo que siempre se haga sólo una vez. Una variación de "preguntar, preguntar y preguntar", es "cierre una vez, otra vez y otra vez". Suponga que le asignan un proyecto maravilloso pero después su proyecto se archiva por un cambio de administración, por una revisión de las prioridades o por un recorte de personal. Usted se siente decepcionado. Todo ese duro trabajo en vano, y no recibirá el reconocimiento que merece. Para intentar mantener vivo el proyecto, vuelva a presentarlo a sus superiores. Trate el proyecto como una tarea nueva. Recuerde todas las razones que condujeron a que le asignaran el proyecto y comience de cero con esos temas. Quienes trabajan por cuenta propia tienen que volver a venderle al cliente continuamente proyectos importantes, en especial si le están pidiendo que invierta dinero. Si el proyecto se archiva de todas maneras, asegúrese de no habérsela jugado toda a una carta. Este negocio debe ser sólo uno de varios que debe manejar equilibradamente para no arriesgar una caída en picada, emocional o financiera.

Utilizar la vinculación para cerrar

La *vinculación* (conocida también como *linkage*) es un excelente concepto que ayuda a cerrar un trato cuando no hay posibilidad de arreglo sobre el último punto en discusión. La vinculación significa simplemente que para poder cerrar el trato se supedita la aceptación de una concesión solicitada a algo que usted desea.

Los siguientes son tipos de situaciones que piden a gritos una estrategia de vinculación:

✔ El otro equipo en la mesa de negociación hace una última exigencia. No puede ir más lejos. No puede ceder más de lo que ya ha cedido.

✔ Usted no puede ceder sobre este punto porque, si lo hace, el acuerdo no sería satisfactorio para usted. Si concede, no tendrá suficientes incentivos para cerrar el acuerdo.

Proceda como sigue:

1. Haga una pausa.

Asegúrese de que la otra parte no esté fingiendo, que realmente no puede ir más lejos en cuanto a ese punto.

2. **Examine toda la transacción; encuentre un aspecto en el cual no logró todo lo que deseaba, o un tema en el que puede hacerse un cambio a su favor para restablecer el equilibrio en el arreglo.**

3. **Vincule ese tema con la concesión que la contraparte le pide que haga.**

   Declárese dispuesto a conceder en el punto en disputa si la otra parte satisface la exigencia del paso 2. El elemento que vincule a la solicitud de la otra parte puede no haber sido discutido antes, pero la vinculación siempre es aceptable.

Los siguientes son ejemplos de vinculación como respuesta a objeciones específicas:

OBJECIÓN: "No podemos pagarle a esa persona más de $100.000 el próximo año".

VINCULACIÓN: "Si usted pudiera subir a $110.000, talvez mi cliente aceptaría un contrato por dos años".

OBJECIÓN: "No podemos prescindir de José como proveedor de tubería de plomo".

VINCULACIÓN: "Talvez podríamos venderles medios lotes de tubería de plomo para que puedan seguir comprándole a José mientras ponen a prueba los productos de nuestra empresa".

OBJECIÓN: "Sus honorarios diarios son demasiado altos por sólo una ponencia de media hora, aún si la sede de la conferencia es fuera de la ciudad".

VINCULACIÓN: "Talvez podría hacer otro seminario por la tarde, para que ustedes sientan que obtienen el valor de lo que pagan".

La vinculación es una poderosa herramienta para ayudar a cerrar una negociación que se encuentra estancada. Las siguientes son algunas frases que se utilizan a menudo para introducir el concepto de vinculación:

"Pues bien, talvez podríamos revisar algunos de esos temas de nuevo".

"Bien, quizás podríamos inventarnos algo".

"Voy a decirle lo que voy a hacer".

La vinculación es una de esas herramientas que harán que se sienta como un negociador de primera categoría, pues ayuda a resolver problemas reales. Ninguno de los dos lados puede ceder en el punto en discusión, de modo que buscan algo adicional que pueden intercambiar. Utilice la vinculación para hallar el camino de salida la próxima vez que se encuentre en una situación difícil.

Barreras que obstaculizan el cierre

Si le parece difícil cerrar, probablemente la pregunta verdadera no sea "¿Cómo hago esto?" sino "¿Por qué dudo en lugar de hacerlo?" Tan sólo plantearse la pregunta le ayuda a comenzar a pensar en la respuesta.

Si enfrenta una barrera ante el cierre de una negociación o una venta, probablemente tiene temores o aprehensiones en cuanto al proceso. Los temores más comunes se enumeran a continuación:

✔ El cierre es el momento específico en que su juez interior puede decirle: "Te equivocaste con este pedido".

✔ El cierre inspira miedo porque es un compromiso.

✔ El cierre trae un final a esta fase de la actividad.

La verdadera clave del éxito puede no estar en encontrar una estrategia, sino en enfrentar sus bloqueos mentales frente al cierre. Muchas personas los tienen. Haga lo posible por hacerles frente a los suyos, y asegúrese de tener presente la posibilidad de que la otra parte tenga a su vez bloqueos mentales subyacentes a las objeciones que expresa sobre el arreglo.

Cómo superar las objeciones

La palabra *objeción* se usa más comúnmente en las negociaciones especializadas de ventas. Los vendedores de todo el mundo quieren saber cómo superar las objeciones. Buscan respuestas simples a dos de las objeciones más comunes: el precio y el producto.

Cuando alguien expresa directamente una objeción a lo que usted le propone, se presenta una oportunidad. Usted tiene la oportunidad de eliminar una barrera más. Cada objeción que usted supera lo acerca al objetivo de cerrar el trato. Una objeción —expresada honestamente— es sólo otra manera de inducirlo a enfrentar una preocupación o a satisfacer una necesidad que se había pasado por alto.

Responder preguntas es la parte divertida de una negociación; exige usar la imaginación y acudir a su banco de información para encontrar respuestas. Hacer frente a las objeciones es la parte de la negociación en que puede demostrar cuánto sabe y en donde vale la pena estar bien preparado.

Hacer preguntas para llegar a donde quiere ir

Cuando intente cerrar una negociación y surja una objeción, su mejor amiga es una pregunta. Sondee con delicadeza las respuestas a las siguientes preguntas:

✔ ¿Es la objeción la verdadera razón del malestar de la otra parte?

✔ ¿Qué hará la otra parte si el trato no se cierra?

✔ ¿Puede satisfacer o superar esa alternativa?

Lo frustrante de este dilema es que no puede formular tales preguntas directamente. Debe obtener la información de manera indirecta. Debe sondear la respuesta. Por ejemplo, fíjese en la primera pregunta de la lista anterior. Normalmente usted no puede decir: "Vamos, cuénteme qué le está molestando". Tiene que relajarse y calmar a la otra parte para poder llegar a comprender la razón de su preocupación. Las siguientes son algunas maneras de extraer la información (cada pregunta es una variación del mismo tema):

✔ Si llegamos a un acuerdo sobre ese punto en particular (el precio, por ejemplo), ¿podemos cerrar el trato hoy? (Si no es posible, sabrá que otra cosa está molestando.)

✔ ¿Qué tal si...? Sugiera un enfoque diferente. Use la vinculación para que el arreglo satisfaga a la otra parte. (Si eso trae resultados, sabrá que se ha topado con la verdadera razón de la molestia de la parte opuesta.)

✔ En un mundo perfecto, ¿cómo sería ese arreglo?

La negociación sigue en marcha, de modo que algo ha progresado. Las respuestas a las tres preguntas precedentes pueden revelarle todo tipo de información que no puede obtener directamente.

Volver al punto de partida

Las personas normalmente usan la frase "volver al punto de partida" para expresar la pérdida de una meta u objetivo. Si se enfrenta con una pared, puede querer encogerse de hombros y decir con tono de abatimiento: "Creo que hemos vuelto al punto de partida". La próxima vez que eso ocurra, escúchese a sí mismo y piense en este libro. Acaba de darse a sí mismo un consejo maravilloso. El problema es que la mayoría de las personas no reconocen un buen consejo cuando lo oyen, aun cuando ese consejo proviene de ellas mismas.

El punto de partida en la negociación es la preparación. La primera parte de este libro tiene que ver exclusivamente con la preparación. Cuando una objeción le da guerra o no logra cerrar la negociación, la respuesta casi siempre está escondida en la parte I. Precisa arreglar alguno de los siguientes elementos:

✔ Necesita más información sobre la persona con quien está negociando. Talvez no está hablando con la persona adecuada.

✔ Necesita más información sobre su propia empresa o su producto. Por ejemplo, puede no estar consciente de ciertas características del desempeño que valdría la pena resaltar.

✔ Debe saber más sobre la competencia. Qué alternativas tiene la otra parte.

✔ Talvez no debería participar en esta negociación porque el acuerdo no contribuye a sus objetivos generales, ni en lo personal ni en lo laboral.

La diferencia entre un negociador muy exitoso y el resto de la gente está en el trabajo fundamental que él lleva a cabo antes de que comience la negociación. Quisiéramos que hubiera una solución rápida, una varita mágica o una manera segura de avanzar en la vida. Lastimosamente, ningún factor es tan directamente responsable del éxito en las negociaciones y del éxito en la vida como la preparación.

En todos nuestros seminarios encontramos que la sesión final de preguntas y respuestas retoma el tema inicial de la buena preparación. Esto es particularmente válido con el personal de ventas, porque algunas personas buscan un cierre rápido o esa frase especial que salva la situación. Nada salva la situación mejor que un buen descanso la noche después de haberse quemado las pestañas preparándose.

El cierre de la negociación en familia

Los padres tienen un importante deber y un satisfactorio reto. Ellos enseñan valores, moral y un comportamiento adecuado actuando como modelos positivos, fijando estándares de disciplina coherentes y justos y haciendo cumplir las reglas con amor y delicadeza.

Esas cualidades son fáciles de definir, pero en realidad ser buenos padres exige seguir todos los pasos de la negociación descritos en este libro. Llegar al cierre con los hijos significa hacer explícitas las consecuencias de violar las reglas o estándares de comportamiento. Primero, se deben establecer claramente esos estándares.

Es una buena idea promover reuniones familiares frecuentes cuando se están definiendo las reglas y los estándares. En la medida en que van surgiendo problemas y conflictos durante la semana, anótelos en una hoja con el orden del día de las reuniones y péguelos en la nevera o en un tablero visible.

El propósito de estas reuniones es resolver problemas. Todos participan y cada uno tiene voz para sugerir soluciones. Decidan juntos los procedimientos y los estándares de comportamiento. Esas decisiones pueden anunciarse como las "reglas de la familia".

El cierre es una destreza necesaria que se debe practicar sistemáticamente con los hijos. Los adultos están mejor equipados para manejar la incertidumbre. Los niños necesitan saber qué se espera de ellos; los jóvenes viven en el aquí y el ahora. Una vez que los niños tengan claras las expectativas familiares, cerrar el trato significa verificar que hayan comprendido el acuerdo. Anime a sus hijos a expresar en sus propias palabras cómo se sienten luego de haber resuelto un conflicto, o cuando se les da o se les niega algo que han pedido.

Cuídese de no generar una situación en la que un miembro de la familia asuma que se ha llegado a un acuerdo al cual no se ha llegado. Por ejemplo, el adolescente desea pasar toda la noche fuera la noche de su graduación como bachiller. Los padres están indecisos. El padre dice: "Parece divertido. Recuerdo haber hecho eso mismo cuando estaba en la escuela secundaria". El adolescente interpreta esa observación como un "Sí" y corre hacia la mamá, quien le dice "Ya veremos". El adolescente hace planes, se compromete para conducir, ofrece contribuir a los planes para un desayuno en casa de otro compañero.

Envuelto en la alegre expectativa, el adolescente asume que todos estos planes cerrarán definitivamente la negociación con sus padres. Cuando los padres finalmente investigan las actividades que se planean y encuentran falta de supervisión adulta, mamá dice "No" y papá la apoya. El resultado es un embrollo emocional. Muchos de los amigos del adolescente se sienten afectados y mamá y papá están en una posición débil; se les podría acusar de violar el acuerdo (al que en realidad nunca se llegó).

Los padres deben hacer un seguimiento cuidadoso cuando cierran un acuerdo con un adolescente para que no resulte falso. Siempre sea claro en cuanto a qué tanto ha avanzado en la toma de una decisión, aunque tenga que decir claramente: "No estoy seguro todavía; no hagas planes".

Cuando se cierra el trato

Se acabó la negociación. Se firmó el contrato. El cliente está contento. Usted recibe las felicitaciones de todos. Falta definir los detalles administrativos pero su tarea se terminó... o casi.

Le quedan dos cosas que hacer por el bien del acuerdo y de su propio crecimiento personal:

✔ Evalúe todo el proceso. Cuando haya pasado algún tiempo, haga un repaso de la negociación y piense si hubiera podido actuar de manera diferente. Reflexione sobre las consecuencias de las diversas alternativas que eligió. No estamos hablando de flagelación personal; estamos hablando de hacer un repaso tranquilo de toda la historia de la negociación, imaginándose las diversas opciones que se le presentaron a lo largo del camino. Este proceso es un repaso final después de haberse distanciado de la negociación terminada. Es especialmente útil tras una negociación exitosa, pues no quedan dudas ni remordimientos.

✔ Haga todo lo que pueda para asegurarse de que el acuerdo se ejecute de manera ética, oportuna y honesta. Si usted negoció a nombre de otra persona, no siempre tiene el control de la ejecución. Si fue uno de los responsables principales, es su deber ser fiel al espíritu y la letra del acuerdo. Lo consideramos un deber sagrado. Su palabra es su promesa. Nunca lo olvide.

Instalar sistemas de seguimiento

No importa si forma parte de una organización grande o si está negociando por cuenta propia, hasta que haya tomado medidas que aseguren que el acuerdo se va a cumplir, no cierre el archivo pensando que la negociación concluyó. Tales precauciones pueden incluir la elaboración de un cronograma con los plazos de entrega de los diferentes productos, prever que las personas que van a ejecutar el acuerdo estén disponibles y comprendan las condiciones convenidas, y asegurarse de informar a la otra parte sobre los avances.

En la mayoría de las organizaciones grandes hay un departamento que se encarga específicamente de este fin. A menudo el departamento se llama Administración de Contratos o algo parecido. Aun cuando el personal del departamento maneja los detalles, tras un tiempo prudencial (una o dos semanas) usted debe llamar al departamento y asegurarse de que esté funcionando el sistema de seguimiento. Si usted es vendedor, debe verificar que la orden solicitada haya sido procesada.

Usted debe cerciorarse porque si algo anda mal con el seguimiento de un contrato, el problema puede tener consecuencias negativas para usted. No importa hasta qué punto tales asuntos sean de su responsabilidad. Usted negoció el acuerdo. Si no se cumplen las condiciones de manera profesional y oportuna, la otra parte recordará que el trato que hizo con usted salió mal. Injusto pero cierto.

Asuma como responsabilidad suya asegurarse de que su contraparte en la negociación esté satisfecha. Ese esfuerzo puede tomarle un tiempo adicional y requerir hacerle seguimiento a un personal que debería llevar a cabo ese trabajo por iniciativa propia. Pero el beneficio de obtener nuevos negocios y consolidar una buena reputación es, de lejos, superior a los esfuerzos.

¡Acordarse de celebrar!

Los comienzos y los finales se celebran en todas las culturas, aunque los acontecimientos parezcan muy diferentes. No importa en qué parte del mundo se encuentre, las personas celebran los acuerdos importantes. Algunas personas van a la iglesia, otras organizan una fiesta, otras encienden una vela. Un desfile surge casi espontáneamente cada vez que se firma una rendición en la guerra.

También es importante celebrar la decisión de no cerrar un trato y salirse de un negocio. Cierre solamente un buen acuerdo. Evite los malos acuerdos. Alejarse de un mal acuerdo es como evitar un accidente de tráfico: usted da un enorme suspiro de alivio y agradece haber podido evitar el accidente. Cuando logre evitar un mal acuerdo, celébrelo como más le agrade, pero celébrelo. Celébrelo con la misma alegría y entusiasmo con que cierra un buen acuerdo.

En todas las culturas en las que se consume licor existe un brindis especial que significa "Felicitaciones, buen trabajo". También se comparte la costumbre de levantar una copa para celebrar un trato. Aunque no sepa más palabras del idioma extranjero que "Hola", "Adiós" y "Gracias", aprenda a hacer el brindis al modo de las culturas que participan en un acuerdo.

¿Sabe qué países acostumbran usar los siguientes brindis?

> Kompai, Nasdorovia, Ma Zdrowie, Cheers, Prost, Salud, Cin Cin, Sköl, Skaal, L'Chaim

> Japón, Rusia, Polonia, Reino Unido, Alemania, España, Italia, Suecia, Dinamarca, Israel

Parte VII
La parte de los diez

"Perdone, pero me ha tenido esperando tanto tiempo que ya se me olvidó quién es usted".

En esta parte...

Todos los libros de la serie ...para Dummies terminan con estas prácticas listas. Nuestra "parte de los diez" contiene las características propias de los grandes negociadores y los escollos comunes de la negociación. Revise esta parte cuando quiera refrescar su técnica general de negociación mientras perfecciona las seis destrezas individuales que se trataron en las partes precedentes.

Capítulo 18

Diez maneras de convertirse en un maestro negociador

En este capítulo

► Comprometerse con el proceso

► Disfrutar las actividades que perfeccionan las destrezas de la negociación

► Evaluarse a sí mismo tras las negociaciones

Cuando nació, usted ya era un excelente negociador. La primera cosa que hizo fue desarrollar gritos propios para cada cosa que quería. Y normalmente obtenía lo que quería. Con el tiempo, sus instintos fueron atemperados y controlados en nombre de la educación, del orden en el salón de clase, de los buenos modales y de un centenar de otros objetivos sociales positivos y nobles. Como resultado, usted, el individuo, puede haber perdido el coraje de utilizar los valiosos instintos con que nació.

Este libro está diseñado para ayudarle a recuperar sus derechos naturales. Puede obtener lo que desea en la vida. Revise la tabla de contenido y decida en qué temas puede hacer esfuerzos para obtener la mayor gratificación. Si no tiene un plan de vida, talvez deba dedicarle algo de tiempo al capítulo 1. Sea cual sea el área que necesita perfeccionar, comience hoy. El proceso es divertido y provechoso. Usted es el proyecto más valioso que pueda emprender.

Comprometerse con el proceso

Puede comprometerse con cualquier proceso que le ayude a lograr el objetivo individual de mejorar sus habilidades de comunicación y negociación. En este capítulo le ofrecemos toda una lista de propuestas. Defina hoy cuál es el mejor proceso para usted y láncese.

Mientras perfecciona sus habilidades como negociador para obtener lo que desea de la vida, adopte un nuevo lema personal:

> Soy un gran negociador.
>
> Soy Un Gran Negociador.
>
> SOY UN GRAN NEGOCIADOR.

Esta es la primera de nuestras diez sugerencias, pues la gran mayoría de los participantes en nuestros seminarios tiene el lema contrario. Las evaluaciones personales que escuchamos con mayor frecuencia al inicio de los seminarios de negociación son:

✔ No soy un buen negociador.

✔ Evito negociar.

El segundo comentario simplemente no es cierto y le brinda a la persona una excelente excusa para no perfeccionar sus habilidades de negociación. Obviamente, si no cree que está en capacidad de negociar, no se prepara para la negociación. No se fija objetivos ni límites. En breve, sin darse cuenta, puede estar motivando usted mismo el fracaso de la negociación.

Esa primera evaluación personal es una profecía que se realiza. La manera como se percibe a sí mismo y lo que dice sobre usted influye enormemente en cómo lo juzgan los demás y cómo perciben su desempeño. Este hecho es particularmente cierto si se valora desfavorablemente. Adoptar el nuevo lema de inmediato comienza a cambiar la percepción de los demás y la suya. En la medida en que se percibe como un buen negociador, comienza a actuar como un buen negociador. Con el tiempo, comienza a cosechar los beneficios del buen negociador. Por el momento, no examine sus resultados; disfrute el proceso y el desarrollo.

Construir un templo

Cuídese. Nadie como usted puede cuidar mejor de su mente, su cuerpo y su alma. Cada elemento de su ser necesita su atención, o de lo contrario sus esfuerzos individuales no lograrán los resultados que desea y merece. No puede ser un gran negociador si permite que reine el descontrol en otros aspectos de su vida. Algunas personas logran "compartimentar" la vida por un tiempo. Por ejemplo, pueden hacer caso omiso de alguna enfermedad física para terminar una tarea específica importante. Pero nadie puede mantener esa estrategia por mucho tiempo. Al final, un problema en un área importante de la vida termina por afectar las otras áreas.

Puede hacer caso omiso de este consejo por un tiempo, pero el problema tiende a envolverlo. Si quiere ser un gran negociador, tiene que comer bien, dormir bien y hacer algo de ejercicio. "Algo de ejercicio" no quiere decir que deba competir en los Juegos Olímpicos o hacer excursiones de muchos kilómetros en bicicleta. Pero sí significa que tiene que mover el cuerpo de manera que lo mantenga flexible. Caminar es excelente. Nadar es una buena actividad de bajo impacto. Haga lo adecuado en su situación.

Su alma también necesita cuidado, tanto como su ser físico. Compartir momentos tranquilos consigo mismo y con quienes lo aman es importante para recargar el espíritu. Un entorno bello es importante. Ya sea la playa o las montañas o algún parque bonito, vaya a algún lugar donde pueda relajarse y rejuvenecer el espíritu. Hágalo por usted.

Cuide su mente. Cultive un pasatiempo, alguna actividad que disfrute intensamente, sin pretensiones de sacarle ganancia profesional o una pizca de fama. La recompensa valdrá mil veces el esfuerzo.

Por último, cultive su crecimiento intelectual. Obviamente usted es el tipo de persona que ya pone en práctica este consejo, o no estaría leyendo este libro. Los libros son el sello de la persona educada. Consérvelos. Márquelos. Estímelos. Regálelos.

Cuando hablamos de construir un templo, nos referimos a cuidar la salud mental, física y emocional. El nombre del templo es su nombre. El cuidado de ese templo es responsabilidad suya.

Estudiar las técnicas de negociación de dos personas

El proceso de observar lo que dos personas hacen y dejan de hacer lo sensibiliza sobre la importancia de cada una de las seis destrezas básicas descritas en este libro. Haciendo un seguimiento al modo en que alguien se desempeña en estas áreas, es posible constatar que sólo una aplicación sistemáticamente positiva de los principios de la negociación puede generar resultados sistemáticamente positivos. También se pueden observar excepciones. A veces surgen buenos resultados en negociaciones confusas y a veces el negociador no logra los resultados deseados a pesar de estar al nivel más elevado de la capacidad negociadora.

Sugerimos estudiar a dos personas, porque eso le brinda la oportunidad de observar diferentes estilos. Específicamente,

✔ Escoja a alguien que tenga la reputación de ser un gran negociador, pero con quien usted no tenga una relación personal.

✔ Escoja a una persona conocida que pueda observar de cerca e interrogar mientras la negociación está en curso.

Por ejemplo, en la primera categoría puede escoger a alguien como Henry Kissinger. Abundan las películas y los libros sobre él. Como alternativa, puede intentar recordar al mejor negociador con quien haya tratado el pasado año. Para ese fin, identifique a la persona que mejor ilustra los principios de la negociación presentados en este libro.

Ahora trate de identificar cómo se preparó esa persona para negociar. ¿Qué límites fijó? Escriba ejemplos de dos ocasiones en que el negociador escuchó realmente su punto de vista. Escriba dos ejemplos de una comunicación clara. ¿Puede identificar por lo menos una ocasión en que se haya utilizado el botón de pausa? ¿Quizás escuchó una frase como "Volvemos a repasar este punto para estar seguros de que nos entendemos"?

Puede estudiar a alguien que no le agrada o que no respeta como negociador. Analice el desempeño de esa persona. ¿Qué podría modificar para ser un mejor negociador? ¿De las seis destrezas, ¿cuáles maneja bien, no obstante su opinión negativa de ella?

La segunda categoría puede ser un socio de negocios, un colega o hasta uno de sus hijos; cuanto más joven, mejor. Cuanto más joven el niño, más puro el enfoque. Observar a un niño negociar es fascinante y usted le puede prestar un servicio al niño si le explica la importancia de la honestidad y de cumplir los compromisos. Hasta que lo intentan, muchas personas creen que es broma nuestra sugerencia de estudiar a sus hijos.

Adoptar a un héroe

Escoja por lo menos una persona, viva o muerta, cercana o lejana, a quien admira de verdad. Haga seguimiento a la carrera de esa persona. Observe a la persona subir y caer. Si la persona está muerta, puede convertirse en experto en esa persona leyendo todo lo que encuentre sobre ella. Escoja a alguien que le interese realmente. Las personas exitosas son siempre negociadores exitosos. Compare las hazañas de esta persona con las lecciones de negociación en este libro.

Las personas exitosas tienen los mismos problemas personales y financieros que usted. A veces su escala de los problemas es mayor, pero con frecuencia son similares a los suyos. Puede aprender mucho sobre su propia vida manteniendo la vista fija en alguien que admira (sea un deportista famoso, un gurú de los negocios, un artista, un político o un sacerdote).

Involucrar a su grupo de apoyo

Los seres humanos en quienes más confía para obtener amor, apoyo y comprensión son su grupo de apoyo. Son las personas que usted más quiere y que más lo quieren. Para la mayoría de nosotros, este círculo íntimo incluye a los padres, al cónyuge y a los amigos. También puede establecer vínculos con personas con las que persigue un objetivo común y crear un grupo de apoyo para la superación personal.

Las personas en régimen de adelgazamiento y las que están intentando dejar de fumar saben del valor para el logro de sus objetivos de las reuniones periódicas con un grupo de apoyo formal.

La película *The Firm* contiene una excelente frase que siempre recordaremos. Tom Cruise hace el papel de un joven abogado que se vincula con una firma de abogados grande y corrupta. Por un tiempo la ambición le impide enfrentar la verdad, pero al final comparte con un amigo lo que sabe y le confiesa: "Cuando se lo digo a mi esposa, en ese momento sé que es real".

Comparta las siguientes secciones de este capítulo con su grupo de apoyo. Podría involucrar a los demás en el divertido trabajo de convertirse en un negociador de fama mundial. Con el tiempo, cuando esté disfrutando los frutos de su labor, ellos podrían agradecerle el hecho de haberlos involucrado.

Ejecutar las actividades sugeridas en este libro

Ubique los íconos de Actividad que se encuentran de principio a fin en el libro. Estos íconos indican películas y libros que ilustran un punto que ha sido abordado en un capítulo o sección en particular. Los íconos de Actividad señalan juegos y ejercicios que desarrollan una destreza o le ayudan a fijar su atención en un aspecto específico de la negociación. Estas actividades constructoras de destrezas pueden ser tan pasivas como sentarse en un aeropuerto a observar el lenguaje corporal, o tan activas como los juegos que involucran a los amigos y familia.

Si está planeando una fiesta de cumpleaños para su hijo o hija, algunos de los juegos en este libro son adecuados. Hemos utilizado el juego del teléfono roto (se susurra un mensaje al oído de una serie de personas) tan exitosamente en una fiesta infantil como en un seminario de negociación. Realizar las actividades de este libro es una manera divertida y variada de desarrollar sus destrezas como negociador.

Ver algunas películas y leer algunos libros

Creemos firmemente en el valor de algunas películas y libros como herramientas didácticas. En este libro se mencionan algunos para ilustrar temas específicos. La película *El mago de Oz*, por ejemplo, va acompañada de un ícono de Actividad y se recomienda para ilustrar cómo hacerles frente a los individuos intimidantes que encontramos en el camino de la vida. También hay muy buenos libros sobre negociación.

Mantener a la mano la lista de las seis destrezas básicas de la negociación

Mantenga a la mano la lista con los seis componentes básicos de la negociación. Que esa lista le sirva de recordatorio constante para que observe la distancia emocional necesaria en cada momento de la negociación.

No se preocupe de que la parte contraria en la negociación vea su lista. Si su contraparte también utiliza esa información, la negociación se desarrolla sobre ruedas y se llega a un acuerdo más rápidamente. Nosotros percibimos la negociación como un deporte de competición. Es mucho más satisfactorio jugar con alguien que es tan bueno o mejor que usted. El propio juego mejora y los resultados a menudo son mejores para todos.

Evaluarse después de hacer una negociación

La evaluación personal es una de las actividades más importantes luego de cualquier negociación, poco importa cuál haya sido el resultado.

Piense en la negociación más satisfactoria en que haya participado. Revise cada paso dado. Piense qué hubiera podido hacer de otra manera y en las consecuencias de haberlo hecho así. Este ejercicio puede parecerle una ensoñación, pero dedicarle unos minutos mientras esta en un embotellamiento de tránsito o en la ducha puede mejorar su desempeño la próxima vez.

Evaluar las negociaciones que no salieron bien le ayuda a descubrir lo que salió mal. Talvez se dé cuenta de que hubiera sido mejor no cerrar el trato. Con frecuencia un problema durante la negociación es un indicio de que pueden surgir problemas mayores si se cierra el acuerdo. La evaluación es igualmente importante con las negociaciones exitosas que con las negociaciones fallidas. Hasta en un juego ganador hay lugar para mejorar; además, evaluar un juego ganador es mucho más divertido.

Saber más que cualquiera en su campo

No importa cómo se gane la vida, asegúrese de que no haya nadie en el mundo que sepa más del tema que usted. Comience hoy mismo a convertirse en el mejor. Es importante lo que hace. Es valioso lo que hace. Lo que hace les ayuda de alguna manera a sus congéneres. No ponga en duda que la Tierra es un mejor lugar gracias a la contribución que usted está haciendo.

Recordamos el picapedrero que trabajaba largas, duras y solitarias horas en la cantera. El dinero que llevaba a casa apenas era suficiente para que su familia viviera. Trabajaba penosamente en cualquier clima. Nunca faltó al trabajo. Cortaba cada piedra con precisión. Siempre estaba de buen ánimo. Cuando se le preguntaba qué le ayudaba a seguir, decía: "Estoy construyendo una catedral". Identifique la catedral que está construyendo y no olvide que el trabajo que está haciendo es valioso.

Tomar conciencia de la finalidad mayor del trabajo que realiza le aporta la inspiración necesaria para convertirse en el mejor en su campo. Eso es cierto independientemente de cuán rutinario pueda parecerle su trabajo. La mayoría de los trabajos requieren negociación frecuente en torno al mismo tipo de transacciones, una y otra vez. Mantenga un buen registro de los resultados de estas negociaciones y evalúelos. No intente confiar en la memoria. Pronto tendrá un banco de datos que le dará la ventaja en la próxima negociación.

Ser un mentor

Un *mentor* es un maestro, un entrenador y un soporte de alguien que es su subalterno en la misma profesión, con frecuencia alguien que está comenzando. Siempre haga tiempo para ayudarles a los demás en el camino hacia arriba.

En la medida en que le ayuda a otra persona a crecer, usted mismo crece. Refuerza sus destrezas mientras se oye compartirlas con otros.

Lo animamos a dar un vistazo en su lugar de trabajo. Busque a alguna persona con talento, interés y entusiasmo. Haga lo necesario para estar siempre disponible para esa persona, para responder sus preguntas, en cualquier momento. Cuando lo considere adecuado, llévela con usted a sus citas claves. Todos necesitamos un mentor. Sus propias negociaciones se beneficiarán tanto como las de la persona a quien ayude.

Capítulo 19

Diez rasgos de personalidad de los mejores negociadores

En este capítulo
► Cómo reconocer las cualidades de un gran negociador
► Cómo desarrollar esas cualidades usted mismo

Al inicio de nuestros seminarios de negociación, les preguntamos a los participantes qué resultados quieren lograr después del curso. Invariablemente, la gente dice que necesita tener más confianza en sí misma, o ser más firme y enérgica o más paciente. Muchas veces, al relatar incidentes específicos, resulta evidente que esas personas sienten que fueron vencidas o maltratadas en una negociación reciente. No quieren imitar al bravucón ni al gritón, pero vieron que esa persona logró resultados. Nos preguntan qué rasgos de personalidad necesitan tener para fomentar o lograr resultados más positivos. Aquí le presentamos una lista.

Nadie tiene todos los rasgos mencionados en este capítulo. Al revisar la lista, encuentre aquellos que se aplican a usted y desarróllelos más. Identifique las cualidades que usted cree que están totalmente ausentes de su personalidad y trabájelas para mejorar su manera de negociar y su vida.

Pueden servirle todas las cualidades personales que cubre este capítulo, ya sea una persona tímida o extravertida, una persona nerviosa o la persona más tranquila del mundo. Los que hablan rápido, los que hablan despacio y cualquier persona puede en general beneficiarse si perfeccionan estas cualidades. Puede perfeccionarlas tan plenamente como quiera, a su ritmo y a su manera.

Nunca es demasiado tarde para mejorar. No llegará a ningún lado culpando a sus padres, la educación que le dieron o su entorno. Darse cuenta es el primer paso. Puede robustecerse y asimilar a cualquier edad las lecciones de la vida. Como padre, es posible fijar objetivos para los hijos, moldear su comportamiento, estimularlos y reforzar los comportamientos positivos. En pocas palabras, es posible entrenarlos para ser excelentes negociadores.

Empatía

Ponemos la empatía en el primer lugar en nuestra lista por una razón: la *empatía* es la capacidad de participar de los sentimientos o ideas de otra persona, de ponerse en el lugar del otro. Esta es la base de una comunicación exitosa y un rasgo necesario en los grandes negociadores. La capacidad de demostrar empatía cuando alguien se lastima es una aptitud que se desarrolla y es perceptible a los tres años de edad. Pero sin educación o refuerzo, esa capacidad no se conserva ni se pone en práctica. El bravucón o el gritón en su negociación puede no ser una mala persona, pero es posible que nunca haya desarrollado la capacidad de comprender cómo se siente la persona que es objeto de los gritos.

Usted puede mejorar su habilidad para reaccionar con empatía escribiendo una lista de comportamientos, valores y metas con los que podría no estar de acuerdo pero que puede admitir en los demás. Junto a cada comportamiento, escriba: "Entiendo que otras personas puedan tener estos sentimientos".

Es imposible desarrollar algunas de las características mencionadas en este capítulo sin antes haber perfeccionado el sentido de la empatía. La empatía es el fundamento de las negociaciones gane-gane (abordadas en el capítulo 15). La empatía le ayuda también a conservar su identidad mientras se expone a las opiniones y emociones de los demás, pues le permite reconocer las diferencias entre usted y sus interlocutores. Usted preserva sus sentimientos y opiniones, al tiempo que comprende los sentimientos y opiniones de los demás.

Respeto

El respeto sigue de cerca a la empatía. Primero, debe respetarse a sí mismo y respetar los límites que se fija. Sólo entonces estará en capacidad de respetar o considerar dignos a los demás y los límites que ellos se fijan. Respetarse a sí mismo es otra manera, más específica, de expresar confianza en sí mismo. Hay veces que puede irradiar autoestima a pesar de los nervios que lo tensionan. El respeto por sí mismo es un prerrequisito para sentirse motivado. Necesita logros para su propia satisfacción, no para complacer a nadie más.

El respeto es recíproco en las negociaciones: si lo da, es mucho más probable que lo reciba. Si es necesario, sea el primero en demostrar respeto. Una buena manera de mejorar este aspecto es escuchar a la gente mirándola directamente a los ojos. Escuche con atención las buenas ideas y los pensamientos que tengan sentido, y elogie a la fuente. Con frecuencia, el respeto sigue al conocimiento. Cuanto más sepa de una persona, más probable será que la respete.

Integridad personal

Con *integridad personal* nos referimos a la honestidad y a la confiabilidad. Que "la honestidad es la mejor política" es cierto en todas las esferas de la vida. Siempre recordamos aquel dicho humorístico: "Si no miente, no tiene que recordar lo que dijo". La honestidad y la confiabilidad son necesarias para que los demás depositen su confianza en usted durante una negociación. Se le considerará entonces una persona con quien se puede contar. ¿Cómo puede desarrollar esa cualidad ahora mismo?

✔ Observe las reglas de la sociedad, hasta las menos importantes.

✔ Respete los acuerdos consigo mismo y con los demás. Si promete llegar a las 9, llegue a las 9 y ni un minuto más tarde.

✔ Nunca tergiverse nada en una negociación. Es perfectamente aceptable no responder una pregunta o no revelar determinada información; mentir no lo es.

Justicia

Ser justo es otro rasgo cuya base es la empatía. Usted tiene que creer que las necesidades y los deseos de las otras personas deben ser considerados, al igual que los suyos. Ser justo no significa tratar a todos igual. Si ha criado hijos o administrado personal, ya sabe que lo que es justo para una persona puede no serlo para otra. Una persona puede requerir sólo una mirada severa para saber lo que usted desea; otra puede necesitar que le expliquen las cosas muchas veces y de muchas maneras.

Para desarrollar la capacidad de ser justo, reflexione sobre sus objetivos y los de la otra parte en la negociación. Identifique las áreas de acuerdo y las que requieren concesiones. Mantenga siempre presente las capacidades y la experiencia de la persona con quien está tratando.

Paciencia

Tener paciencia implica soportar molestias calmadamente y sin quejarse. Es la capacidad de tolerar la frustración y la adversidad en el camino hacia el logro de sus objetivos, sin rendirse. Esta cualidad le permite perseverar en medio de la adversidad. Debe saber que las desilusiones y las derrotas son parte del proceso de lograr el éxito. Todos crecimos escuchando esas sabias palabras que dicen "Si no triunfas la primera vez, inténtalo una y otra vez". Es absolutamente cierto. Que su campo sea el deporte, la música, la ciencia o el que sea, enfrentar las negativas es parte de lograr un "Sí". Todas las personas exitosas saben que es parte de la vida verse aplastado, rechazado, negado y marginado. El éxito les pertenece a quienes perseveran sin rendirse.

Para desarrollar la paciencia, examine su pasado y vea cuanta paciencia y perseverancia ha demostrado. Recuerde un objetivo que tuvo hace años y que pensó que sería imposible de realizar. Reconozca que ahora lo ha alcanzado y superado. El objetivo puede haber sido un ingreso anual específico, una relación satisfactoria o el respeto de su comunidad.

Si lee biografías de personas ilustres, le sorprenderá descubrir con cuánta frecuencia se les predestinaba a no ser exitosas. La paciencia les permitió perseverar contra todas las probabilidades.

Responsabilidad

Ser responsable significa dar muestras de confiabilidad y seriedad. Ser responsable significa aceptar las consecuencias ya sea que se realicen o se descuiden las tareas. Ser responsable no quiere decir que usted no cometa errores; pero sí significa que los corrige cuando se da cuenta de que los ha cometido.

Una manera de mejorar en este aspecto es despejar el terreno. Este ejercicio le permite asumir todos los pequeños (o grandes) problemas que usted haya causado y así tener la vía libre para seguir alcanzando sus metas. Por ejemplo:

✔ Pedir disculpas por hablarle groseramente a un colega, a un empleado, a su cónyuge o a un hijo.

✔ Ir a la escuela de conducción o pagar la multa cuando comete una infracción de las reglas de tránsito.

✔ Llenar un formulario o una solicitud que ha estado postergando.

✔ Ordenar un montón de papeles que ha querido archivar.

✔ Cumplir con todas las citas en su agenda.

Flexibilidad

La *flexibilidad* es la capacidad de manejar con suficiencia y prontitud situaciones y dificultades inesperadas. Si un enfoque no funciona, es capaz de intentar otro. Los problemas de la vida y los problemas de la negociación se perciben como retos por superar.

Cuando esté en plena lucha contra un problema, haga una lluvia de ideas de las posibles soluciones. Haga caso omiso de la vocecita al interior de su cabeza que le dice: "No, no puedes hacer eso". Después, determine las consecuencias de cada acción. Escoja la solución que más lo acerque a su objetivo.

La flexibilidad es esencial para el cierre de un trato que satisfaga a ambas partes y sea ejecutable en el mundo real. Debe ser flexible en la negociación para hacer coincidir sus metas y necesidades con las metas y necesidades del otro.

Sentido del humor

Tener sentido del humor implica buscar lo cómico en una situación que parece seria; es la capacidad de percibir, apreciar y expresar lo gracioso o cómico. Es buscar el humor en la adversidad para seguir persiguiendo la solución, en lugar de culpar a los demás. Un requisito del sentido del humor es el respeto por sí mismo y la flexibilidad para percibir de manera creativa una situación imperfecta.

Para desarrollar esta característica, piense en el último error que cometió en una negociación, ya sea con su cónyuge, su colega o su cliente, tome distancia e intente ver el humor en cualquier aspecto de esa negociación.

Autodisciplina

La *autodisciplina* está al centro de la capacidad de vivir una vida independiente y autónoma. Si tiene autodisciplina, no necesita a nadie que lo empuje para motivarlo. Tiene una fuerza interna que lo impulsa en dirección a sus objetivos, y las recompensas vienen de su interior y no de la ayuda de los demás. Esta es otra manera de hablar de la cualidad de diligencia, que consiste en abordar las cosas con seriedad. Cuando hablamos de seriedad no nos estamos refiriendo a nada sombrío o sin gracia. Si desea ser un gran negociador, asuma la tarea con alegría, optimismo, energía y un plan; sea serio en cuanto al logro de sus objetivos, conservando su sentido del humor.

Elabore un plan y sígalo. Eso es autodisciplina. Viva la vida como si su vida dependiera de ello, porque así es. Marco Aurelio dijo: "Realice cada acto de su vida como si fuera el último".

Resistencia

La *resistencia* es la capacidad de seguir adelante cuando los demás se han quedado a mitad del camino.

Para aumentar la resistencia, haga lo siguiente:

✔ Coma bien.

✔ Tome vitaminas.

✔ Duerma lo suficiente y bien.

✔ Intente lograr el equilibrio entre el trabajo y la diversión.

La resistencia es el sello del gran negociador. No puede ganar el partido si no tiene la resistencia necesaria para seguir jugando.

Capítulo 20

Diez errores comunes en la negociación

● ●

En este capítulo

▶ Errores estratégicos

▶ Preocupaciones y distracciones

● ●

Cada uno de los errores que se enumeran en este capítulo se discute con mayor detenimiento en otro lugar en este libro. Algunos se examinan en más de un lugar porque cualquier error tiene más de una repercusión. Este capítulo es un breve repaso de las diez "metidas de pata" que generan más preguntas en nuestros seminarios de negociación.

Al inicio de cada seminario les pedimos a todos los participantes que se presenten y mencionen el aspecto más importante que desean tratar. Al final de los seminarios les pedimos que nos digan en qué aspecto van a esforzarse más. Mantenemos registros del comienzo y el final de los seminarios. Registramos el inicio con especial cuidado porque utilizamos esa información a lo largo del día.

Hemos preservado esta valiosa información a través de los años. Estos datos son la mina de oro que sirvió de base a este capítulo. Si quiere aprender de los errores ajenos y descubrir ciertas cosas que no son errores, este es su capítulo.

Comenzar a negociar sin estar preparado

Comenzar a negociar sin estar preparado es tal vez el peor error que puede cometer. Nunca hay una razón lo suficientemente poderosa para comenzar a negociar antes de estar listo. Evitar hacerlo es particularmente difícil si es precisamente su cliente quien insiste en que comience a negociar. Él paga los gastos y sus honorarios; quiere obtener resultados. Es difícil decirle: "No, necesito más tiempo antes de comenzar la negociación".

No importa con quién esté negociando, no comience las conversaciones hasta que esté listo. Si lo llama la contraparte, diga la verdad: que aún no está preparado. Aproveche la oportunidad, sin embargo, para averiguar la posición de la contraparte en el negocio.

Aun si la contraparte no desea revelar su posición, usted puede preguntar sobre los antecedentes del negocio. A menudo la gente que no desea manifestar su posición ofrece gustosa su versión de la historia de esa negociación. Esto es cierto especialmente si usted es el negociador designado de otra persona. El abogado, los agentes y el corredor de bienes raíces por lo general conocen los antecedentes del negocio y están dispuestos a transmitirlos. Escuchar es una excelente manera de dilatar si aún no está listo para negociar.

Negociar con la persona equivocada

Verifique siempre que esté negociando con la persona correcta desde el principio. Aun si conoce a la persona al otro lado de la mesa de negociación, debe comenzar por cerciorarse de que tenga la autoridad necesaria para cerrar el trato. Si la tiene, usted está con la persona correcta. En un contexto empresarial, su interlocutor en una negociación por lo general tiene superiores en la jerarquía empresarial. Eso no siempre significa que un superior es la persona adecuada para negociar. De hecho, negociar con un ejecutivo que está a un nivel o dos más arriba de lo que exige el trato en discusión puede ser peor que negociar con alguien que está demasiado abajo en el organigrama. A los ejecutivos más altos les puede faltar conocimiento de los pormenores necesarios para cubrir todos los detalles de la negociación.

Aferrarse a una posición

Cuando usted se aferra a una posición, insiste en una solución determinada y se cierra a cualquier otra sugerencia. Cree que la solución tiene que ser la que usted ha puesto sobre la mesa de negociación o, de lo contrario, el acuerdo no puede funcionar. Cuando se aferra a una posición, arruina el proceso de negociación. Además, hace el ridículo. Rara vez es cierto que la única solución posible es la que usted sugiere al inicio de la negociación.

Algo más difícil ocurre cuando es la parte contraria en la negociación la que se aferra a una posición determinada. Eso ocurre por falta de preparación, porque no ha pasado por el proceso de fijar límites. Usted tiene dos opciones:

✔ Ayudarle, con delicadeza, a prepararse.

✔ Darle un ejemplar de este libro, con las páginas clave señaladas.

Desde luego, nosotros le recomendamos con entusiasmo la segunda sugerencia. Pero si el tiempo no lo permite, relájese, estírese un poco y diga algo así: "Me pregunto si contamos con la misma información". Después, comience a hablar sobre los antecedentes de la negociación. Se trata de un intercambio de temas; la idea es poner al otro al corriente. Para lograrlo, tiene que hacer lo siguiente:

✔ Renuncie a su ego.

✔ Renuncie a su asalto frontal.

✔ Renuncie a cualquier esfuerzo de persuadir.

✔ Conviértase en maestro, una persona amable que comparte sus conocimientos sobre la historia y los antecedentes de la negociación.

Una vez que abra su mente a la otra parte, comienza una negociación inteligente. No es seguro que obtenga lo que quiere, pero al menos aumenta la posibilidad de llegar a un acuerdo negociado, pues estará tratando con alguien que escucha, con alguien que está abierto a la negociación.

Sentirse impotente durante una sesión de negociación

Cuando mencionamos este tema como un error en la negociación, al comienzo recibimos muchas críticas. Dejamos que los participantes de nuestros seminarios lo discutan. A menudo alguien expresa nuestro punto de vista.

Sentirse impotente durante una sesión de negociación es un error

porque _____

_____

¿Puede llenar este espacio? Hay una razón precisa para que sentirse impotente durante una sesión de negociación no sea una condición del estado de ánimo; no la dictan las circunstancias; no es algo que usted tiene que soportar. Es un error. Si ese sentimiento comienza a afianzarse, tiene que apretar el botón de pausa (capítulo 6). Haga una pausa en la negociación para tratar de entender por qué se está sintiendo así. No siga negociando.

Cuando se siente impotente en una sesión de negociación, casi siempre es porque le falta preparación. Entrénese para oír tales sentimientos como una campana que anuncia el recreo. Haga una pausa. Ordene sus pensamientos. Piense en soluciones. Incluso puede decir: "Sabe, me deja perplejo. Voy a tener que pensarlo un poco más". Si la negociación tiene que ver con una crítica de su jefe sobre algún aspecto en su área de responsabilidad, pero no está seguro de la respuesta, diga: "No estoy listo para esta conversación en este momento, pero podemos retomarla esta tarde". O diga: "Necesito conseguir más información sobre este tema".

Preocuparse por perder el control de la negociación

Nos parece que el gran error relacionado con la pérdida de control suele ser la idea misma de que perder el control es un error.

Es un problema de percepciones. En opinión nuestra, la negociación no tiene nada que ver con el control. Tiene que ver con trabajar juntos para encontrar la mejor solución al problema que nos ocupa. Tiene que ver con dar y recibir, entre dos partes que están intentando resolver sus diferencias. Tiene que ver con avanzar en la vida hacia objetivos cuidadosamente estudiados y valorados por ambas partes. Tiene que ver con la construcción de relaciones.

Por lo tanto, si le preocupa su tendencia a perder el control en una negociación, pregúntese por qué ese es un tema tan importante para usted. Si el problema radica en la pérdida de control personal y siente que podría llegar a recurrir a la violencia, sin duda el tema merece reflexión. Sin embargo, si lo que le preocupa es estar perdiendo el control de una negociación, la pregunta es: "¿Por qué cree que debe tenerlo en todo momento?"

Talvez tema que la otra parte pueda pisotearlo. Si es el caso, primero que todo debería reconsiderar por completo la posibilidad de hacer negocios con esa persona; talvez debería estar hablando con una persona diferente. Segundo, no tiene nada que temer si fija sus límites (capítulo 4) y está decidido a respetarlos.

Apartarse de las metas y los límites que fijó

Con demasiada frecuencia la gente comienza con una serie de límites y metas y, después, a medida que progresa la negociación, los abandona. Sin pensarlo realmente, reduce las metas y aumenta los límites. Con el tiempo, comienzan a desviarse. Son personas susceptibles al *arrepentimiento del comprador,* esa sensación de ansiedad al día siguiente de haberse comprometido con un negocio. El arrepentimiento del comprador es parecido a la resaca. Viene de intoxicarse con el trato y de hacer caso omiso de los límites y las metas iniciales.

La mejor manera de evitar perder de vista los límites y las metas es anotarlos. Haga que sus apuntes lo guíen. Cambiarlos está bien, siempre y cuando sea consciente de ello.

Preocuparse demasiado por la otra persona

La negociaciones gane-gane no implican que las personas con quienes negocia tengan que obtener siempre todo lo que buscan. Infortunadamente, muchas personas inseguras se sirven del lema gane-gane para justificar el hecho de no cuidarse a sí mismas. Debe fijar sus límites y metas y luchar por ellos hasta el final (parte II). La otra parte debe hacer lo mismo (y normalmente lo hace).

Sí precisa negociar con respeto e inteligencia. Antes de cerrar el trato, haga una pausa y asegúrese de haber logrado buena parte de lo que se propuso lograr, de que su oponente haya obtenido un beneficio razonable con la transacción, de que el arreglo que está a punto de cerrar sea aplicable para ambas partes en el mundo real; en pocas palabras, asegúrese de que sea una situación en que ambas partes ganen. En el capítulo 15 encontrará detalles sobre la negociación gane-gane.

Ocurrírsele "la respuesta precisa"... pero al día siguiente

Le ocurre a todo el mundo, desde el presidente hacia abajo: nadie puede decir siempre lo adecuado en el momento adecuado, excepto en el cine. La vida no es cine. No es ni siquiera un buen programa de televisión. La vida se improvisa y no se ensaya. Cuanto mejor preparado esté, mayor es la posibilidad de que se le ocurra decir lo adecuado en el momento adecuado. Pero hasta a las personas mejor preparadas se les ocurren mejores cosas tras cierta reflexión. El único error aquí es creer que ha cometido un error. Deje de ser tan exigente consigo mismo.

Lo importante no es ser listo sino ser claro en las comunicaciones. Ser listo es divertido, hace que se sienta bien, puede ser satisfactorio. Pero las comunicaciones claras prevalecen. Si al día siguiente se despierta con la sensación de no haber sido lo suficientemente claro, no resulta difícil aclarar lo dicho. Simplemente comience la siguiente sesión con una aclaración. Infortunadamente, no puede abrir la próxima sesión de negociación con el anuncio de que se le ocurrió un insulto inteligente. Eso no funciona.

Culparse por los errores de los demás

Cuando las cosas salen mal, muchas personas se culpan a sí mismas aunque el problema no sea culpa suya. No caiga en la tentación. Si usted tiende a culpabilizarse por los males del mundo, pregúntese por qué lo hace. Creemos que esta tendencia tiene mucho que ver con la baja autoestima.

No concentrarse en el cierre de la negociación

Este error está emparentado con el de preocuparse demasiado por la otra persona. Mantenga en mente todo el tiempo las seis destrezas básicas de la negociación. Muchas personas tienden a olvidar que deben estar pensando en el cierre desde que se enteran de la posibilidad de hacer una negociación específica. Cada aspecto del cierre recibe el impulso de la preparación para la negociación, de las metas y los límites que fija y del proceso de negociación como tal. Centre su atención en el cierre a lo largo de cada uno de los pasos de la negociación.

Cada momento adicional que dure una negociación es un momento en que puede surgir algo que afecte negativamente las conversaciones. No estamos diciendo que deba apresurarse a cerrar, ni que deba cerrar la negociación antes de estar preparado para ello. Simplemente que tenga presente el cierre todo el tiempo. Está en una negociación para lograr ciertos objetivos; cuando esos objetivos estén al alcance, láncese.

Índice

• A •

abogado, honorario condicional, 295
aburrimiento, indicadores del lenguaje
    corporal, 200
actuar con confianza, 121
afecto, como valor de la familia, 22
afirmaciones condescendientes, 242
Alemania, apretón de manos, 195
amor, como valor en la familia, 22
análisis de necesidades, 34
aprecio, como valor de la familia, 22
apretón de manos
    negociaciones internacionales, 195
    saber estrechar, 195
arrepentimiento del comprador, 323
autodisciplina, rasgo de personalidad, 324
autoevaluación, 317

• B •

bajón de energía como obstáculo al escu-
    char, 143
barreras
    al cerrar el trato, 302
    al escuchar, 141-145
    claridad, 219-220
    culturales, 227
    temor al rechazo, 219
    temor de herir a otras personas, 219
botón de pausa, 110-115
    concesiones, 109
    consultar con alguien en posición
        superior, 107
    control de información, 108
    definición, 105-106
    divorcio, 113
    ira, 118
    presión, 110
    saber cuándo hacer una pausa, 108-110
    sensación de impotencia, 327-328
    situaciones estresantes, 130
    toma de apuntes, 107
    venta de objetos con valor sentimen-
        tal, 115
bravucón, superar tropiezos con un, 271-
    272
brazos, lenguaje corporal, 184

• C •

cambio constante de posición, 278
"cara de póquer", 184
carta de conclusión al retirarse de una
    negociación, 287
celebraciones, tras el cierre de un nego-
    cio, 307
cerebro humano, 176-177
cerrar un trato, 292-308
    ámbito internacional, reflexiones, 294-
        296, 307
    barrera del temor al rechazo, 219
    barrera del temor de herir a los demás,
        219
    barreras culturales, 227
    contratos escritos/contratos verbales,
        293
    definición legal, 292
    en dos idiomas diferentes, 294
    en familia, 305-306
    estrategias, 299-300
    Japón, 295
    lenguaje corporal adecuado, 201-202
    Medio Oriente, 295
    momento adecuado para, 296-297
    objeciones que devuelven al punto de
        partida, 304
    ofertas/contraofertas, 293
    personas que saben cerrar negocios,
        297-299
    responder objeciones con preguntas,
        303

saber cerrar, 297-301
seguimiento, 307
superar las objeciones, 302-304
vinculación, 300-301
claridad, cociente de, 212-213
comunicaciones escritas, 216-218
confusión recíproca, 224
consejos para expresarse claramente, 195-225
cuándo decir "no", 220
cumplir compromisos, 215
definición, 209-211
distracciones, 220
enfoque P.R.E.P. (punto, razón, ejemplo, punto), 210
factores determinantes en el ámbito internacional, 226-227
guiar a los demás hacia la claridad, 233-234
inventario de claridad, 211-213
obstáculos, 209-227
palabrería, 215
propósito/fijar metas, 214
tomar apuntes, 211
colaborador pasivo-agresivo, 124-126
colegas
el colaborador pasivo-agresivo, 124-126
el idiota de la oficina, 123-124
comidas, modales, 74
competencia, investigar a la, 36
competencia, retiro de la negociación, 285
comportamiento manipulador, niños, 48
comprador con prejuicios, superar los tropiezos, 276
compromiso
claridad del, 215
definición, 18
comunicación
barreras culturales, 227
claridad, 209-227
claridad de la palabra escrita, 216-218
cómo enredar las comunicaciones, 244-245
efectos de la falta de claridad, 222-226
énfasis por medio de lenguaje corporal, 191-192
negociaciones telefónicas, 247-256
saber escuchar (entre ambos sexos), 153-154
comunicaciones confusas, 244-246
concesiones, hacer una pausa previa, 110
confianza, como valor en la familia, 22

confianza, expresarla con el lenguaje corporal, 201
confusión recíproca, efecto de la falta de claridad, 224
conocimiento
análisis de necesidades, 34
preparación de las negociaciones, 32-44
contexto
control, 59-65
disposición de los puestos en la mesa, 61-62
entorno de la negociación, 62
plano de la sala de negociaciones, 63-64
terreno propio, 60
tropiezos, 284-288
contraofertas/ofertas, 293
contratos
competidor se retira de una negociación, 285
en dos idiomas, 294
verbales/escritos, 293
conversadores simultáneos, 127
cónyuge, visión del, 20
córtex cerebral, cerebro humano, 176
crecimiento intelectual, 313
cuándo decir "no", 220
cuidado personal, 312-313

• Ɒ •

declaración de visión, 16-18
desaliento, en la negociación, 121-122
desarrollar destrezas, 316
disparadores, temas candentes, 117-133
disposición, puestos en la mesa de negociación, 61
disputas, apaciguar, 131
distracciones, obstáculos para la claridad, 220
directrices
apertura de una reunión, 71
colaboradores pasivo-agresivos, 124-125
en cuanto al modo de vestir, 68-70
expresión de entusiasmo, 120-121
orden del día escrita, 65-66
pasos para fijar límites, 84-86
saber escuchar (en el lugar de trabajo), 145
situaciones agobiantes, 127-129
traductores (intérpretes), 72

divagadores, 126
divorcio, reflexiones sobre el botón de pausa, 113
dominadores, 126

• *E* •

educación, como valor de familia, 23
empatía, rasgo de la personalidad, 320
énfasis, lenguaje corporal, 191-192
enfoque P.R.E.P. (punto, razón, ejemplo, punto), 210
entorno negativo, 283-284
entusiasmo, expresar, 120-121
errores al negociar
    arrepentimiento del comprador, 329
    comenzar sin estar preparado, 325-326
    culparse por los errores ajenos, 330
    desconcentración en el cierre, 331
    "la respuesta precisa", 330
    negociación a partir de posiciones, 326-327
    negociar con la persona equivocada, 326
    perder de vista metas/límites, 329
    preocupación por pérdida de control, 328
    sensación de impotencia, 327-328
escucha (saber escuchar), 137-148
    aclarar palabras relativas, 157-159
    barreras, 141-145
    contar hasta tres antes de responder, 151
    hábito como barrera, 144
    hacer preguntas, 159-166
    hombres/mujeres, 153-155
    ideas preconcebidas como barrera, 144
    índice de interrupciones, 139
    luchar contra la jerga, 156
    mecanismo de defensa como obstáculo, 141
    nervios (falta de confianza en sí mismo), 141-143
    no esperar aportes valiosos de otras personas, 145
    organizar el desorden, 149-150
    paráfrasis, 138
    patrones de comunicación alrededor del mundo, 147-148
    posturas corporales que indican atención, 152

sondear para obtener respuestas, 155
subir en la escala corporativa, 145
"sí, pero...", 142
suposiciones, 162-164
tomar apuntes, 151
espacio personal, lenguaje corporal, 194-195
estrategias masculinas para lograr que una mujer escuche a un hombre, 241-243
estrategias femeninas para lograr que un hombre escuche a una mujer, 235-241
evasivas, 237
expresiones faciales
    "cara de póquer", 184
    lenguaje corporal, 184

• *F* •

familia, factores relacionados
    alejarse de una relación, 289-290
    botón de pausa, 107
    consecuencias de no fijar límites, 82
    fijar límites con los niños, 80
    fijar objetivos "hasta que la muerte los separe", 97
    la regla de las diez de la noche, 68
    lenguaje corporal, 190
    proceso de fijar prioridades, 66
    retirarse de una negociación personal, 89
familiar, declaración de visión
    lista de actividades, 21
    lista de valores, 22-23
    negociaciones, 21-24
    objetivo, 21
    plan quinquenal, 24-26
fanfarronada, lenguaje corporal, 204-206
fijar objetivos, 1, 91-101
    a largo plazo/a corto plazo, 98
    buenos objetivos, 92-98
    claridad, 213
    específicos/generales, 95
    importancia de, sopesar, 96-97
    límite en el número, 95
    objetivo y proyecto de vida, distinguir entre, 92
    oferta de apertura, 98-101
    tallados en piedra, 101

flexibilidad, rasgo de la personalidad, 323
fuentes de conocimientos sobre el valor
    de un producto o servicio, 34-39
    biblioteca, 36
    competencia, 36
    información especializada, 37
    informes al consumidor, 35
    investigación cultural, 55-56
    preguntas, 37
    reflexiones sobre el ámbito internacio-
      nal, 54-55
    servicios de Internet, 35

• *G* •

gente que se sale por la tangente, 233
gestos de ira, lenguaje corporal, 203
gritar/levantar el tono de la voz, 244-245
guardianes, 247-249

• *H* •

héroes, adoptar, 314-315
hombres
    compartir antes de decidir, 242
    crear vínculos mediante juegos compe-
      titivos, 238
    escuchar a las mujeres, 153
    evitar manifestaciones de emoción, 243
    humanizar el contacto compartiendo
      anécdotas personales, 242
    lograr que una mujer los escuche, 241-
      244
    observaciones condescendientes, 242
    saludos (a las mujeres), 195
    saludos (a los hombres), 195
hombres/mujeres, consideraciones de
    género
    escuchar, 153-155
    evitar insinuaciones sexuales, 243
    hombres que logran que una mujer los
      escuche, 241-244
    índice de interrupciones, 139
    intuición femenina,173
    lenguaje corporal, 188-189, 201
    mujeres que logran que un hombre las
      escuche, 235-241

mujeres/hombres como negociadores,
    43
preocupación femenina por el bienes-
    tar del otro, 263
primer contacto (lenguaje corporal),
    195
tocarse, 196
ventajas/desventajas de las mujeres al
    hablar por teléfono, 253
voz interior, 173
honestidad, como valor en la familia, 23

• *I* •

ideas preconcebidas, 144
independencia financiera, como valor en
    la familia, 22
indicadores
    aburrimiento, 200
    lenguaje corporal, cambios de parecer,
      199, 200
índice de interrupción al hablar, 139
indirectas, evitar, 240
información de primera mano (análisis de
    necesidades), 34
información especializada, fuente de co-
    nocimiento sobre el valor, 37
información, subestimar, 42
insinuaciones sexuales, 243
insultos, evitar, 232-233
Instituto de Negociación de la Universidad
    de Harvard, 85
integridad, como valor en la familia, 22
integridad personal, rasgo de personali-
    dad, 321
interlocutor, no cerciorarse de que enten-
    dió el mensaje, 245
intérpretes, 72-73
investigación cultural, 55-56
investigar al otro equipo en la negociación
    cadena de mando, 44-48
    conocidos cercanos, 47
    identificación del otro, 44-47
    prioridades ocultas, 48-49
    temas candentes, 112
ira, redefinir límites, 119-120
Italia, tocar a la gente en el trabajo, parte
    del lenguaje corporal, 196

• J •

Japón
    apretones de manos, 195
    cerrar el negocio, 295
    directrices al escuchar, 148
    enfoque de equipo en el lugar de tra-
        bajo, 265
    ofertas de apertura, 100
jefe, tratar con su, 274
jerga, descifrar, 156
juicio de valor como obstáculo al escu-
    char, 145
justicia, rasgo de la personalidad, 321

• L •

lenguaje corporal, 183-206
    aburrimiento, 200
    apretones de manos, 195
    brazos/manos, 184
    cambios de actitud durante la negocia-
        ción, 192-193
    cerrar el negocio, 202-203
    coherencia con las palabras, 187-188
    contrapartes, 188-192
    espacio personal, 194-195
    expresiones del rostro/ojos, 184
    fanfarronadas, 204-206
    gestos de ira, 203
    indicadores de cambio de posición,
        198-200
    mensajes contradictorios, 189-191
    mostrar confianza, 201
    piernas/pies, 184
    postura, 203
    primer contacto, 195
    puntos ciegos, 190
    relaciones internacionales, 185 186, 204
    risa nerviosa, 189
    señales de receptividad, 195-198
    tocarse, 196
    tomar notas, 193
límites
    consecuencias de no fijar, 82
    "...de no ser así", 86
    explicación, 81
    hacer respetar, 86
    hora de regreso a casa, niños, 80

    ira para redefinirlos, 118-119
    opciones alternativas, 84-85
    pasos, 84-86
    ponerse a sí mismo contra la pared, 88
    punto de tolerancia, 86-88
    reexaminar, 88
    regateo, 87
    retirarse, 89
lista de participantes en una negociación
    asuntos de familia, 65
    negociaciones telefónicas, 249-250
    planeación de las sesiones, 65-66

• M •

manifestaciones emocionales, evitar, 241,
    243
manos, lenguaje corporal, 184
mecanismo de defensa, como obstáculo
    para saber escuchar, 141
Medio Oriente
    cerrar el acuerdo, 295
    ofertas de apertura, 99-101
meditación, como botón de pausa, 113
memorando, control sobre la lista de
    invitados a una reunión, 64-65
mensajes, negociaciones telefónicas, 249
mente
    consciente, 174-175
    subconsciente, 174-175
    relajación, 312-313
mentores, 314-315, 318
mitos
    hombres/mujeres, 43
    "los hombres son buenos perdedores",
        263
    negociaciones gane-gane, 262-263
modales, en las comidas, 74
mujeres
    declaraciones breves y concisas, 238-239
    escuchar a los hombres, 153
    evasivas o matices en las afirmaciones,
        237
    evitar manifestaciones emocionales, 241
    evitar las disculpas, 236-237
    frases introductorias y de remate, 236
    intuición femenina, 173
    lograr que un hombre escuche, 235-241
    mitos sobre hombres y mujeres, 43
    no-palabras/no-frases, 237

personalidad vocal, 252-253

preocupaciones sobre el bienestar del equipo contrario, 263

presión para oprimir el botón de pausa, 110

tono de pregunta al final de una afirmación, 236

• *N* •

negociaciones
a partir de posiciones, 326-327
claridad, 209-227
como carrera profesional, 2-4
destrezas, 1-2
escucha (saber escuchar), 137-148
frases que se deben evitar, 230-233
gane-gane, 259-267
límites, 79-89
objetivos, 90-101
pensar en enunciados, 27
plan maestro, 15
planear, 59-75
por teléfono, 247-256
preparación, 31-57
presentación gráfica, 42
prioridades ocultas, 48-49
razón secundaria, 49
retirarse, 284-290
superar tropiezos, 269-290
voz interior, 173-182
zonas de empuje, 42-43

negociaciones internacionales
apretones de manos, 195
celebraciones de cierre del trato, 307
cerrar el negocio, 294-296
claridad del lenguaje, 226-227
contratos en dos idiomas, 294
costo de la falta de claridad, 222-226
equipo telefónico, 256
escuchar, 147-148
intérpretes, 72-73
investigación cultural, 55-56
lenguaje corporal, 184-185, 203-205
lista de invitados, 71
lugar de encuentro, 60
modales en las comidas, 74
negociación gane-gane, 264
negociar tiempo, 67

ofertas de apertura (primera oferta, oferta inicial), 99-101
planear la sesión, 71-75
preguntas, 166
preparación, 53-57
valores, 22

negociaciones telefónicas, 247-256
comienzo limpio, 251
dejar un mensaje, 249
equipos, 255-256
estrechar la mano, 253
formato de preguntas, 254-255
guardianes, 247-249
hablar con autoridad, 251-253
lista de invitados (participantes), 250
oportunidad, 251
personalidad vocal, 251-253
realzar la ocasión, 250-254

negociadores
destrezas, 1-2
hacer coincidir el lenguaje corporal y las palabras, 187
hombres/mujeres, 43
que saben cerrar tratos, 297-299
rasgos de personalidad, 319-324
socio invisible, 280-281

negociar a partir de posiciones, 277

negocios, habilidad para cerrar, 2

nervios, como obstáculo para escuchar bien, 141-143

niños
comportamientos manipuladores, 48
visiones, 20

no-palabras, 237

• *O* •

objeciones
interrogar, 303
llegar a donde se quiere ir, 303
superar, 302-304
volver al punto de partida, 304

objetivos, formular preguntas, 159

ofertas
contraofertas, cerrar el trato, 293
de apertura (oferta inicial, primera oferta), 98-101
"...de no ser así", 86

ojos, lenguaje corporal, 184

oración como botón de pausa, 113
orden del día
    planear las sesiones, 66-67
    prioridades ocultas, 48-49

• P •

paciencia, rasgo de personalidad, 322
palabras
    evasivas, matices, 237
    hacer coincidir con el lenguaje corporal, 187
    no-palabras, 237
    relativas, definición, 157-158
pasatiempos, 313
pasión, expresión de, 120
películas, para adquirir destrezas, 316
persona equivocada, negociar con, 326
personalidad vocal, 251-253
personas famosas, superar los tropiezos
    al negociar con, 274-275
personas no preparadas, guiarlas hacia la
    claridad, 234
piernas y pies, lenguaje corporal, 184
plan
    maestro, 15-16, 19-28
    quinquenal, declaración de visión
        familiar, 24-27
planeación de sesiones, 59-75
    asignar tiempo suficiente, 67
    contexto, 59-65
    factores culturales, 71-75
    fijar el orden del día, 65-66
    intérpretes, 72-73
    lista de participantes, 64-65
    preparación personal, 67-71
postura, lenguaje corporal, 184, 203
preguntar, preguntar, preguntar, estrate-
    gia para cerrar el trato, 300
preguntas
    abiertas, 164
    adaptar, 159
    afirmaciones como respuesta, 168
    capciosas, 161-162
    cortas y claras, 160
    cuándo utilizar, 165-166
    de seguimiento, 160
    evasión como respuesta, 168
    formular, 159-166
    intimidantes, 161

negociaciones telefónicas, 253-255
    objetivos, 160
    planear, 159
    propósito de las, 159
    rechazar evasión, 168
    reformular, 165
    suposiciones, 161-164
    transición entre respuestas, 160
preparación, 31-57
    análisis de necesidades, 34
    conocidos cercanos, 47
    conocimiento de los temas por tratar,
        34
    investigación sobre el equipo contra-
        rio en la negociación, 39-43
    lista de verificación, 51-52
    oportunidad en las negociaciones, 56-
        57
    parte opuesta en la negociación, 33,
        39, 44-47
    prioridades ocultas, 48-49
    reflexiones sobre el contexto interna-
        cional, 53-56
    relaciones de vieja data, 132
    tácticas de dilación, 56-57
    zonas de empuje, 42-43
preparación personal
    cómo vestirse, 68-70
    descansado/alerta, 68
    entrada en el salón de negociación, 70-71
    modales en las comidas, 71
presión, hacer pausa bajo, 110
primer contacto
    hombres y mujeres, factores de géne-
        ro, 196
    lenguaje corporal, 195
    saludo entre mujeres, 196
prioridades ocultas
    comportamientos manipuladores, 48
    prepararse para asumirlas, 48-49
punto de tolerancia, 86-87
puntos ciegos, lenguaje corporal, 190

• R •

rasgos de personalidad, 270-277, 319-324
razón secundaria, prioridades ocultas,
    48-49
receptores, lenguaje corporal, 195-198
regateo, 87

regla de las 10 de la noche, negociaciones familiares, 68, 131
regodearse, evitar, 119
relaciones
    alejarse, 289-290
    apaciguar las peleas, 131
    de larga duración, 131-132
    espacio personal, 194-195
    temas candentes, 131-133
relajación, 313
repartirse la diferencia, 282
respeto
    como valor en la familia, 22
    rasgo de personalidad, 321
responsabilidad
    como valor en la familia, 22
    rasgo de personalidad, 322
respuestas, evitarlas, 167-169
retirarse de una negociación
    carta de conclusión, 287
    la competencia, 285
    usted, 286-289
reuniones, decisiones para la ubicación en la mesa de negociaciones, 195
risa nerviosa, 189

• S •

saber escuchar, 137-138
salud y seguridad, como valores en la familia, 23
señales, lenguaje corporal que denota receptividad/falta de receptividad, 195-198
señales verbales
    "Confíe en mí", 230
    frases que nunca se deben pronunciar en la negociación, 230-233
    "Ni en sueños", 235
    "Nunca volverá a trabajar en esta ciudad", 231
    "Tómelo o déjelo", 231
    "Voy a ser honesto con usted", 230
sensación de impotencia, 327-328
sentido del humor, rasgo de personalidad, 323
sistema límbico, cerebro humano, 176
situaciones estresantes
    aceptación, 129
    alternativas del yo interior, 129
    botón de pausa, 129
    consejos sobre cómo manejarlas, 127-130
    ira, 128
    preocupación, 128
    reconocimiento, 129
    resentimiento, 128
socio invisible, táctica, 280-281
supuestos
    comunicación confusa, 245
    hacer preguntas, 161-164

• T •

tácticas
    cambios constantes de posición, 278
    de demora, 56-57
    doble mensaje, 281-282
    entorno negativo, 283-284
    policía bueno, policía malo, 279-280
    "Repartámonos la diferencia y se acabó", 282
    socio invisible, 280-281
temas candentes
    colaborador pasivo-agresivo, 124-126
    contraparte en la negociación, 49
    control de las reuniones, 126-127
    desánimo, 121-122
    divagadores, 126
    dominadores, 126
    el idiota de la oficina, 123-124
    entusiasmo, 118-119
    ira, 118
    participantes, 126
    pasión, 120
    peleas, 131-132
    relaciones de larga duración, 130-133
    situaciones agobiantes, manejo, 127-130
    timidez, 121
tiempo, planear sesiones, 67
tomar apuntes
    carta de conclusiones al retirarse de una negociación, 287
    cierres en la negociación gane-gane, 261
    claridad de pensamiento, 216-218
    cociente de claridad, 212
    como apoyo para escuchar mejor, 151
tono de pregunta al final de una afirmación, 236

traducción diferida, 72
traducción simultánea, intérpretes, 72
tropiezos, 269-288

• *U* •

ubicación en la mesa de negociaciones, 61

• *V* •

valores, 22-24
videre (visión), 16
vinculación, cierre del trato, 300-301
voces
    contradictorias, 178
    gritar/levantar el tono de la voz, 244-245
    interiores, 173-182

voz interior
    conflictos, 179
    encontrarla, 174-177
    escucharla, 178
    hombres/mujeres, 177
    intuición femenina, 173
    mente consciente, 174-175
    mente subconsciente, 174-175
    prestar atención a mensajes especiales, 179-182
    remordimiento del comprador, 182
    voces de alerta sobre personajes turbios, 179-181
    voces de alerta sobre un trato problemático, 181

• *Z* •

zonas de empuje, 42-43

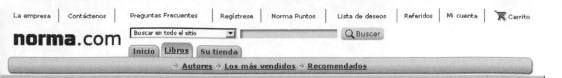

La empresa | Contáctenos | Preguntas Frecuentes | Regístrese | Norma Puntos | Lista de deseos | Referidos | Mi cuenta | 🛒 Carrito

norma.com

Buscar en todo el sitio ▾ | 🔍 Buscar

Inicio | **Libros** | Su tienda

→ **Autores** → **Los más vendidos** → **Recomendados**

Uno de los portales de libros más visitados en idioma español.

Regístrese y compre todos sus libros en
norma.com
y reciba grandes beneficios:

- Conozca los últimos libros publicados.

- Mire algunas de las páginas interiores de los libros.

- Reciba mensualmente el boletín de las novedades publicadas en los temas de su interés.

- Participe en nuestro programa Norma Puntos y obtenga los siguientes beneficios:

    - Gane 2000 puntos por su registro.

    - Refiéranos a sus amigos y gane más Norma Puntos por cada uno de ellos.

    - Acumule puntos por sus compras.

    - Los puntos podrán ser redimidos por libros y/o descuentos.

- Participe en concursos, foros, lanzamientos y muchas actividades más.

- Compre sus libros en una plataforma segura de correo electrónico que permite varias alternativas de forma de pago.

- Reciba atención personalizada en: servicliente@norma.com